本书受北京市社会科学基金重点决策咨询项目：基于北京财政可持续发展的重大政策绩效评估机制研究（21JCB067），以及北京市教育科学“十四五”规划2023年度青年专项课题：新文科建设背景下数字赋能的财经类拔尖创新人才“贯通—融合”培养模式研究（CDCA23134）支持

高等教育学校整体支出绩效管理

理论与实践

宁小花　童伟◎著

中国财经出版传媒集团
中国财政经济出版社
·北京·

图书在版编目（CIP）数据

高等教育学校整体支出绩效管理：理论与实践 / 宁小花，童伟著. --北京：中国财政经济出版社，2025. 1. --（预算绩效管理教学与研究系列丛书）. --ISBN 978-7-5223-3656-5

Ⅰ. G647.5

中国国家版本馆CIP数据核字第20259P5P74号

责任编辑：张晓丽　　　　责任校对：张　凡
封面设计：陈宇琰　　　　责任印制：史大鹏

高等教育学校整体支出绩效管理：理论与实践
GAODENG JIAOYU XUEXIAO ZHENGTI ZHICHU JIXIAO GUANLI：LILUN YU SHIJIAN

中国财政经济出版社 出版

URL：http：//www.cfeph.cn
E-mail：cfeph@ cfeph.cn

社址：北京市海淀区阜成路甲28号　邮政编码：100142
营销中心电话：010-88191522
天猫网店：中国财政经济出版社旗舰店
网址：https：//zgczjjcbs.tmall.com
涿州汇美亿浓印刷有限公司印刷　各地新华书店经销
成品尺寸：185mm×260mm　16开　20.25印张　380 000字
2025年1月第1版　2025年1月河北第1次印刷
定价：80.00元
ISBN 978-7-5223-3656-5
（图书出现印装问题，本社负责调换，电话：010-88190548）
本社图书质量投诉电话：010-88190744
打击盗版举报热线：010-88191661　QQ：2242791300

丛书总序

全面实施预算绩效管理是建立现代财政制度的重要组成部分，是政府治理和预算管理的深刻变革。党中央、全国人大、国务院高度重视预算绩效管理工作，多次强调要深化预算制度改革，加强预算绩效管理，提高财政资金使用效益和政府工作效率。党的十六届三中全会提出“建立预算绩效评价体系”，党的十七届二中、五中全会分别提出“推行政府绩效管理和行政问责制度”“完善政府绩效评估制度”。国务院还专门批准建立了由监察部牵头的政府绩效管理工作部际联席会议制度，推进包括预算绩效管理的政府绩效管理试点。《预算绩效管理工作规划（2012—2015年）》大力推进了预算绩效管理工作。2015年开始实施的新《预算法》六次提及“绩效”，奠定了预算绩效管理的法律基础。党的十八届三中全会提出“财政是国家治理的基础和重要支柱”，确立了包括预算绩效管理在内的财政活动的重要地位。

进入新时代，习近平总书记在党的十九大报告中强调，要加快建立现代财政制度，“建立全面规范透明、标准科学、约束有力的预算制度，全面实施绩效管理”。李克强提出，要将绩效管理覆盖所有财政资金，贯穿预算编制、执行全过程，做到花钱必问效、无效必问责。2018年9月《中共中央 国务院关于全面实施预算绩效管理的意见》印发，要求力争用3—5年时间基本建成全方位、全过程、全覆盖的预算绩效管理体系，实现预算与绩效管理一体化，这是党中央、国务院对全面实施预算绩效管理作出的顶层设计和重大部署，为预算绩效管理指明了方向、规划了路线、明确了措施。预算是政府活动和宏观政策的集中反映，也是规范政府行为的有效手段。预算绩效是衡量政府绩效的主要指标之一，本质上反映的是各级政府、各部门的工作绩效。全面实施预算绩效管理是推进国家治理体系和治理能力现代化的内在要求，是增强政府公信力和执行力、提高人民群众满意度的有效途径，是建设高效、责任、透明政府的重大措施。

《意见》印发以来，全国上下积极响应、扎实推动，各地区、各部门、各单位掀起了贯彻落实全面实施预算绩效管理的高潮，对预算绩效管理的理论、知识、技能的需求也与日俱增，亟须提质拓围，拓宽国际视野，以“顶天立地”的思维，高质量发展。作为我国经济学、管理学学科领域的重要科研创新基地，中央财经大学在应用经济学领域处于全国领先，形成了以经济学、管理学和法学学科为主体，文学、理学、工学、教育学、艺术学等多学科协调发展的学科体系，在协同创新中推动预算绩效管理理论研究和实践创新是新时代赋予我们的光荣使命。中央财经大学历来重视预算绩效管理的教学和研究，积累了一批研究成果和教学案例，形成了一支教学研究队伍，设立了预算绩效管理博士和博士后研究方向，形成了全校多学科协同创新的发展态势。

在新时代全面实施预算绩效管理背景下，我们依托中央财经大学中国财政发展协同创新中心等单位力量，编撰了“预算绩效管理教学与研究系列丛书”。丛书主要包括典型国家预算绩效管理制度、预算绩效管理理论研究、预算绩效管理实践发展报告、分行业分领域预算绩效管理研究等方面的选题，力图反映国内外预算绩效的最新理论和实践，为预算绩效管理学科建设、人才培养奠定坚实的基础，打造预算绩效管理的教学和研究高地。

本丛书的根本目的是为我国建立“全方位、全过程、全覆盖”的预算绩效管理体系提供一张思维网、施工图和操作法，聚焦国家重大需求提出的理论热点问题，推动我校“双一流”学科建设，提高学科建设水平和人才培养质量，推动学校财政理论协同创新。丛书编写过程中我们虽然已经付出了巨大的努力，由于受各种客观因素影响和作者水平限制，书中难免有疏漏和不足，恳请同行和读者批评指正。

马海涛

2019年1月1日于中央财经大学

▶ 序 言

改革开放40余年，中国财税制度发生了根本性改变，实现了由“非公共性”向“公共性”的转化，逐步构建起与社会主义市场经济体制相适应、与国家治理能力相一致的财政制度，公共财政也逐步完成由国家经济调节工具向国家治理基础与重要支柱的转变。伴随40余年的改革与开放，我国财政实力不断增强，财政收入增长200余倍。但在财政收入高速增长的同时，我国财政支出方面的问题也不断显现，低效无效、损失浪费现象突出。财政支出问题的存在要求深化政府预算改革，从强调财政支出的规范性转向重视财政支出的效益性，从关注体制机制的建设转向健全管理制度。2018年9月，中共中央、国务院提出全面实施预算绩效管理，提高财政资源配置效率和使用效益，提高预算管理水平和政策实施效果，为经济社会发展提供有力保障。

全面实施预算绩效管理是国家治理方式的深刻变革，不仅意味着改变现有的预算编制方式，从更宏观的意义上来说，是改变国家取钱、分钱和用钱方式的一场根本性革命，意味着在很大程度上将改变国家的做事方式，改变国家的治理手段、治理模式和治理制度，对优化财政资源配置，提升公共服务质量具有重要意义，同时也是优化教育资源配置、提升教育质量、推动加快实现教育现代化的重要举措。而部门整体绩效管理作为全面实施预算绩效管理的重要组成部分，是深化预算绩效管理改革的重要方向，是推动部门单位提升履职效能、提高财政资源配置效率和资金使用效益，全面提升整体绩效水平的重要途径。

当前，我国已建成世界上规模最大的高等教育体系，高等教育也由大众化进入普及化阶段，高等教育发展质量越加引发各界关注。作为国家治理现代化的重要组成部分，高等教育治理也成为人们讨论的关键议题，获得的财政资金支持也越加广泛。但随着经济下行和新冠疫情长期化、常态化，“过紧日子”也将成为高校的新常态，使高校不得不面临支出需求扩大化与财政支持有限性之间的矛盾，特别是以财政拨款为主体的公办高校，“收支矛盾”将会日益突显。在这种情况下，如何把有限的资金投入高等教育发展之中，促进高等教育发展质量显著提升，就成为高等教育治理的重要内容，也使建立多角度、多层次、全方位的基于绩效治理导向的高等教育学校整体支出绩效管理体系迫在眉睫。

高等教育学校部门整体支出绩效管理基本上与部门预算绩效管理改革的推进相伴相生，共同促进与发展。近年来，随着财政支出项目绩效评价试点工作的逐步推进，《高等学校财务制度》和《高等学校会计制度》的修订完善，以及加快预算执行进度的各项举措和中央高校预算拨款制度改革的进行，高等教育学校在预算绩效管理改革领域取得了积极进展：“绩效”理念逐渐深入人心，绩效评价逐渐成熟，预算绩效管理体系初见雏形，教育经费使用效益不断提高，但与党中央、国务院提出的全面实施预算绩效管理的要求相比还存在一定差异，高等教育学校整体支出绩效管理尚未全面推开，绩效管理的广度和深度有待进一步拓展。为此，2019年12月，《教育部关于全面实施预算绩效管理的意见》，明确要求“在优化政策、项目绩效管理的基础上，逐步实现单位整体绩效管理”全覆盖。作为我国教育财政资金核心领用单位，高等教育学校更应积极响应中央和教育部文件要求，全面推进单位整体支出绩效管理，通过科学合理的高校整体支出绩效管理体系的构建，强化高校整体支出绩效管理，提升高校教育经费使用效益。

在此背景下，本书在对我国以高校为代表的教育领域单位整体支出绩效管理实践探索进行总结的基础上，学习借鉴国内外先进经验，结合新时期财政预算改革任务和要求，对高等教育学校整体支出绩效管理进行全面系统研究，提出构建具有中国特色高等教育学校整体支出绩效管理体系的相关政策建议，以促使高等教育学校资源配置得到优化、高等教育学校办学质量得到提升、高等教育学校治理体系和治理能力得到强化，加快推进中国特色高等教育强国建设。

马海涛

2025年1月

目　录

▶ 图表目录

图目录

表目录

专栏目录

▶ 第一章
高等教育学校整体支出绩效管理概论

内容提要

全面实施预算绩效管理是推进国家治理体系和治理能力现代化的内在要求，也是推进教育治理体系和治理能力现代化的重要举措。自 2018 年《中共中央 国务院关于全面实施预算绩效管理的意见》明确提出要强化部门整体支出绩效管理以来，各级各地积极贯彻落实党中央、国务院文件精神，大力推进部门整体支出绩效管理。《教育部关于全面实施预算绩效管理的意见》（教财〔2019〕6 号）也明确提出，各单位要将预算全面纳入绩效管理，综合衡量本单位整体预算绩效。对于高等教育学校来说，深入推进整体支出绩效管理，既有深刻的理论依据，也体现了新时代高等教育发展的现实需求。

▶ 第一节 高等教育学校整体支出绩效管理的基本概念

财政是国家治理的基础与重要支柱，预算是财政管理的核心和重要手段。

一、预算绩效管理

预算绩效管理是以绩效目标为向导，以绩效评价为手段，以结果应用为保障，以改进预算管理、优化资源配置为目的，覆盖所有财政性资金，贯穿预算编制、执行、监督全过程的预算管理模式。

（一）预算绩效管理的内涵

预算绩效管理概念的提出最早起始于2011年财政部发布的《关于推进预算绩效管理的指导意见》（财预〔2011〕416号）。在该文件中，财政部明确提出："预算绩效管理是政府绩效管理的重要组成部分，是一种以支出结果为导向的预算管理模式。它强化政府预算为民服务的理念，强调预算支出的责任和效率，要求在预算编制、执行、监督的全过程中更加关注预算资金的产出和结果，要求政府部门不断改进服务水平和质量，花尽量少的资金、办尽量多的实事，向社会公众提供更多、更好的公共产品和公共服务，使政府行为更加务实、高效。推进预算绩效管理，有利于提升预算管理水平、增强单位支出责任、提高公共服务质量、优化公共资源配置、节约公共支出成本。这是深入贯彻落实科学发展观的必然要求，是深化行政体制改革的重要举措，也是财政科学化、精细化管理的重要内容，对于加快经济发展方式的转变和和谐社会的构建，促进高效、责任、透明政府的建设具有重大的政治、经济和社会意义。"

从上述表述可以发现，预算绩效管理包括如下内涵：

（1）预算绩效管理是一种先进的预算理念，强调绩效的思想，强化支出责任和效率意识，突出产出和结果导向，注重提高资金的使用效益，要求提高公共产品和服务的数量与质量。

（2）预算绩效管理是一种借鉴绩效管理的手段和方法，用于改进预算管理、完善预算管理的有效技术工具，主要侧重于技术方面的改进，更多的是作为一种技术方法应用到现行预算管理中。

（3）预算绩效管理是一种完善的全过程机制，在结果导向基础上实现对预算过程的管理，将预算作为一个管理的闭环，贯穿于预算编制、预算执行、预算监督之中，实现全方位、全覆盖，侧重于机制上的控制与改善，每一个环节是下一个环节的续接，体现了全过程的特征。

（4）预算绩效管理是一种创新的预算管理模式，在本质上仍是预算管理，服务、服从于预算管理，是对现有预算管理模式的改革和完善，并不是与预算管理相割裂、相并行的一个单独体系，而是利用绩效管理理念、绩效管理方法等对现有的预算管理模式的创新与提升，形成了一个有机融合、全面衔接的全新预算管理模式，以强调资金使用效益，增强预算支出效率，实现资源的优化配置，提高财政管理水平①。

（二）预算绩效管理体系

预算绩效管理是由绩效目标管理、绩效运行跟踪监控管理、绩效评价实施管理、绩效评价结果反馈和应用管理等领域组成的综合系统。依照财政部《关于推进预算绩效管理的指导意见》（财预〔2011〕416号），预算绩效管理是将绩效理念融入预算管理全过程，与预算编制、预算执行、预算监督一起共同发挥效用的一种预算管理模式，包含“预算决策有评估、预算编制有目标、预算执行有监控、预算完成有评价、评价结果有反馈、反馈结果有应用”的预算绩效管理流程。

1. 绩效评估管理

绩效评估开展于预算决策阶段，是根据部门战略规划、事业发展规划、项目申报理由，对政策和项目实施的必要性和可行性、绩效目标设置的科学性、财政支持的方式、预算编制的合理性等方面进行的评估。

绩效评估是政府预算决策的重要改革举措，旨在预算编审环节引入社会监督，推行科学民主决策，建立“参与式预算”机制。通过评估，进一步优化公共资源配置，提高政府理财和公共服务水平，有利于推进“责任政府”“阳光政府”和“服务型政府”建设。

2. 绩效目标管理

绩效目标管理包括绩效目标设定、绩效目标审核和绩效目标批复三个方面的内容。

---

① 基层财政干部培训教材编审委员会.全过程预算绩效管理基本知识问答［M］.北京：经济科学出版社，2013.

（1）绩效目标设定。绩效目标是预算绩效管理的基础，是整个预算绩效管理系统的前提，包括绩效内容、绩效指标和绩效标准。其具体内容为：预算单位在编制下一年度预算时，根据国务院编制预算的总体要求和财政部门的具体部署、国民经济和社会发展规划、部门职能及事业发展规划，科学、合理地测算资金需求，编制预算绩效计划，报送绩效目标。报送的绩效目标应与部门目标高度相关，并且是具体可衡量，且在一定时期内可实现的。预算绩效计划要详细说明为达到绩效目标拟采取的工作程序、方式方法、资金需求、信息资源等，并有明确的职责和分工。

（2）绩效目标审核。财政部门和预算部门应依据国家相关政策、财政支出方向和重点、部门职能及事业发展规划等对单位提出的绩效目标进行审核，包括绩效目标与部门职能的相关性、为绩效目标实现所采取措施的可行性、绩效指标设置的科学性、实现绩效目标所需资金的合理性等。

（3）绩效目标批复。财政预算经各级人民代表大会审查批准后，由财政部门在批复部门预算时同期批复绩效目标。批复的绩效目标应清晰、可量化，以便在预算执行过程中进行监控和预算完成后实施绩效评价时对照比较。

3.绩效运行跟踪监控管理

预算绩效运行跟踪监控管理是预算绩效管理的重要环节。各级财政部门和预算单位应建立绩效运行跟踪监控机制，定期采集绩效运行信息并汇总分析，对绩效目标实现程度和预算执行进度实行“双监控”，发现问题要及时纠正，确保绩效目标如期保质保量实现。同时，各级财政部门还需建立重大政策、项目绩效跟踪机制，对存在严重问题的政策、项目要暂缓或停止预算拨款，督促及时整改落实。

4.绩效评价管理

预算绩效评价是指预算执行结束后，对预算资金的产出和结果进行绩效评价，重点评价产出和结果的经济性、效率性、效益性和公平性。实施绩效评价要编制绩效评价方案，拟订评价计划，选择评价工具，确定评价方法，设计评价指标。预算具体执行单位要对预算执行情况进行自我评价，提交预算绩效报告，要将实际取得的绩效与绩效目标进行对比，如未实现绩效目标，须说明理由。组织开展预算支出绩效评价工作的单位要提交绩效评价报告，认真分析研究评价结果所反映的问题，努力查找资金使用和管理中的薄弱环节，制定改进和提高工作的措施。财政部门要对预算单位的绩效评价工作进行指导、监督和检查，并对其报送的绩效评价报告进行审核，提出进一步改进预算管理、提高预算支出绩效的意见和建议。

5.绩效评价结果反馈和应用管理

绩效评价工作完成后，应将绩效评价结果及时反馈给预算执行单位，要求其根据绩效评价结果，完善管理制度、改进管理措施、提高管理水平、降低支出成本、增强支出责任。同时，将绩效评价结果作为安排以后年度预算的重要依据，优化资源配置；将绩效评价结果向同级人民政府报告，为政府决策提供参考，并作为实施行政问责的重要依据。此外，还应逐步提高绩效评价结果的透明度，将绩效评价结果，尤其是一些社会关注度高、影响力大的民生项目和重点项目支出绩效情况，依法向社会公开，接受社会监督。

二、部门整体支出绩效管理

“部门整体支出绩效评价”这一概念最先出现是在《财政支出绩效评价管理暂行办法》（财预〔2011〕285号，已废止）①中，根据该办法的第八条，预算支出绩效评价划分为基本支出绩效评价、项目支出绩效评价和部门整体支出绩效评价三类。2018年9月，中共中央、国务院印发《关于全面实施预算绩效管理的意见》，要求实施部门和单位预算绩效管理，这对于加强部门预算管理，强化预算主管部门（单位）绩效意识与绩效责任，提高部门和单位提高部门整体预算管理水平具有重大意义。

（一）部门整体支出绩效管理的内涵

部门整体支出绩效管理是指将部门（单位）预算支出情况全面纳入绩效管理范畴，对照部门（单位）职责、行业发展规划，以预算资金为主线，统筹考虑资产和业务活动，设置核心绩效目标和指标，将花钱和办事相结合，从运行成本、管理效率、履职效能、社会效益、可持续发展能力和服务对象满意度等诸多方面，全面衡量部门（单位）整体及核心业务实施效果的管理过程。

从部门整体支出绩效管理的主体来看，主要是各级财政部门和预算部门（单位）。其中，财政部门作为组织方，主要负责制定绩效管理相关规章制度和规范，组织指导主管部门开展绩效管理工作，根据需要对预算单位财政资金绩效进行评价或再评价，依据绩效结果落实奖罚措施，监督存在问题的整改落实等。预算部门（单位）作为实施方，主要负责制定本部门绩效管理制度办法，实施本部门以及组织指导主管的预算单位开展专项资金预算绩效管理工作，同时依据绩效结果，落实整改意见，改进部门整体支出管理。

从部门整体支出绩效管理的对象来看，主要是财政部门批复的部门预算中所包括的全部支出，既包括基本支出，也包括项目支出，既包括财政拨付资金，也包括自有资金等，具体涵盖人员经费、公用经费和项目经费等。对于自有非财政性资

① 2020年2月，财政部在《财政支出绩效评价管理暂行办法》（财预〔2011〕285号）的基础上，修订形成了《项目支出绩效评价管理办法》，《财政支出绩效评价管理暂行办法》（财预〔2011〕285号）同时废止。

金，如与部门职能紧密相关的，也应纳入部门整体支出绩效管理范畴。

从部门整体支出绩效管理的内容来看，与预算部门（单位）的重要职能、职责紧密相关的工作是绩效评价的重点，与职能职责关系不紧密的工作则进行关联性、必要性分析。具体来说，重点从运行成本、管理效率、履职效能、社会效应、可持续发展能力和服务对象满意度方面衡量部门和单位整体运行效果，基本内容包括绩效目标的设定情况，资金投入和使用情况，为实现绩效目标制定的制度、采取的措施，绩效目标的实现程度及效果等。部门整体支出绩效管理不仅关注预算资金总量是否合理，不同财政项目之间及其与基本支出之间的比例是否合理，预算资金配置对部门未来发展的影响也在关注范畴内。

从部门整体支出绩效管理的流程来看，部门整体支出绩效管理必须按照既定的原则和程序进行。一般来说，部门整体支出绩效管理包括以下四项程序：一是建立绩效评估机制。各预算部门（单位）要对本部门整体支出的合理性与必要性进行评估，其中重点关注新出台的重大政策和项目，重点论证最大政策和项目的立项必要性、投入经济性、绩效目标合理性、实施方案可行性等，评估结果应作为申请和安排预算的必要条件。二是强化绩效目标管理。各预算部门（单位）编制预算时要细化各项工作要求，结合本部门（单位）实际情况，全面设置部门整体绩效目标。绩效目标不仅要包括产出、成本，还要包括经济效益、社会效益、生态效益、可持续影响和服务对象满意度等绩效指标。三是做好绩效运行监控。各预算部门（单位）对绩效目标实现程度和预算执行进度实行“双监控”，建立绩效跟踪机制，对存在严重问题的政策、项目要暂缓或停止预算拨款，督促其及时整改落实。四是开展绩效评价和结果应用。各级预算部门（单位）应建立预算绩效评价机制，通过自评和外部评价相结合的方式开展部门整体支出绩效评价，并将绩效评价结果用于以后年度预算安排和政策调整的重要依据。

（二）部门整体支出绩效管理与项目支出绩效管理的区别

与项目支出绩效管理相比，部门整体支出绩效管理难度更大，其意义和作用也更为突出：

一是部门整体支出绩效管理覆盖范围更宽广。评价对象不仅包括部门的项目支出，还包括部门公共经费支出与人员支出，弥补了项目支出绩效评价因未考虑基本支出投入贡献，导致效益被放大的缺陷。

二是部门整体支出绩效管理具有特定的管理依据。作为预算绩效管理工作的组成部分，部门整体支出绩效管理主要依据预算部门职能定位、中长期规划、年度计划等体现部门工作目标的文件，对部门包括基本支出、项目支出在内所有财政性资金所实现的产出和效果进行综合性绩效管理。

三是部门整体支出绩效管理具有特定的考核维度。不同于政府部门绩效考核的其他维度，部门整体支出绩效管理主要是以预算为基础，以目标设定及其实现情况为核心开展的管理工作，重点是说清楚部门运用预算资金保障部门核心职能履行的程度，以评价部门对公共财政资源的使用效率和效果。

四是部门整体支出绩效管理层次更深入。部门整体支出绩效管理是从预算安排的合理性、支出结构与部门核心职能的匹配性、财务管理的规范性等方面，对部门领用的财政资金进行的全面考核，其目的在于查看部门财政支出与部门战略目标的关联性。

五是部门整体支出绩效管理作用更显著。整体支出绩效管理通过对政府部门利用预算资源的经济性、效率性和有效性的全面考察，将部门与预算活动密切相关的经济成果、社会贡献、环境改进和社会满意度一并纳入监督范围，使部门不仅要对预算资源的使用负责，更要对预算资源使用产生的结果负责，促使各部门将预算资源配置的视角从权力导向转变为责任导向，从服务部门政绩转变为服务公共职能，从资金分配的部门分割转变为整体统筹，以最大限度促进部门增强预算绩效管理意识，提升预算绩效管理能力与水平。

三、高等教育学校部门整体支出绩效管理

随着预算绩效管理理念在高等教育领域的深入人心，高校整体支出绩效管理越来越受到重视。与某一阶段或者某个项目经费的绩效管理不同，高校部门整体支出绩效管理是对包括高校基础支出、项目支出在内的全部支出进行的，是从支出决策到过程监管、到产出效果以及社会满意度全过程的全面评价，是衡量一所高校整体支出产生绩效的重要方式。

（一）高等教育学校概念界定

普通高等教育学校是指由国家部委、省级人民政府（含新疆生产建设兵团）、省（市、区）教育行政部门主管或联合主管的实行普通高等学历教育的学校，教育形式分全日制和非全日制。具体来说，高等教育是在完成中等教育的基础上进行的专业教育和职业教育，旨在培养具有社会责任感、创新精神和实践能力的高级专门人才和职业人员，包括专科、本科、研究生层次。接受高等教育的场所便是高等学校，包括全日制大学、学院、独立学院、职业技术学院、高等专科学校、广播电视

大学、开放大学、职工大学、业余大学、职工医学院、管理干部学院、教育学院和普通高校的继续教育学院、成人教育学院等。

根据教育部在2024年全国两会期间召开的新闻发布会显示，中国当前共有高等学校3013所，其中，普通本科学校1239所（含独立学院164所）；本科层次职业学校32所；高职（专科）学校1489所；成人高等学校253所，另有培养研究生的科研机构234所，各种形式的高等教育学校在学总规模4655万人。①

（二）高等教育学校部门整体支出绩效管理的内涵

高等教育学校整体支出绩效管理主要指围绕高校职能、中长期发展规划，以预算资金管理为主线，统筹考虑资产和业务活动，从运行成本、管理效率、履职效能、社会效应、可持续发展能力和服务对象满意度等方面，衡量高校整体及核心业务实施效果，推动高校整体绩效管理水平提升的过程②。与其他部门整体支出绩效管理相似，主要包括绩效目标管理、绩效运行监控管理、绩效评价和绩效结果运用管理。但是在绩效评价方面，高等教育学校部门整体支出绩效评价具有其独特的特点：

一是评价对象广泛。高校整体支出绩效评价相较于一般的绩效评价更为全面，不仅是对员工或个体、某项科研项目或教育支出等进行的绩效评价，还要聚焦于被评价对象的整体支出，具体包含高校的基本支出、科研教育项目支出及其他支出。

二是评价目标多重。发展目标是衡量部门绩效的重要基础，通过明确部门发展目标的实现过程，建立目标实现程度的各种具体评价指标，可以促进部门评价准确性及评价可操作性提升。对于高校来说，其总体办学目标在于筹集尽可能多的资源服务于学生和社会，这些目标既有教学、科研发展方面的，也有学校软件、硬件设施建设发展方面的，还有社会服务等方面的。因此，高校整体支出绩效评价要基于高校的基本职能及其战略目标，评价高校通过制定战略目标及关键举措，在提升经费管理效率、推动科研进展、培养全面发展的高素质人才、优化教师队伍、强化社会服务、提升利益相关方满意度、传承及发扬传统文化等多方面的成效③。

三是评价维度多元。由于高校办学目标的多维，其评价维度也是多层次的。在评价高校整体支出绩效过程中，一方面要考虑高等教育投入与产出的对比关系，评价其产出效率；另一方面，还需考虑教育产出必须符合社会经济发展的需要，评价其社会效益。这里的教育投入主要体现在高校办学过程中人力资源、物质资源和财

---

① 教育部.2022年我国高等教育毛入学率达59.6%，https：//baijiahao.baidu.com/s？ id=1761140751258993533&wfr=spider&for=pc.

② 单英贤，李琳，赵文超，等.高校整体支出绩效管理探析［J］.财务与会计，2023（2）：72-77.

③ 张曾莲，冯勃雅.高校整体支出绩效评价研究［J］.中国农业会计，2022（10）：9-14.

力资源的使用和耗费上；教育产出则体现在高校学生接受高等教育之后知识能力素质的提高和高校在科学研究、社会服务等方面取得的成果等。因此，就高等教育学校而言，其绩效就是各种教育要素的投入与这些投入所取得的各种符合社会需要的教育产品之间的比较和衡量。在此，不仅要强调教育投入与产出之比，还要强调教育产出的社会需要程度和贡献程度，以及教育绩效在社会和经济中的实现。

四是评价过程难度大。高校承担着人才培养、科学研究、社会服务三大职能，其产出也可相应划分为教学活动产出、科学研究产出和社会服务产出。产出成果形式复杂，既有人才、科研成果，也有知识传播和价值创造，而且很多成果都是无形的、产出周期长，投入产出关系比较模糊，难以对其进行准确的定量衡量。此外，由于高校绩效指标基础数据收集难度较大，也在一定程度上制约了高校整体支出绩效管理的推进。

（三）高等教育学校部门整体支出绩效管理的主要任务

依据《教育部关于全面实施预算绩效管理的意见》（教财〔2019〕6号）相关要求，高等教育学校部门整体支出绩效管理的主要任务包括：

一是建立事前绩效评估机制。高校要结合预算评审、项目审批等工作，对新出台的重大政策、项目开展事前绩效评估，重点评估立项必要性、投入经济性、绩效目标合理性、实施方案可行性、筹资合规性等，评估结果作为预算安排的重要参考依据。

二是强化绩效目标管理。高校编制预算时要贯彻落实党中央、国务院有关决策部署，分解细化各项工作要求，结合教育领域和本单位实际情况，自主设置单位整体绩效目标、政策和项目绩效目标。绩效目标不仅要包括产出、成本，还要包括经济效益、社会效益、生态效益、可持续影响和服务对象满意度等绩效指标。预算管理部门要将绩效目标设置作为预算安排的前置条件，加强绩效目标审核，并将绩效目标与预算同步批复下达。

三是做好绩效监控。教育部门要对高校绩效目标实现程度和预算执行进度实行“双监控”，发现问题及时纠正，确保绩效目标如期保质保量实现。其中，项目实施周期为1年的，年中开展绩效监控；项目实施周期为1年以上的，由年度绩效自评代替绩效监控。教育部门可根据情况对绩效监控实施情况开展评价。

四是健全绩效指标和标准体系。逐步探索建立健全定量和定性相结合、具有教育行业特点的绩效指标和标准体系，实现科学合理、细化量化、可比可测、动态调整、共建共享。绩效指标和标准体系要与基本公共服务标准、部门预算项目支出标准、教育行业标准等相适应，突出结果导向，重点考核实绩。同时要创新评估评价方法，依托大数据分析技术，运用成本效益分析法、比较法、因素分析法、公众评判法、标杆管理法等，提高绩效评估评价结果的客观性和准确性。

五是加强绩效评价和结果应用。通过自评和外部评价相结合的方式，对高校支出预算执行情况以及实施效果开展绩效自评，各高校探索开展单位整体绩效评价，评价结果报送教育部。同时，健全绩效评价结果反馈制度和绩效问题整改责任制，加强绩效评价结果应用。

（四）高等教育学校部门整体支出绩效评价的重点内容

如前所述，高等教育学校部门整体支出绩效评价的重点内容主要包括运行成本、管理效率、履职效能、社会效应、可持续发展能力和服务对象满意度等方面。

1.运行成本

运行成本是指高校日常运转所产生的费用，即高校在履行高校职能、实现高校战略目标的过程中，为维持高校正常运转在一定时期内支付的费用总和。从发生的相应支出来看，根据财政部2017年下发的《支出经济分类科目改革方案》，高校的运行成本主要包括四大类：工资福利支出、商品和服务支出、对个人和家庭的补助以及资本性支出。其中，工资福利支出反映的是高校为维持正常运转所耗费的人员经费。商品和服务支出反映的是高校为维持正常运转所耗费的公用经费。对个人和家庭的补助主要包括离休费、退休费和退职（役）费三项。资本性支出主要指高校购置自用的、并采取会计制度纳入固定资产核算范畴的房屋建筑物、办公设备、专用设备信息网络及软件、公务用车等。

2.管理效率

管理效率主要反映部门在预算绩效管理活动中的制度构建、执行效率以预算管理规范性。如预算单位的财务和业务管理制度是否健全，用以反映和考核财务和业务管理制度对项目顺利实施的保障情况。预算支出是否符合相关管理规定，用以反映和考核相关管理制度的有效执行情况，等等。

3.履职效能

履职效能指高校绩效目标的实现程度、高校的履职情况以及重点工作的完成情况，主要体现为高校职责范围内的公共产品或公共服务供给结果。在实践中，由于各高校类别不同，战略目标和职能也各不相同，履职效能也会有所差别。

4.社会效应

财政支出的公共性决定了必须把其产生的社会效应摆在突出位置，因此，社会效应评价是构成部门整体支出绩效评价的重要内容。在社会生活中，人们的公共需求主要体现在社会、经济、政治、环境等各个方面，基于“社会共同需要”的财政活动会不同程度地对这些方面产生影响。由此，针对高等教育学校整体支出的社会效应评价可以从经济效益、社会效益、政治效益、环境效益四个方面开展。具体来说，在经济效益方面，主要体现高校通过提高劳动力素质、促进技术进步与创新、优化产业结构、提高国际竞争力等对全社会经济增长的贡献；在社会效益方面，主要体现在促进全民文化及科技素养提升、推动社会进步和发展等领域，高校支出的社会效益往往是长期性和间接性的，难以使用定量的、货币化的指标进行衡量，但对于整个社会的发展是至关重要的；在政治效益方面，高校支出绩效主要通过提供高等教育机会、推动高等教育制度改进和制度创新实现社会公平和效率改善；在环境效益方面，高校支出绩效主要体现在对社会环境以及各种社会福利制度的影响，如对整个社会教育环境、公众教育观念、社会文明程度的改善等。

5. 可持续发展能力

可持续发展能力主要评价高校长期稳定发展能力，反映高校政策、资金、人员机构安排和管理措施等影响高校长期发展的程度。如高校的制度安排对高校治理能力和治理现代化的影响；高校师资队伍建设对高校可持续发展的影响；高校基础设施建设、办学条件改善等对学校办学成效的影响，等等。

6. 服务对象满意度

公众需求是服务型政府履职效能的出发点，服务对象满意度是政府提供公共物品和公共服务的落脚点，因此，服务对象满意度评价是构成部门整体绩效评价的重要内容之一。具体来说，服务对象满意度是用于衡量社会公众、预算部门的服务对象对部门履职效果的满意程度。对于高校来说，高校整体支出绩效评价对象主要涉及学生、家长、教职工、用人单位等。

第二节 高等教育学校整体支出绩效管理的理论依据

高等教育学校整体支出绩效管理是一个由绩效目标管理、绩效运行监控管理、绩效评价实施管理、绩效评价结果反馈和应用管理共同组成的综合系统，有其特有的理论基础。本节主要从委托代理理论、公共产品理论、新公共服务理论、激励相容理论进行分析，为高等教育学校部门整体支出绩效管理框架的搭建奠定理论基础。

一、委托代理理论①

委托代理理论是制度经济学契约理论的主要内容之一，最初产生于企业关系的授权与被授权，是现代公司治理的逻辑起点。该理论是一种以最大限度地增加委托人效用的理论，有利于激励代理人实现委托人的绩效目标，保证委托人的利益。

（一）委托代理理论的产生和发展

1973年，罗斯将“委托—代理”的概念和理论从企业扩展到各种组织和事项，形成一般化的理论，罗斯指出：“如果当事人双方，其中代理人一方代表委托人的利益行使某些决策权，则代理关系就随之产生”②。委托代理理论是以委托—代理关系为研究对象，从信息不对称条件下契约的形成过程出发，探讨委托人如何以最小的成本去设计一种契约或机制，促使代理人努力工作，减少委托代理问题，以最大限度地增加委托人效用的理论。

近20多年来，委托代理理论的模型方法发展迅速，从威尔逊（1968）、斯宾塞

① 马海涛等.预算绩效管理理论与实践［M］.北京：中国财政经济出版社，2020.

② 刘有贵，蒋年云.委托代理理论述评［J］.学术界，2006（1）：69-78.

和泽克豪森（1971）、罗斯（1973）最初使用的“状态空间模型化方法”（Statespace Formulation）；到莫里斯（1976）、霍姆斯特姆（1979）的“分布函数的参数化方法”；再到“一般分布方法”，委托代理理论不断充实。

由于委托代理问题在社会中的普遍存在，因此委托代理理论被用于解决各种问题，如公司股东与经理、债权人与债务人、病人与医生、选民与官员等。财政管理也是委托代理理论应用的一个方向，在市场经济条件下，政府承担着为公众提供公共产品和服务的职能，但政府行使这样的职能是社会公众（委托人）通过立法机构授权的，以提供私人部门无法或不能有效通过市场配置而提供的公共产品，政府实际是国家或社会的代理机构，承担着受托责任。同时，政府提供这些产品并不是利用自己的资金，而是公民的缴税或缴费款，公共产品的成本是由需求方即公众预先支付的。政府作为受托人，作为提供公共产品的供给方，其社会活动应该受到公众的监督，提供的公共产品应当符合社会公众的需求。然而，政府政策由官员执行，官员有其自身的利益诉求，且往往会与作为委托人即民众的意愿不一致。因此，有必要将委托代理理论应用于财政管理实践，以解决其中的矛盾和冲突。

（二）委托代理理论的主要内容

委托代理理论认为：委托代理关系是随着生产力的发展和规模化大生产的出现而产生的。一方面，生产力的发展使分工不断细化，权利的所有者由于其知识、能力、精力等原因所限，不能有效行使所有权利；另一方面，专业化分工产生了一大批具有专业知识的代理人，他们有精力和能力代理并行使好被委托的权利。然而在委托代理的关系中，由于委托人与代理人的效用函数不同，委托人追求自身财富的最大化，而代理人追求自己收入、消费、闲暇最大化，这必然导致两者的利益冲突。如果没有有效的制度安排，代理人的行为将很可能损害委托人的利益，因此，委托代理理论主要侧重于研究在利益冲突和信息不对称的情况下，如何进行机制设计，以有效激励代理人。与财政管理相关的委托代理理论的观点主要有以下几点。

1. 信息不对称问题

信息不对称理论是由美国经济学家约瑟夫·斯蒂格利茨、乔治·阿克洛夫和迈克尔·斯宾塞提出的。该理论认为：市场中卖方比买方更了解有关商品的各种信息；掌握更多信息的一方可以通过向信息贫乏的一方传递可靠信息而在市场中获益；买卖双方中拥有信息较少的一方会努力从另一方获取信息；市场信号显示在一定程度上可以弥补信息不对称的问题；信息不对称是市场经济的弊病，要想减少信息不对称对经济产生的危害，政府应在市场体系中发挥强有力的作用。这一理论为很多市场现象，如就业与失业、信贷配给、商品促销、商品的市场占有等提供了解释，并成为现代信息经济学的核心，被广泛应用到从传统的农产品市场到现代金融市场等各个领域。信息不对称导致的最大可能性问题就是逆向选择。

在公共支出过程中，不管是政府部门与社会公众之间，还是政府各部门之间，都存在着信息不对称的问题。一方面，政府（代理人）与公众（委托人）之间存在信息不对称。公众对于政府支出项目会如何影响他们生活的信息是不完全的，政府对于公众需求了解的信息也是不全面的，而获得这些相应信息是需要付出较高的交易成本的，这也导致政府的支出方案不能有效地反映社会公众的偏好。另一方面，政府各部门之间，特别是政府部门的上下级之间，同样存在信息不对称的情形。即使公众偏好能够通过一定的体制设置呈现出来，由于与委托人联系紧密的下级部门和机构拥有更多的信息，他们倾向于要求尽可能多的资源，达到部门利益和个人利益最大化，处于信息劣势的上级部门就不能根据战略性的优先顺序分配资源，并最终阻碍将其转变为社会公众所希望的产出和结果，直接影响到政府支出的绩效。

2. 多层委托代理关系问题

相对于企业而言，公共委托代理关系是多层委托代理关系。公众将公共事务委托给政府，政府是一个庞大的组织体，政府内设各层级政府、各预算部门，由此形成多层多级多类型的委托代理关系。首先，“公众—议会—政府”之间的委托代理关系。其中，相对于公众和议会，政府拥有公共产品供给成本方面的充分信息，同时，按照“经济人”假设，政府（代理人）与公众“委托人”的效用函数并不一致，因此必然会产生委托—代理问题，即政府为了自身利益而损害公众的利益。其次，“财政部门—预算部门”之间的委托—代理关系。财政部门作为财政资金的委托人，在公共产品成本方面处于信息劣势，而各预算部门作为受托人则处于信息优势的地位。由于各预算部门有自身的利益，所以在财政资金分配和使用中也会出现损害财政部门利益的行为。

多层委托代理关系加大了政府运行成本，按照委托代理理论，委托代理链越长，初始委托人的行为能力就越弱，中间的委托代理者更加容易产生“败德”行为，出现“寻租”“设租”行为，增加了政府提供公共产品和服务的成本，降低了社会效率。这种多层委托代理关系要求财政管理制度的设计对代理人的行为进行有效的激励和必要的监督。

3. 公共产品的垄断问题

政府作为公共产品的供给方，在市场上没有竞争对手，类似于垄断市场。在私人产品的垄断市场中，厂商按照边际收益等于边际成本确定产量，垄断产量会小于竞争条件下的产量，而价格却高得多。但在公共产品的供给上，政府并不直接面对需求，公众因获得公共产品而支付的税收或费用与其接受的公共产品是分开的，政府作为一个整体获得公共收入，具体提供公共产品的各个政府部门或机构面对的却是预算拨款，而非公共产品“出售”的直接收入，这使各个政府部门忽视公共产品产出的质和量，片面追求扩大预算，导致政府支出呈扩大态势。

4. 官僚预算最大化问题

官僚预算最大化理论认为，官僚并不服务于政治家而是服务于自己，将个人效用最大化。为达到这一目标，他们必将寻求他们所在的官僚机构预算最大化。官僚机构实际上就是僵化的政府部门，被看作一国非营利性机构，使用财政预算拨款来提供市场交易无法供给的产品和服务，以满足社会公众偏好和需求。但是，官僚机构与财政部门之间存在信息不对称，导致官僚机构拥有绝对支配性的垄断权力，使大多数情况官僚机构追求预算最大化的目的都能达到，在一定程度上带来了资源的浪费和低效率，即公共部门存在着“X—无效率”现象。

（三）委托代理理论与高校整体支出绩效管理

根据委托代理理论，“信息不对称”和“激励不相容”是委托代理问题产生的主要原因，代理人逆向选择的“败德”行为会增加政府成本、降低财政管理效率。对此，经典的委托代理理论提出了“信息透明”和“激励相容”两种基于预算绩效管理的解决方案。

在高等教育领域，政府和高校之间也存在着委托代理关系。政府拿着纳税人的钱，有义务办好教育事业，作为委托人授权高校独立行使学校运行管理权力，同时将资源分配给高校以帮助其完成任务，并对这些任务的完成情况进行监督与管理。在这个过程中，考虑到高校需要一定程度的自治，其目标和行为可能与政府的战略选择不一致，形成代理道德风险。为克服这种道德风险，政府作为委托人可以通过对高等教育的经济约束，对高校资源利用情况进行引导和监督，促进高等教育资源实现优化配置；同时以结果为导向，强调高校的教育产出和社会效益，督促高校不断提高办学效率，与国家发展战略相衔接，同时满足社会发展对各类人才的需求①。

通过以上分析可知，政府与高校之间存在着明确的委托代理关系，加强政府对高等教育的初始委托人责任，充分发挥外部利益相关者的社会监督作用，并通过制定一系列有效的契约激励和约束代理人，将是我国高等教育未来发展亟须解决的重要课题之一。

---

① 陈锋正，苗彦恺. 多重制度逻辑视角下我国高校绩效管理存在的问题及策略选择[J]. 教育发展研究，2019(6)：23-29.

二、公共产品理论[1]

作为现代公共财政体制的基础理论，公共产品理论有着悠久的历史渊源。按照公共产品理论，政府及其财政活动，如同个人产品的购买和消费一样，必须确保和体现消费者个人效用最大化的根本要求，实现对政府提供公共产品成本的约束和管理，符合投入产出的绩效观。

（一）公共产品理论的产生和发展

公共产品理论最早开端于1739年休谟（David Hume）的《人性论》中关于个人和集体的论述。1776年，亚当·斯密（Adam Smith）在其著作《国富论》中提出，在公共服务供给过程中，除了“看不见的手”要发挥基本作用外，君主也必须通过提供保护社会、设立国防、设立司法机关等公共服务来维持某些公共事业发展及某些公共设施的运行。1817年，英国古典政治经济学大卫·李嘉图在其名著《政治经济学及赋税原理》中进一步论证了政府提供某些公共服务的合理性。1919年，瑞典经济学家林达尔（Lindahl）提出了林达尔均衡理论，这也是公共产品理论最早的成果之一。

20世纪50年代中期，保罗·萨缪尔森（Paul Samuelson）相继发表了《公共支出的纯粹理论》和《公共支出理论的图式探讨》，公共产品理论的一些核心问题被提出并部分得到解决。其中，《公共支出的纯粹理论》中将公共产品定义为：每个人对某种产品的消费并不会对他人对这种产品的消费产生任何影响（减少或增加）。这一描述成为经济学中对纯公共产品的经典定义。在这两篇文章的启发下，公共产品理论逐渐被重视并得以发展：1965年，布坎南在其论文《俱乐部的经济理论》中提出了俱乐部理论，首次对非纯公共产品（准公共产品）进行了讨论，公共产品的概念得以拓宽。1973年，桑得莫（A.Sandom）发表了论文《公共产品与消费技术》，着重从消费技术角度研究准公共产品。

可以说，20世纪50年代以来，公共产品理论一直是公共部门经济理论的基石，公共产品理论的发展也逐渐集中于设计机制保证公共产品的决策者提供的效率原则[2]。而公共产品理论的新发展方向之一便是公共选择理论，这也成了现代微观经济学的重要突破[3]。

---

① 宁小花.全民健康覆盖视角下俄罗斯基本医疗卫生财政保障机制研究［D］.北京：中央财经大学，2021.

② Randall G.Holcombe.Public Goods Theory and Public Policy［J］.The Journal of Value Inquiry，2000（2）：273-286.

③ 中华人民共和国财政部预算司.中国预算绩效管理探索与实践［M］.北京：经济科学出版社：39.

（二）公共产品理论的主要内容

根据公共产品的特征，可将其分为纯公共品和准公共品①。萨缪尔森对纯公共品给出了一个数学表达式：$X_{n+1}=X^{i}_{n+1}$（i=1，2，…，m），即对任意一个消费者i，他所消费的该公共品的数量就是该公共品的总量X_{n+i}，也就是说，纯公共品具有以下特征：

一是效用的不可分割性。即对于消费者来说，公共产品具有共同利益或共同消费的特征，是向整个社会的消费者同时提供的，其效用无法分割，无法归属于某个特定的个人或者集体，也无法按照付费原则来优先选择消费者，而是社会所有成员同时享有的。

二是消费的非竞争性。即所有人可同时消费某一公共产品，而不会对他人对该产品的消费造成影响，且当消费该产品的人数减少或增加时，并不会导致产品的边际成本减少或增加，因此纯公共产品一般只能免费供给。

三是受益的非排他性。即某种公共产品一旦被提供，便会有众多的受益者，大家将共同消费这一产品，不能将任何人排除在外。这种非排他性的特征意味着公共产品的供给者无法阻止他人使用产品，也无法直接向消费者收费，很难从技术上把“免费搭车者”排除在外，私人也无法从投资生产这种公共产品中受益。

由于纯公共产品的非竞争性和非排他性，供给者由于无利可图缺乏提供该产品的动力，而作为“经济人”的消费者都会试图“搭便车”。因此，在自由市场经济条件下，由于公共产品利润太小甚至没有利润，供给者没有兴趣和动力去提供这种产品，容易导致公共产品供给不足。

除了纯公共产品外，还有一种产品是介于纯公共产品和私人产品之间的混合体，在消费过程中只符合非排他性特征或者只符合非竞争性特征，这种产品也称准公共产品。准公共产品具有以下特点：

一是具有效益上的外部性（溢出效应），即一个人或一群人在对产品的行动和决策会使另一个人或一群人受损或受益的情况。如果使另一部分人受益则属于正外部效应，如果使受损就属于负外部性。

二是存在着消费上的有限排他性或者局部排他性，即当使用该产品的使用者超过一定的数量，就会影响其他人对该产品的使用。

三是存在消费上的有限竞争性，即随着产品的供给范围逐渐扩大时，使用者数量增多，引起生产成本的增加，导致一部分人在消费该产品时，会影响其他消费者对该产品进行消费。对于准公共产品来说，由于单个个体消费者对某种产品消费效益的估计总和始终会小于社会实际总效益（$X^{i}_{n+1} \leqslant X_{n+1}$），因此消费者对公共产品

① 王根贤.公共财政视角下的中国医疗卫生保障制度研究［M］.成都：西南财经大学出版社，2008：32.

的需求始终小于最佳社会需求，市场上对准公共产品的需求和供给都将呈现不足状态[①]。

（三）公共产品理论与高校整体支出绩效管理

对于高等教育的公共属性，不同学者根据不同标准也得出了不同结论。如萨缪尔森认为，高等教育属于准公共产品，高等教育并不是所有人都能获得的，尤其是当国家的财力不可能为所有人都提供高等教育时。由此，在高等教育可容纳量一定的限制下，高等教育就暗含了一定的竞争性。同时，高等教育还具有一定的排他性，一个人只要消费掉一个接受高等教育的名额，那么就会减少一个其他人消费的名额[②]。

我国最早对高等教育进行公共经济学理论分析的王善迈教授（1996），在其《教育投入与产出研究》一书中把教育分为义务教育和非义务教育，义务教育属于纯公共产品，非义务教育属于准公共产品，而非义务教育中就包括高等教育[③]。厉以宁（1999）从供给主体和教育经费承担方式指出，我国现行教育产品可划分为以下五种类型：具有纯公共产品性质的教育（如义务教育）、基本具有公共产品性质的教育（如政府投资提供的各类学校教育等）、具有混合公共产品性质的教育（如某个组织为自己的成员设立的学校或培训班等）、基本具有私人产品性质的教育和具有纯私人产品性质的教育[④]。

刘明（2012）认为，高等教育因不同时具有效用的不可分割性、非排他性和非竞争性而成为混合物品或准公共产品[⑤]。劳凯声（2002）则认为，从教育非垄断性质、公共产品与市场的关系、产品的竞争性和可分性程度来看，教育这种公共产品可以进一步转化为私人产品或准私人产品[⑥]。吴立武（2006）认为，高等教育产品包括高等教育服务和知识，其中，高等教育服务属于准公共产品，知识产品则属于纯公共产品[⑦]。

整体来看，高等教育作为一种纯公共产品和准公共产品，具有公平性和正的外部效应[⑧]。所谓公平性是指作为一种教育机构，是面向社会全体成员的，不论其

---

① 程晓明.卫生经济学［M］.北京：人民卫生出版社，2013：45.

② 保罗·萨谬尔森，威廉·诺德豪斯.经济学（6版）［M］.北京：华夏出版社，1999：268.

③ 王善迈.教育投入与产出研究［M］.石家庄：河北教育出版社，1996.

④ 厉以宁.关于教育产品的性质和对教育经营的若干思考［J］.教育科学研究，1999（3）：3-11.

⑤ 刘明.从财政视角看我国高等教育经费问题及其应对策略［J］.华中师范大学学报（人文社会科学版），2012，51（3）：154-159.

⑥ 劳凯声.社会转型与教育的重新定位［J］.教育研究，2002（2）：3-7，30.

⑦ 吴立武.高等教育产品属性及其财政职能定位［J］.江苏高教，2006（5）：35-37.

⑧ 吴明华，刘嗣明.我国高等教育改革路径选择：一种公共产品理论的视角［J］.扬州大学学报（高教研究版），2007（3）：15-18，25.

社会背景、经济地位或其他个人特征，每一个人均能够享受这种产品和服务。在高等教育中，教育公平首先体现在入学机会的公平，即高等教育机构应当通过公正的选拔机制，综合考虑考试成绩、综合素质评价和个人特长等因素，确保录取过程的公正性和透明度。其次是教育资源的公平分配，高等教育机构应致力于公平分配教育资源，确保每个学生在接受教育过程中获得相同的机会，如教学设施、图书馆资料、实验室设备等教育资源的公正分配，以及师资力量的均衡配置等。在市场上经济体制下，没有管制的高等教育服务市场是以支付能力和支付意愿为基础配置资源的，由于人们的收入水平支付能力的差异，可能导致高等教育入学机会、享受教育过程方面的不公平性，这就决定了政府在承担提供高等教育服务中的主导责任。

同时，高等教育还具有正外部性特征。高等教育是人力资本投资的有效途径，高等教育服务与教育产品，不仅使个人受益，而且具有明显的社会效益，满足了国家、社会、家庭及个人多个主体的需要，对于提升国民素质、增强综合国力、弘扬本民族文化、传播人类科技和文化知识、提高大众的民主意识等起着潜移默化的积极作用，能给国家、社会和家庭个人带来很高的收益和回报。因此，政府一方面要通过扩大财政资助范围、健全多渠道分类筹集高等教育经费，建立高等教育财政投入动态调整机制和完善保障体系。另一方面，还需通过增加经费使用透明度，建立健全自我约束与外部监督有机结合的财务监管体系以及高等教育经费绩效管理制度，更合理地分配和使用有限的高等教育经费，提高高等教育资源使用效率和效益。

当前，我国高等教育由以数量规模为追求的外延式发展，进入聚焦高质量的内涵式发展阶段，高等教育的发展模式发生了重大变化，高等教育的资源配置模式也产生了整体性变化。在这一背景下，通过绩效管理实现对政府提供公共产品成本的约束和管理、保证高等教育的高质量发展就越发重要。

三、新公共服务理论

新公共服务理论是对传统公共行政理论的一种扩展和补充。传统公共行政理论主要关注行政效率和组织绩效，强调行政职能和管理的技术性。而新公共服务理论在强调绩效的同时，还强调公共管理的公共性和公民导向，强调公共服务的公共价值和社会责任。

（一）新公共服务理论的产生和发展

传统的公共行政学诞生于19世纪末20世纪初，是随着西方诸国工业化的完成而建立起来的，其主要理论基础是政治学，特别是韦伯（Max Weber）的官僚体制理论和威尔逊、古德诺等人的政治与行政二分法的理论。其主要特点有：政府管理体制以科层理论为基础，权利集中，层级分明；法规繁多，职能广泛；规模庞大，程序复杂；官员照章办事，循规而行；官员行为标准化，非人格化；运用相对固定的行政程序来实现既定的目标。

20世纪70年代之后，特别是20世纪80年代以来，西方社会乃至整个世界发生了根本性的变化。一方面，传统公共管理体制僵化、迟钝，使行政机构规模和公共预算总额产生不断扩大，导致高成本、低效率的问题越来越突出，政府开支过大、经济停滞、财政危机严重、福利制度走入困境、政府部门工作效率低下，使公众对政府的不满越来越强烈；另一方面，公众的价值观念日益多元化、需求多样化，民主意识和参政意识增强，对政府提出了新的要求。在这种背景下，一种突破传统公共行政学的学科界限，把当代西方经济学、工商管理学、政策科学（政策分析）、政治学、社会学等学科的理论、原则、方法及技术融合进公共部门管理的研究之中，以寻求高效率、高质量、低成本、应变力强、响应力强、有更健全的责任机制的"新公共管理"模式应运而生。在这场改革中，公共选择理论和公共产品理论对新公共管理的发展产生了重要影响。这些理论首先在戴维·奥斯本和特德·盖布勒的研究中得到体现，他们将"公共企业家"精神引入政府改革领域，认为新的政府应将竞争机制引入服务的供给之中，从而提高效率，增强政府的回应性。同时认为政府是结果导向的政府，应更多关注结果而不是投入，即要追究政府绩效的责任，这样政府才会更有效率和效能①。

英国是新公共管理运动的发祥地之一。1979年，撒切尔夫人上台后，英国保守党政府推行了西欧最激进的政府改革计划，开始以注重商业管理技术、引入竞争机制和顾客导向为特征的新公共管理改革，推行了一系列的改革措施，促使提供公共产品和服务的公共部门接受市场检验，各公共部门之间、公共部门与私人部门之间为公共产品和服务的提供展开竞争。美国从1978年卡特政府的"文官制度改革法案"的实施起，也开始了新公共管理改革。在里根执政期间，大规模削减政府机构和收缩公共服务范围。1993年克林顿上台后，开启了"重塑政府运动"，精简政府机构、裁减政府雇员、放松管制、引入竞争机制、推进绩效管理。在新西兰和澳大利亚，旧的公共行政传统以管制经济和由政府部门提供一切公共服务（即福利国家）为特征。20世纪70年代末80年代初，两国面临同样的问题和压力，使澳大利亚从1983年、新西兰从1984年起，相继进行了全面的行政改革。此后，新公共管理运动迅速扩展到加拿大、荷兰、瑞典、法国等多个国家。

① ［美］戴维·奥斯本，特德·盖布勒.改革政府：企业精神如何改革着公共部门［M］.上海：上海译文出版社，2013：37-88.

进入20世纪90年代之后，一些新兴工业化国家和发展中国家，如韩国、菲律宾等也加入了改革的大潮。各国改革的内容、方式和措施并不完全相同，理论界也给这些改革冠以不同的名字，如“重塑政府（Reinventing Government）”“再造公共部门（Reengineering the Public Sector）”等。这场“新公共管理运动”对西方公共部门管理尤其是政府管理的理论与实践产生了重大而深远的影响。

随着新公共管理理论忽视公私部门的根本区别、过分重视结果、关注短期效益、缺失对公民权益的维护等弊端的日益显露，以罗伯特·登哈特为代表的一批美国公共行政学者基于对新公共管理运动的反思，以及在新公共管理实践中所遇到的种种质疑的理性思考，提出了新的公共行政理论——新公共服务理论。新公共服务是指一种批判并超越传统公共行政理论和新公共管理理论的政府治理理论，是区别于统治行政、管理行政的新公共服务模式。

（二）新公共服务理论的主要内容

在《新公共服务：服务，而不是掌舵》一书中，罗伯特·登哈特阐明了其对新公共服务理论的认识。在其看来，新公共服务是关于公共行政在以公民为中心的治理系统中所扮演的角色的一套理念。公共行政人员在管理公共组织和执行公共政策时应集中于承担为公民服务和向公民放权的职责，也就是说，公共行政人员的工作重点不应该再是新公共管理时期的“掌舵”，更不是传统公共行政时期的“划桨”，而是要建立具有完善整合力和回应力的公共机构。新公共服务以重视民主公民权、重视社区与市民社会的共同利益、重视组织的人本主义、强调后现代主义的组织对话为理论基础，认为新公共服务具有以下基本内涵：

（1）政府的职能是服务而不是“掌舵”，公共行政管理人员不是公共服务的直接供给者，而是调停者或者中介人，其重要的角色就是帮助公民表达并满足他们共同的利益需求。

（2）公共行政人员应积极地为公民通过对话清楚地表达共同的价值观念并形成共同的公共利益，要创造公民的共享价值和共同责任，鼓励公民采取一致的行动。

（3）公共行政人员在思想上要具有战略性，在行动上要具有民主性。政府存在的目的在于满足民众的需要，因此政府要具有开放性、可接近性和回应力。

（4）政府与其公民的关系不同于企业与其顾客的关系，在公共部门中，公正和公平是其提供服务时必须考虑的一个重要因素。

（5）责任并不简单。行政人员不仅要关注市场，还要关注宪法法律、社区价值观、政治规范、职业标准以及公民利益，因此对于公共部门的绩效评价不是简单地从效率、结果出发，还要考虑多种复杂的综合因素。

（6）公共组织应该重视人，而不只是重视生产率。只有这样才能培养出有责任心、奉献精神和公民意识的雇员或公民。

（7）公民权和公共服务比企业家精神更重要①。与之相对应，对公共部门的绩效评价不再以单纯的效率或政策成果为标准，而是要体现公民参与的价值取向，使公民参与社会治理，实现社会共同利益。

随着我国治理体系和治理能力现代化的深入推进，如何通过设计相应的政府绩效评价体系，不断推进政府改革朝着民主、法治、责任、高效、公共、回应的服务型政府目标迈进，提高政府现代治理能力，将是我国公共部门绩效管理的重要发展方向。

（三）新公共服务理论与高校整体支出绩效管理

新公共管理改革浪潮在西方国家的普遍展开，在一定程度上促进了西方国家公共管理水平的提升和经济社会的发展，满足了更多公共服务需求，同时也增强了西方国家在国际社会中的竞争能力。新公共服务理论的兴起更加强调公共服务的社会责任，更加关注服务的公共价值、公正性和社会效益，认为公共服务的目标应该是满足社会公众的需求和利益，公共服务机构应当以公共利益为导向，推动社会公正和公平。这一思想对于完善国家宏观调控机制，形成新的政府管理模式，推动公共服务的改革和提升，特别是完善公共部门预算绩效管理具有一定的推动作用。

随着新公共服务理论在公共部门的广泛应用，高校的运行逻辑也在发生着变化：一方面，高校作为一个社会中的组织，受制于政府法规、专业规范、文化—认知价值观、信仰和传统②，如同其他组织一样，受到普遍的社会信仰和价值观的影响，也受到政府法规的制约；另一方面，作为一个资源依赖型组织，高校必须要依赖外部资源推动自身发展，为了获取更多的政府和社会资源，高校必须要迎合社会和市场的需求，履行一定的社会责任，回应政府、学生及家长、社会组织等各种社会利益主体的诉求，使服务社会、参与社会经济发展成为现代高校的一项重要职能。在这个过程中，高校内部治理模式虽然发生了较大变化，但是组织性质没变，即高校依然作为一个自治机构而存在和发展，只不过与外界相关力量的联系日益紧密，在追求学术自由和高校自治的同时，依然需要注重高等教育质量，为社会培养合格的人才③。

因此，就高校整体支出绩效管理而言，高校一方面要保持自治性，坚守学术自

① ［美］珍妮特·V.登哈特，罗伯特·B.登哈特.新公共服务：服务，而不是掌舵［M］.北京：中国人民大学出版社，2006：16-17.

② Clark B R.The Higher Education System：Academic Organization in Cross-National Perspective［M］.University of California Press，1983.

③ 李立国.大学发展逻辑、组织形态与治理模式的变迁［J］.高等教育研究，2017（6）：24-31.

由，关注教育质量，并独立地发挥批判和引领社会的功能；另一方面，还需回应政府的经济功能、市场的竞争效率、社会的公平期望，合理配置资源，重视对高校绩效的衡量，关注教育的产出与效益，更好地履行高校职能。

四、激励相容理论

一个激励相容的机制表现为，所有的参与者在按照这一机制要求诚实公开信息后，不论个人还是组织都会得到最好的成果。激励相容原则的贯彻实施能有效解决个人利益与组织目标之间的矛盾和冲突，使个人采取的行动和产生的结果与组织价值最大化的目标相契合，最终实现个人利益与集体价值的统一。

（一）激励相容理论的产生和发展

1.激励理论的产生

激励理论是指通过特定的方法与管理体系，将员工对组织及工作的承诺最大化的过程，该理论是关于如何满足人的各种需要、调动人的积极性的原则和方法的概括总结。激励的目的在于激发人的正确行为动机，调动人的积极性和创造性，以充分发挥人的智力效应，作出最大成绩。20世纪二三十年代以来，国外许多管理学家、心理学家和社会学家结合现代管理的实践，提出了多种激励理论。这些理论按照形成时间及其所研究的侧面不同，可分为行为主义激励理论、认知派激励理论和综合型激励理论三大类。

早期的激励理论研究主要回答了以什么为基础或根据什么才能激发调动起员工工作积极性的问题，包括马斯洛的需求层次理论、赫茨伯格的双因素理论，以及麦克利兰的成就需要理论等。最具代表性的马斯洛需求层次论就提出人类的需要是有等级层次的，从最低级的需要逐级向最高级的需要发展，按其重要性依次排列为：生理需要、安全需要、归属与爱的需要、尊重需要和自我实现需要，并且提出当某一级的需要获得满足以后，这种需要便中止了它的激励作用。

激励理论中的过程学派认为，通过满足人的需要实现组织的目标有一个过程，即需要通过制定一定的目标影响人们的需要，从而激发人的行动，包括弗鲁姆的期望理论、洛克和休斯的目标设置理论、波特和劳勒的综合激励模式、亚当斯的公平理论、斯金纳的强化理论等。激励理论最先应用于私人企业之中，随着新公共管理运动的兴起，激励理论和激励机制逐渐在公共部门得到广泛应用，政府激励机制与绩效评估相结合，形成了一套全面有效的管理体制。

2.激励相容理论的发展

1972年，在激励理论的基础上，里奥尼德·哈维茨（Leonid Hurwicz）提出激励相容理论，他认为，在市场经济中，每个理性经济人都会有自利的一面，其个人行为会按自利的规则行为行动；如果能有一种制度安排，使行为人追求个人利益的行为，正好与企业实现集体价值最大化的目标相吻合，这一制度安排，就是“激励相容”。现代经济学理论与实践表明，贯彻“激励相容”原则，能够有效地解决个人利益与集体利益之间的矛盾冲突，使行为人的行为方式、结果符合集体价值最大化的目标，让每个员工在为企业多做贡献中成就自己的事业，即个人价值与集体价值的两个目标函数实现一致化。参与者理性实现个体利益最大化的策略，与机制设计者所期望的策略一致，从而使参与者自愿按照机制设计者所期望的策略采取行动。哈维茨因此获得了2007年的诺贝尔经济学奖，并且被誉为“机制设计理论之父”。该理论后来由美国经济学家马斯金（Eric S.Maskin）和迈尔森（Roger B.Myerson）等发展完善，并成为近20年微观经济领域中发展最快的一个分支，在经济与管理活动中被广泛利用。

（二）激励相容理论的主要内容

激励相容具体体现为一种制度，即市场经济活动中，每一个市场参与者都是理性经济人，都追求自身利益最大化，个人行为总是以自利为目标，激励相容表现为个体追求自我实现的同时，其所在组织的目标也能实现，其本质是一种委托人在不完全信息博弈下的激励机制设计，以使代理人利己行为的最后结果与委托人给出的标准或目标相一致。

激励相容有两个重要特征——行为人的责任与权利协调统一、个体与整体利益和谐一致，满足这两个特征的激励机制，可以引导行为人的行为。构建预算绩效管理的激励机制，就是为了使预算绩效管理全过程中的代理人能够以符合委托人期望的最大努力程度工作，使个人目标实现的同时也能使预算绩效最大化。在预算绩效管理过程中，激励相容机制的运用应注意三个方面的核心内容。

一是绩效评价标准的相容。个体一旦选择了其认为合理的努力程度并据此得到了执行结果，此时组织主体（委托人）就应该根据激励契约，履行承诺、兑现奖惩，在这其中对结果的绩效评价是关键。在激励相容的激励机制中，绩效评价标准的特征在于同时体现个人目标和组织目标，这样的绩效评价标准可以保证通过提升代理人的绩效来促进项目或全流程绩效的持续优化。

二是个人绩效与整体绩效的相容。个人绩效的提高可以给个人带来满足感和成就感，而整体绩效的增进可以增强组织的公信力，激励相容的激励机制追求的是个人和组织绩效的“双赢”。对于个人来说，个人在按照组织目标努力奋斗时，目标合理、方向明确，执行结果能得到科学合理的评价，根据绩效评价结果可以得到与预期相吻合的奖惩，可以促使代理人为了个人绩效的实现而不断努力奋斗；对于组织来说，由众多个人组成的组织，其绩效的实现要靠个人的努力工作。激励相容的激励机制可以不断激发个人绩效，同时实现组织绩效。

三是个人满意度与整体满意度的相容。个人满意度的提升在于个人绩效的提高并得到合理评价最终得到符合预期的奖励，组织满意度的提升在于组织目标的不断实现。激励相容的激励机制强调个体和整体利益的协同，所以可以同时保障个人和整体利益的实现，最终同时提升个人和整体的满意度。

（三）激励相容理论与高校整体支出绩效管理

最初的激励相容理论仍未脱离传统代理理论的研究框架，主要以研究如何解决委托—代理关系中“道德风险”问题为主。随着该理论的不断发展，逐渐在政府监管经济学中得到应用。如Myerson（1986）将激励机制的设计与政府监管相结合[①]；巴曙松（2003）指出应当将激励相容理论应用于全球监管中[②]；周黎莎和余顺坤（2012）将激励相容理论与信息经济学研究思路相结合，从新的角度论证了企业即便在信息不对称的情况下，仍可以设计绩效管理的有效激励模式，使员工的个人利益最大化目标与企业的利益最大化目标相一致，从而促进企业和经济发展[③]。

高校整体支出绩效管理的过程实质上也是激励相容作用机制的实施过程。一方面，通过目标管理提高高校的管理水平。在高校整体支出绩效管理过程中，存在着内、外两种不同形式的目标管理：从外部来看，政府在经费、物资、人力等方面给予高校直接的投资和行政管理上的支持，其财政拨款成为高校经费的主要来源。同时，财政经费资助是国家支持高等教育发展、调节高等教育运行的重要手段之一，为了保证财政经费的有效利用以及高等教育朝着政府战略目标发展，政府需督促高校根据自身使命和愿景制定具体、可衡量的目标，并将其分解为明确的指标，通过建立有效的绩效评估体系、制定合理的政策和措施，更好地实现政府所期望的高校绩效和效益。从内部来看，高校管理层领导在给二级单位适当授权和资源配给的情况下，也需从学校总目标中给二级单位分解相应的分目标，并通过签订目标责任书、年度绩效考核等方式实现学校整体的目标管理。

---

① Myerson R B.Multistage Games with Communication［J］.Econometrica，1986，54（2）：323-358.

② 巴曙松.巴塞尔新资本协议框架中的市场约束［J］.财经问题研究，2003（4）：34-38.

③ 周黎莎，余顺坤.基于激励相容的企业绩效管理模式设计［J］.技术经济与管理研究，2012（1）：13-17.

另一方面，通过过程管理实现有效控制。在高校整体支出预算绩效管理过程中，也存在着内、外两种不同形式的过程管理：从外部来看，财政部门为全面加强财政资金全流程绩效管理，在实施高校预算管理时将激励理论融入其中，通过将预算绩效考核结果与下一年度预算资金挂钩，或者根据预算绩效考核的结果对高校作出奖励或者惩罚等举措，提高高校的预算绩效管理水平；从内部来看，高校以战略目标为导向，建立完善的激励与约束机制，将预算编制的权利下放到二级单位及具体教师，每个单位可根据自身需求和发展目标编制预算，从而提高二级单位及其工作人员的积极性。另外，在预算管理过程中，通过预算绩效考核结果确定职工的工资薪酬，以增强教师的责任感和使命感，调动教师的积极性，提升二级单位工作效率，从而保证个人目标与组织目标保持一致。

第三节 高等教育学校整体支出绩效管理的现实需求

实施高校整体支出预算绩效管理，不仅是落实国家预算管理改革、缓解高校收支矛盾、优化资源配置、提高资金使用效益的重要抓手，也是深化高等教育综合改革、提升高校治理能力和水平、推动教育强国建设的必然要求。

一、落实国家预算管理改革、加快建设现代财政制度的必然要求

党的十八届三中全会提出“财政是国家治理的基础与重要支柱”，这构成了我国当前和未来相当长时间内财政制度改革的战略目标。党的十九大报告进一步指出，要“加快建设现代财政制度，建立全面规范透明、标准科学、约束有力的预算制度，全面实现绩效管理”，为我国未来建设现代财政制度提出了新要求和新期望，即要将全面实行预算绩效管理纳入现代财政体系并发挥应有的作用。党的二十大报告提出要“健全现代预算制度”，为做好新时代新征程财政工作指明了方向、提供了遵循。可以说，预算绩效改革一直以来与财政治理现代化都是紧密相连的。

一方面，重视绩效是我国政府预算改革大局中的重要内容。纵观世界各国政府绩效改革的背景，大多是在经济不景气、财政困难、社会怨气重的背景下倒逼政府进行的，而我国虽然也面临这些问题，但应该说只是给绩效改革添了把火，而不是直接诱因。在我国预算改革的探索与实践中，很早就将触角探及预算绩效管理，并将其放在预算改革的大局中。

从20世纪90年代开始的部门预算改革、国库集中收付、规范政府采购等预算管理改革，至2003年党的十六届三中全会提出“建立预算绩效评价体系”，开启了我国基于绩效的政府预算改革大幕，财政制定并颁发了一系列涉及支出绩效管理

的法律法规、部门规章、制度办法、指导意见、工作规划、指标体系等，实践活动也从财政延伸到了预算部门和单位。从党的十九大提出“全面实施绩效管理”，到2018年9月发布的《中共中央 国务院关于全面实施预算绩效管理的意见》将其聚焦于预算绩效管理，并将“全面”具体化为“全方位、全过程、全覆盖”，给出了具体的改革路线图、时间表。应该说，这是将政府预算的绩效问题纳入推进国家治理体系和治理能力现代化，建立现代财政制度以及预算改革整体框架之中的，而不是权宜之计。

另一方面，预算绩效管理改革加快推进了我国现代财政制度的建设。预算绩效管理是与财政支出紧密相连的概念，实践中，预算绩效管理的内容实际上涉及财政“资金往哪儿流”“流向怎么定”“钱怎么花”三个核心命题，这些方面的改革推进都与国家及财政治理现代化息息相关。

为此，应树立预算管理的绩效理念。预算的绩效理念是建立在公共服务与公共责任、社会效益与公众满意度等理论以及由此带来的社会绩效文化基础上的，在全社会形成一种稳定的公共资金绩效价值观是实施预算绩效管理乃至政府绩效管理的终极目标。《中共中央 国务院关于全面实施预算绩效管理的意见》指出，我国在预算管理中“绩效理念尚未牢固树立，一些地方和部门存在重投入轻管理、重支出轻绩效的意识”，由此，全面实施预算绩效管理，以公民满意度为落脚点，树立和提升绩效理念，以最少或最适当的钱为人民办最多和最好的事，减少“低效无效资金”，不仅是保证预算绩效管理能够顺利推行的根本，也是“增强政府公信力和执行力”，推动社会迈向现代化的重要内容。

总体来看，全面实施预算绩效管理，不仅有利于为政府履行职能提供坚实的物质基础和制度保障，督促各级政府认真履职尽责，提高行政效率，全面提升政府效能，增强政府公信力和执行力，加快实现国家治理体系和治理能力现代化，还有利于提升民众的满意度，确保全体人民在共建共享中的获得感稳步提升。

高校作为财政资金的使用者，同样也置身于全面预算绩效管理的大局之中。2019年12月，教育部发布《教育部关于全面实施预算绩效管理的意见》（教财〔2019〕6号），指出加快推进教育部所属高等学校和直属单位、部内司局部门预算资金和中央对地方教育转移支付资金绩效管理，是优化教育资源配置、提升教育公共服务质量、构建服务全民终身学习教育体系、推动加快实现教育现代化的重要举措。同时，明确提出各教育部门与单位要将预算收支全面纳入绩效管理，围绕部门和单位职责以及中长期事业发展规划，树立业务和财务有机融合、相互促进的绩效管理理念，以预算资金管理为主线，从运行成本、管理效率、履职效能、社会效应、可持续发展能力和服务对象满意度等方面，综合衡量本部门和单位整体预算绩效。

二、优化高等教育资源配置、实现内涵式发展的关键途径

随着我国高等教育改革的逐步深化，高等教育学校经费来源经历了以国家为主的财政拨款到以高等院校规模的“生均定额+专项资金”拨款方式为主的多渠道筹集教育经费投入格局。这种经费来源渠道的改变使高校预算收入扩大为财政拨款、事业收入和其他收入，其中，财政拨款收入是高校办学经费的重要来源。根据《中国教育经费统计年鉴2022》显示，2021年全国高等学校教育经费总收入为15435.60亿元，其中，国家财政性教育经费9588.38亿元，事业收入4934.71亿元，其他教育经费912.50亿元，财政拨款占比62.12%。

近年来，随着高等教育办学规模的扩大，加上受经济下行压力加大、中美贸易摩擦、新冠疫情等多重因素影响，高校办学经费来源缺乏新的增长点，“收不抵支”的现象逐渐凸显，发展支出需求的不断提升与高校收入增长的有限性之间的矛盾越来越突出，客观上要求教育发展不能简单依靠投入规模的扩张，而应将着力点放在优化资源配置和提升使用绩效上[①]。由此，如何把有限的高等教育财政资金投入高校重点建设领域，把“钱花在刀刃上”，充分发挥财政资金最大的效益是高校高质量可持续发展的重中之重。绩效管理通过对高校预算资金的全过程监管，为高校提高资金决策效益和使用效果提供了重要保障，也逐渐成为高校内涵式发展的助推器。

首先，预算绩效管理客观上提升了高校的预算治理能力。预算绩效管理以投入产出比、成本效益率等指标来衡量经济效率，以资金拨付进度、项目实施进度来衡量教育部门的内部治理效率，以研究成果的应用性来衡量各类高校的发展效率，为多方位效果的衡量提供有效标尺，是检验教育目标实现程度的有效手段[②]。与传统预算或业绩考核相比，预算绩效管理更加注重对预算支出效益的考察，强调产出和效益，而不仅关注投入，这种对预算支出效益更为注重的预算管理方式，促使高校开展预算管理改革。此外，预算绩效管理对高校预算管理的精细化、科学化程度要求更高，客观上促使高校预算管理重心从核算反映型向决策支持型转变，从而推动高校改变重编制、轻管理的现状，充分挖掘预算数据价值，实现高校预算科学化、精细化、信息化管理，提升高校预算治理能力。

其次，预算绩效管理助推高校优化资源配置方式。一方面，随着高校规模不断扩大，组织机构越来越复杂，预算管理也面临多种困境。而预算绩效管理作为一种

---

①② 马蔡琛，朱雯瑛.推进教育经费绩效管理改革助力教育现代化建设［N］.中国财经报，2024-6-15，“绩效新时代”专刊.

独特的管理模式，能够通过统筹兼顾学校各方需求，创新预算管理思路，在统筹考虑产出和效益的同时，充分衡量资金使用情况，积极协调内外部各项因素，通过资源的优化配置来推动高校稳步发展。另一方面，面对收入情况不容乐观与支出盘子逐渐增大的越来越深的矛盾，如何用好每一分钱，让每一分钱都创造出最大的价值也成为高校预算管理的需要解决的难题。而预算绩效管理将高校预算收支业务全部纳入预算管理体系中，在资金安排时重点强调绩效导向和结果应用，采用多种方式对学校资源进行合理配置与整合，统筹安排学校的各类资源，减少不必要的资产浪费和闲置，使有限的预算资源发挥最大的效益①。从高校整体支出绩效管理角度来看，由于高等教育资源的稀缺性，其配置势必会更加注重效率，亟须一种工具对高等教育稀缺资源进行科学、合理的分配，而预算绩效管理便是高校资源配置的一种合理工具。通过对高校进行预算绩效管理，强化其财政资源动态管理，同时加强其绩效评价结果的应用，将高校的绩效表现与高等教育财政资源的配置取向、配置规模挂钩，有利于提升高等教育预算资源的利用效率和使用效益。

最后，预算绩效管理促使高校转变发展方式。改革开放以来，中国经济高速增长的同时，也带来经济发展方式粗放、三大结构性失衡等方面的问题。新时代中国经济从高速度增长转变为高质量发展，就必须通过供给侧结构性改革，提高供给质量与资源使用效率，对于高校来说也是如此。党的二十大开启了科教兴国新征程，高等教育发展进入新阶段，也被赋予了新的历史使命和时代命题。高校作为教育主阵地、重大科技创新策源地和拔尖创新人才聚集地，在推进中国式现代化进程中扮演着不可替代的重要角色，必须进一步明确办学定位，凝练学科特色，走特色发展和质量发展的内涵式发展之路。而预算绩效管理以高校发展战略为指引，推动高校改变过去的粗放式管理，进一步深化管理改革，创新体制机制，通过建立对学校长远发展有利的激励约束机制，充分激发内部办学活力，从而实现高校内涵式发展的长远目标。

三、深化高等教育综合改革、推进教育强国建设的重要抓手

建设教育强国，龙头是高等教育，切实发挥好高等教育的龙头作用对于教育强国建设意义重大。近年来，我国高等教育快速从精英化越过大众化，进入普及化阶段。国家经济社会发展在为高校提供资源支撑的同时，也对高等教育寄予了前所未有的厚望，对高等教育的关注日益从专业话题转为社会议题，高等教育的外部性特

① 王晶.高校预算绩效管理实施困境及路径探析［J］.经济师，2022（9）：66-67，70.

征得以快速释放和强化。如何更好地服务和支撑国家战略的实施，成为我国高等教育学校新发展阶段改革发展的重要推动力量。

《国家中长期教育改革和发展规划纲要（2010—2020年）》指出，在公立高等学校的发展中应“改进管理模式，引入竞争机制，实行绩效评估。促进高校办出特色，建立高校分类体系，实行分类管理。”2017年，教育部、财政部、国家发展改革委共同印发《统筹推进世界一流大学和一流学科建设实施办法（暂行）》（教研〔2017〕2号），明确提出要建立以绩效为杠杆的高校激励制度，将绩效评价结果作为政府对高校的动态支持和管控的重要参考因素。2024年3月，教育部部长怀进鹏在十四届全国人大二次会议民生主题记者会上表示，将发挥高等教育的龙头作用，实施高等教育综合改革试点，将科技发展趋势与社会发展需求相结合，优化设置学科专业，更好地深化人才培养机制改革和优化人才评价机制。同时指出，在高等教育综合改革试点中，要优化资源结构布局，推动高校分类特色发展，建立分类评价机制。在此背景下，高等教育学校绩效管理改革已成为我国高等教育改革发展中一个重要领域，也成为我国高等教育预算管理机制改革的发展方向。

作为高等教育发展的产物，预算绩效管理已成为推进高校分类管理的重要手段，也成为高等教育质量评估体系的重要组成部分，对于改进教育财政拨款机制、提高统筹能力、激励高校内生发展动力、不断提高高校整体办学水平具有重要的推动作用。

从外部来看，高校预算绩效管理的实施，不仅可以有效保证政府财政资金的最大化有效使用，避免政府财政资金的浪费，还可通过对高校设计共性发展与个性突破有机结合的绩效评价指标体系，制定具有针对性、符合高校定位和体现高校特色的“一校一方案”，在鼓励高校对自身战略目标贡献或对区域战略目标贡献的基础上开展绩效评价，以准确反映不同性质高校的教育质量及绩效水平，引导高校追求个性化、特色化发展。通过政府财政资金的科学使用，更加明确每个高校的办学定位，凸显高校办学特色，激发高校办学活力和动力，提高高校教育质量，充分发挥预算绩效管理在推动高等教育改革过程中重要的“指挥棒”作用。

从内部来看，高校作为资源依赖型组织，必须与外部组织保持必要的联系才能更好地发展下去。推动高校开展预算绩效管理，并以此衡量高校的资源使用效益以及办学质量和水平，以有效激发高校内部各单位办学的积极性和热情。在全球绩效治理的大背景下，高校要想获得更多资源支持，势必会从提高自身发展的角度去主动进行内部改革，妥善处理改革与发展的关系，建立更加明晰、规范的内部权责关系，并通过一系列具体的指标引导各部门切实将本部门的工作计划、内容、项目、效益与学校的发展目标相结合，合理规划资源投入方向，提高投入产出效率，确保资金用到实处，推动高校整体教学和科研能力的提升，全面推动学校高质量可持续发展。

四、推进高校治理体系和治理能力现代化的内在要求

2013年11月，党的十八届三中全会讨论通过《中共中央关于全面深化改革若干重大问题的决定》(以下简称《决定》)，该《决定》提出“全面深化改革的总目标是完善和发展中国特色社会主义制度，推进国家治理体系和治理能力现代化”的理念。这是我国政治领域首次提出“国家治理体系”和“治理能力现代化”的概念，并将其正式提上了国家经济社会建设的发展进程。随后，在2014年全国教育工作会议的讲话上，时任教育部部长袁贵仁阐述了深化教育领域综合改革以及加快推进教育治理体系和治理能力现代化的内涵、目标和任务，指出教育领域的高校治理不仅是国家治理体系的一部分，也是我国高校下一步改革的具体工作目标①。党的十九大报告进一步指出，到2035年，我国各方面制度要更加完善，国家治理体系和治理能力现代化要基本实现；到21世纪中叶，要实现国家治理体系和治理能力现代化。自此，我国国家现代化治理体系与能力建设的新时代正式开启。2019年，党的十九届四中全会审议通过了《中共中央关于坚持和完善中国特色社会主义制度、推进国家治理体系和治理能力现代化若干重大问题的决定》，以一次中央全会专门研究国家制度和国家治理问题并作出决定的前所未有的创新方式，开启了“中国之治”的新篇章。

国家治理体系和治理能力是一个国家制度和制度执行能力的集中体现②。推进国家治理体系和治理能力现代化，就是要适应时代变化，既改革不适应实践发展要求的体制机制、法律法规，又不断构建新的体制机制、法律法规，使各方面制度更加科学、更加完善，实现党、国家、社会各项事务治理制度化、规范化、程序化。习近平总书记指出，建设教育强国，必须“以教育理念、体系、制度、内容、方法、治理现代化为基本路径，以支撑引领中国式现代化为核心功能，最终是办好人民满意的教育”。可见，高等教育治理现代化关乎我国从教育大国到教育强国的跃升。

近年来，随着社会经济的不断发展，我国高等教育已进入普及化阶段，在由“管理”到“治理”的转变中，如何通过高校领域的治理变革，推动高校治理体系和治理能力现代化，已成为高等教育领域面临的一个艰巨而现实的任务。而全面实施预算绩效管理就是提升高校治理体系和治理能力建设的关键点和重要突破口。作

① 李达，王俊程，胡红霞.高校治理体系和治理能力现代化的实现路径研究［J］.陕西行政学院学报，2015，29（1）：111-115.

② 习近平.十八大以来重要文献选编（上）［M］.北京：中央文献出版社，2014：547-548.

为推进高校治理体系和治理能力现代化的有力举措，完善高校预算绩效管理体系、提升高校绩效管理水平已成为顺应政府职能转变需要、推进高等教育治理现代化、实现高等教育内涵式发展所必须形成的理论自觉和现实需要①。高校预算绩效管理水平的提高既能促进治理主体能力的提高，也能提升高校的制度能力水平②；既能提升高等教育内部治理能力，也能促进外部治理能力的发展。

从内部治理来看，高校预算绩效管理必须在内部利益相关者充分表达利益诉求的基础上进行，是一个众多利益相关者共同参与、协同治理的过程，因此，其管理过程也是高校内部行政人员、教师、学生和服务人员等依法依规共同参与处理高校发展事务的过程，这就非常考验高校简政放权、宏观调控的内部治理能力；在预算绩效管理过程中，高校通过加强预算绩效目标管理，将学校的战略目标按学科、教学、科研等基本职能分解成各管理层级的建设目标，同时优化各个管理层次的权限和责任安排，以及相应的利益分配机制，既有利于促进高校内部各个管理层次提高管理效率，改善学校管理层的决策和服务水平，又促使内部各层级的目标与学校战略目标保持一致，最终从根本上完善高校的内部治理结构，提高高校整体的办学水平③。

从外部治理来看，随着高校从社会边缘进入社会中心，高等教育成为众多社会利益关系的交汇点，也成为社会各界所共同关注的公共事业。相应的，高等教育的治理主体涵盖社会各界的全部组织、团体及个人，如各级政府、学生及家长、教师、用人单位等。高校绩效管理源于社会各界对高校的问责，面对经费支出合理性和公众满意度的双重压力，以及众多利益主体的问责，高校势必需要通过绩效加以回应，这就形成了“问责—绩效回应—反馈问责—方案调整—提升绩效回应”的高校预算绩效管理循环过程④。因此，在预算绩效管理过程中，这种外部问责和压力促使高校在治理过程中注重对外部利益相关者的回应，强调与社会公众与团体协商，注重治理主体的多元化，使社会公众和社会团体可以有效地参与高校治理的全过程，增加社会公众对高校活动的接受程度与认同感，而这也是高校治理的应有之意。

---

① 刘国永，刘敏.我国高校预算绩效指数建设初探［J］.财政监督，2022（7）：58-61.

② 陈金圣.重塑大学治理体系：大学治理能力现代化的实现路径［J］.教育发展研究，2014，34（9）：20-26.

③ 郇敏燕.基于“效果导向”的高校预算绩效管理初探［J］.教育财会研究，2013，24（4）：38-42.

④ 白宗颖.以高校绩效管理推进高等教育治理现代化［J］.现代教育管理，2019（7）：42-48.

第二章 我国高等教育学校整体支出绩效管理发展历程

内容提要

近年来，随着全面实施预算绩效管理改革的不断深入，各级行政事业单位预算绩效管理工作已实现从无到有的跨越式发展，部门整体支出绩效管理的改革与发展步伐也在不断加快。在此背景下，高等教育领域积极响应党中央、国务院和教育部改革要求，从不同角度探索教育预算绩效管理，取得了显著成效，但在高校整体支出绩效管理方面仍然面临诸多问题与挑战。

第一节 我国高等教育学校整体支出绩效管理改革背景

21世纪以来，随着公共财政理论的建立，我国逐步开始以实施预算绩效考评、建立绩效评价体系为起点，以最终实现预算绩效管理为目标的探索和实践，各级各类关于预算绩效管理的政策措施不断发布，逐步形成相对完善的政策体系与制度规范。

一、我国预算绩效管理改革与发展

纵观我国预算绩效管理的发展历程，从框架初步形成阶段到规章制度逐步完善阶段，再到如今的预算绩效管理全面推进阶段，预算绩效管理理念逐步形成，制度体系不断完善，改革稳步推进并取得了初步成效。

（一）预算绩效管理框架初步形成（2001—2010年）

2001年7月，财政部出台《中央部门项目支出预算管理试行办法》（财预〔2001〕331号），提出对中央部门年度预算安排的项目实行绩效考评，并将项目完成情况和绩效考评结果作为以后年度审批项目立项的参考依据。这一针对中央部门项目进行绩效考评的要求，可视为我国预算绩效管理的萌芽，也意味着以绩效考评为突破口的政府预算改革正式开启。自此，中国正式拉开政府预算绩效管理改革的序幕。

2003年，党的十六届三中全会发布《关于完善社会主义市场经济体制若干问题的决定》，提出构建预算绩效评价体系。其后，《中央级教科文部门项目绩效考评管理试行办法》（财教〔2003〕28号）、《中央级行政经费项目支出绩效考评管理办法（试行）》（财行〔2003〕108号）、《关于开展中央政府投资项目预算绩效评价工作的指导意见》（财建〔2004〕729号）等一系列绩效评价管理办法随之出台。随着上述文件的颁布，中央和一些地方财政部门开始有选择地从教育、科技、卫生、转移支付等领域的部分项目入手，开展绩效考评试点。

2005年，财政部印发《中央部门预算支出绩效考评管理办法（试行）》（财预〔2005〕86号），颁布了中央部门开展绩效考评的方法、程序与指标体系。

2009年10月，为加速推进绩效评价，财政部发布《关于进一步推进中央部门预算项目支出绩效评价试点工作的通知》（财预〔2009〕390号），将绩效评价各方职责问题放在首位，详细规定了项目承担单位、中央主管部门和财政部各自的职责。

总体来看，在此时期，预算绩效管理改革大致有三种模式：（1）通过加强对预算执行的控制改进财政资金使用的效果；（2）建立绩效导向的预算分配模式；（3）以预算绩效管理促进民主理财。这个阶段的改革以第一种模式为主，预算绩效管理改革均以事后绩效评价为主，通过对项目结果的考察追溯行政部门的业务和财政管理过程，逐渐树立花钱要有绩效的理念。但此时绩效评价的结果应用还较少，对预算决策的影响还偏弱。

（二）预算绩效管理规章制度逐步完善（2011—2016年）

2011年，第一次全国预算绩效管理工作会议在广州召开，提出了全面推进预算绩效管理工作的新目标：建立覆盖所有财政性资金，贯穿预算编制、执行、监督全过程的具有中国特色的预算绩效管理体系。自此，“预算绩效管理”这个专业术语开始被广泛采用。同年4月，财政部发布《财政支出绩效评价管理暂行办法》（财预〔2011〕285号），进一步细化了绩效评价的组织管理和工作程序，修订后的办法成为我国运用最为广泛的绩效评价指导性文件。2020年《项目支出绩效评价管理办法》（财预〔2020〕10号）发布后，该文件失效。

2012年9月，财政部印发《预算绩效管理工作规划（2012—2015年）》（财预〔2012〕396号），对预算绩效管理的内涵进行了全面界定，并提出具有标志性的评价任务：“预算编制有目标、预算执行有监控、预算完成有评价、评价结果有反馈、反馈结果有应用”，预算绩效管理的相关概念随之正式推出。

2013年4月，财政部印发《预算绩效评价共性指标体系框架》（财预〔2013〕53号），同时出台《经济建设项目资金预算绩效管理规则》（财建〔2013〕165号），以指导绩效评价指标体系的构建和经济建设项目资金的绩效管理活动。

2014年，全国人大常委会十二届第十次会议通过《中华人民共和国预算法》修改决定，以法律形式明确提出预算绩效管理要求。

2015年5月，财政部发布《中央部门预算绩效目标管理办法》（财预〔2015〕88号），将绩效目标分为基本支出、项目支出和部门整体支出三类，对绩效目标的设定、审核、应用作出详细规定，以促进绩效目标和预算执行、绩效评价的融合，这表明全过程预算绩效管理各环节不再孤立，开始相互联结。同年9月，财政部发布《中央对地方专项转移支付绩效目标管理暂行办法》（财预〔2015〕163号），进一步规范中央对地方专项转移支付绩效目标管理。

上述文件在拓展绩效管理范围、强化绩效目标管理、加强结果应用等方面发挥了积极作用，使中国全过程预算绩效管理形成了闭合链条。同时，也促使中央部门在预算绩效管理方面开展更加积极的探索，中央部门预算绩效管理体系基本框架初步建立，形成了以项目支出为主的一般公共预算绩效管理体系，并得到不断延伸和拓展。绩效目标管理也逐步覆盖到所有中央部门本级项目、中央对地方专项转移支付，以及部分中央政府性基金和中央国有资本经营预算项目，初步建立起比较全面规范的绩效指标体系。绩效目标的执行监控范围也逐步扩大，在前期试点的基础上，绩效目标运行监控逐步扩大到所有中央部门本级项目，通过薄弱环节的跟踪查找，及时堵塞管理“漏洞”，纠正了执行偏差。

在本级项目绩效自评全覆盖的基础上，中央部门还大力推进重点政策及项目绩效评价，每年选择部分重点、重大民生政策和项目开展绩效评价，逐步建立起重点绩效评价常态机制。此外，中央部门还不断强化绩效评价结果的反馈及应用，将部分绩效评价结果应用于预算安排和政策调整。同时，加大绩效信息公开力度，将中央部门本级和所有中央对地方专项转移支付绩效目标、重点项目绩效评价报告、一般项目绩效自评结果，提交全国人大常委会参阅和审议，并稳步推动上述绩效信息向社会的全面公开。

（三）预算绩效管理全面推进（2017年至今）

2017年10月，习近平总书记在党的十九大报告中指出，要加快建立现代财政制度，全面实施绩效管理。作为财政改革和发展的纲领性文件，党的十九大报告为中国预算绩效管理改革指明了方向。

为落实党的十九大精神，积极推进预算绩效管理的全面实施，2018年，《中共中央 国务院关于全面实施预算绩效管理的意见》（中发〔2018〕34号）正式发布，该意见明确指出，应在3—5年内完成全方位、全过程、全覆盖的预算绩效管理体系建设，实现预算和绩效管理一体化。

据此文件，财政部在2018年11月发布《关于贯彻落实〈中共中央 国务院关于全面实施预算绩效管理的意见〉的通知》（财预〔2018〕167号），进一步明确了全面实施预算绩效管理的路径与总体目标，即2020年年底实现中央部门和省级层面的预算绩效管理体系构建，2022年年底前完成市县层面的预算绩效管理体系构建。

2019年7月，财政部发布《关于印发中央部门预算绩效运行监控管理暂行办法的通知》（财预〔2019〕136号），对中央部门在预算绩效运行监控中的职责分工、监控范围和内容、监控方式和流程、结果应用予以规范。

2020年2月，财政部发布《关于印发项目支出绩效评价管理办法的通知》（财预〔2020〕10号），从绩效评价的内容、组织管理、结果应用等方面，对项目支出绩效评价的管理进行全新界定。

2021年3月，国务院发布《关于进一步深化预算管理制度改革的意见》（国发〔2021〕5号），要求将落实党中央、国务院重大决策部署作为预算绩效管理重点，加强财政政策评估评价。同年，财政部出台了一系列相关政策，进一步加强预算绩效管理。1月，财政部发布《关于委托第三方机构参与预算绩效管理的指导意见》（财预〔2021〕6号），对委托第三方机构开展预算绩效管理的行为进行了界定与约束。4月，财政部发布《第三方机构预算绩效评价业务监督管理暂行办法》（财监〔2021〕4号），以引导和规范第三方机构参与预算绩效评价，切实提高绩效评价执业质量和水平。6月，财政部发布《地方政府专项债券项目资金绩效管理办法》（财预〔2021〕61号），以专项债券支持项目为对象，通过事前绩效评估、绩效目标管理、绩效运行监控、绩效评价管理、评价结果应用等环节，推动提升债券资金配置效率和使用效益。8月，财政部发布《中央部门项目支出核心绩效目标和指标设置及取值指引（试行）》（财预〔2021〕101号），明确绩效目标及指标设置应遵循的原则与方法，以确保不同层级的绩效目标和指标相互衔接、协调配套。

2022年5月，财政部、人力资源社会保障部、国家税务总局、国家医保局联合印发《社会保险基金预算绩效管理办法》（财社〔2022〕65号），进一步规范社会保险基金预算绩效管理体系。

随着上述政策措施的不断完善，体制机制的不断创新，中国预算绩效管理逐步迈入改革创新的深化阶段，在政府预算、部门和单位预算、政策和项目预算全方位，在事前绩效评估和绩效目标管理、事中运行监控、事后绩效评价与结果应用全过程，在一般公共预算、政府性基金预算、国有资本经营预算、社会保险基金预算四本预算全覆盖等方面，开启了更为系统、深入、全面的改革。

中国绩效预算改革政策具体演变路径如表2-1所示。

表2-1　中国绩效预算改革政策发展与演变

序号	发布时间	文件名称	主要相关内容
1	2001年7月	《中央部门项目支出预算管理试行办法》（财预〔2001〕331号）	提出对中央部门年度预算安排的项目实行绩效考评，并将项目完成情况和绩效考评结果作为以后年度审批项目立项的参考依据。
2	2003年4月	《中央级教科文部门项目绩效考评管理试行办法》（财教〔2003〕28号）	对由中央财政预算安排的教科文部门专项资金项目的实施过程及其完成结果进行综合性考核与评价。

续表

序号	发布时间	文件名称	主要相关内容
3	2003年9月	《中央级行政经费项目支出绩效考评管理办法（试行）》（财行〔2003〕108号）	对中央财政预算安排的行政经费专项资金项目的实施过程及其完成结果进行综合性考核与评价。
4	2003年10月	中共中央《关于完善社会主义市场经济体制若干问题的决定》	明确提出建立预算绩效评价体系的要求，实行全口径预算管理。
5	2004年10月	财政部《中央经济建设部门部门预算绩效考评管理办法（试行）》（财建〔2014〕354号）	提出要建立科学方法对中央预算部门运用财政资金进行综合评价。
6	2004年12月	财政部《关于开展中央政府投资项目预算绩效评价工作的指导意见》（财建〔2004〕729号）	建立包括社会效益、财务效益在内的十个方面的中央政府投资项目预算绩效参考评价指标体系。
7	2005年5月	财政部《中央部门预算支出绩效考评管理办法（试行）》（财预〔2005〕86号）	建立包括社会效益、财务效益在内的十个方面的中央政府投资项目预算绩效参考评价指标体系。
8	2005年9月	财政部《中央级教科文部门项目绩效考评管理办法》（财教〔2005〕149号）	配合预算支出绩效管理意见，对纳入中央部门预算管理的教科文部门专项资金项目情况进行综合性考核与评价。
9	2005年9月	财政部《缓解县乡财政困难工作绩效评价暂行办法》（财预〔2005〕459号）	中央对地方预算绩效管理的实践探索，目的是建立中央财政对地方缓解县乡财政困难的绩效评价制度。
10	2006年4月	国资委《中央企业综合绩效评价管理暂行办法》（国资委令第14号）	规范企业综合绩效评价工作，建立综合评价指标体系，对企业特定经营期间的各方面进行综合评价。
11	2008年4月	财政部《国际金融组织贷款项目绩效评价管理暂行办法》（财际〔2008〕48号）	建立国际金融组织贷款项目监测与评价体系，规范金融企业绩效评价工作，是我国预算绩效管理在金融业上的探索。
12	2009年1月	财政部《金融类国有及国有控股企业绩效评价暂行办法》（财金〔2009〕3号）	
13	2009年6月	财政部《财政支出绩效评价管理暂行办法》（财预〔2009〕76号）	建立完整的财政支出绩效评价体系，加强财政支出管理，对财政支出评价主体、对象等各方面进行详细规定。
14	2009年10月	财政部《关于进一步推进中央部门预算项目支出绩效评价试点工作的通知》（财预〔2009〕390号）	部署中央部门预算项目支出绩效评价试点工作。
15	2011年4月	财政部《财政支出绩效评价管理暂行办法》（财预〔2011〕285号）	对原来办法进行修改，建立更加科学、合理的绩效评价管理体系。
16	2011年7月	财政部《关于推进预算绩效管理的指导意见》（财预〔2011〕416号）	提出全过程预算绩效管理，标志着我国的预算绩效改革进入新阶段。

续表

序号	发布时间	文件名称	主要相关内容
17	2012年9月	财政部《预算绩效管理工作规划（2012—2015年）》（财预〔2012〕396号）	对现状和问题进行总结，指出未来我国预算绩效管理工作的总体目标、主要任务和重点工作。
18	2013年4月	财政部《预算绩效评价共性指标体系框架》（财预〔2013〕53号）	建立项目支出、部门整体支出和财政预算绩效评价共性指标体系框架。
19	2013年4月	财政部《经济建设项目资金预算绩效管理规则》（财建〔2013〕165号）	规范工作流程，制定加强经济建设项目资金预算绩效管理全过程的规则，提高预算支出绩效。
20	2014年3月	财政部《地方财政管理绩效综合评价方案》（财预〔2014〕45号）	推动地方深化财税体制改革，建立地方财政管理绩效综合评价方案。
21	2014年8月	全国人大常委会关于修改《中华人民共和国预算法》的决定	将绩效原则作为预算管理的核心原则之一，以法律的形式确定，提供预算绩效管理的法律基础。
22	2014年9月	国务院《关于深化预算管理制度改革的决定》（国发〔2014〕45号）	按照新修订的预算法，改进预算管理，实施全面规范、公开透明的预算制度，健全预算绩效管理机制。
23	2015年5月	财政部《中央部门预算绩效目标管理办法》（财预〔2015〕88号）	对中央部门和中央对地方专项转移支付的绩效目标的定义、设定、审核、批复、调整与应用等做了全方位的规定。
24	2015年9月	财政部《中央对地方专项转移支付绩效目标管理暂行办法》（财预〔2015〕163号）	
25	2016年7月	财政部《关于开展2016年度中央部门项目支出绩效目标执行监控试点工作的通知》（财办预〔2016〕85号）	部署中央部门项目支出绩效目标执行监控试点和项目绩效自评工作。
26	2017年10月	《决胜全面建成小康社会夺取新时代中国特色社会主义伟大胜利——在中国共产党第十九次全国代表大会上的报告》	建立全面规范透明、标准科学、约束有力的预算制度，全面实施绩效管理，为推动我国预算绩效管理改革指明了新方向和阶段。
27	2018年9月	中共中央、国务院《关于全面实施预算绩效管理的意见》（中发〔2018〕34号）	对全面实施预算绩效管理作出顶层设计和重大部署，标志着我国预算绩效改革的新阶段。
28	2018年11月	财政部《关于贯彻落实〈中共中央国务院关于全面实施预算绩效管理的意见〉的通知》（财预〔2018〕167号）	落实全面实施预算绩效管理部署，加快建成全方位、全过程、全覆盖的预算绩效管理体系。
29	2019年7月	财政部《关于印发中央部门预算绩效运行监控管理暂行办法的通知》（财预〔2019〕136号）	对中央部门在预算绩效运行监控中的职责分工、监控范围和内容、监控方式和流程、结果应用予以规范。

续表

序号	发布时间	文件名称	主要相关内容
30	2020年2月	《项目支出绩效评价管理办法》(财预〔2020〕10号)	从绩效评价的对象和内容，绩效评价指标、评价标准和方法，绩效评价的组织管理与实施，绩效评价结果应用及公开等方面，对项目支出绩效评价的管理进行全面界定。
31	2021年2月	《关于委托第三方机构参与预算绩效管理的指导意见》(财预〔2021〕6号)	委托第三方机构开展绩效管理，聚焦贯彻落实党中央、国务院重大决策部署和本部门主体职责的政策和项目。
32	2021年3月	《关于进一步深化政府预算管理制度改革的意见》(国发〔2021〕5号)	推动预算绩效管理提质增效。将落实党中央、国务院重大决策部署作为预算绩效管理重点，加强财政政策评估评价。
33	2021年4月	《第三方机构预算绩效评价业务监督管理暂行办法》(财监〔2021〕4号)	引导和规范第三方机构参与预算绩效评价，切实提高绩效评价执业质量和水平。
34	2021年6月	《地方政府专项债券项目资金绩效管理办法》(财预〔2021〕61号)	以专项债券支持项目为对象，通过事前绩效评估、绩效目标管理、绩效运行监控、绩效评价管理、评价结果应用等环节，推动提升债券资金配置效率和使用效益。
35	2021年8月	《中央部门项目支出核心绩效目标和指标设置及取值指引(试行)》(财预〔2021〕101号)	设置绩效目标遵循确定项目总目标并逐步分解的方式，确保不同层级的绩效目标和指标相互衔接、协调配套。
36	2022年5月	《社会保险基金预算绩效管理办法》(财社〔2022〕65号)	对社会保险基金预算绩效管理的基本原则和各个环节进行规范。

资料来源：笔者根据相关资料整理。

二、我国部门整体支出绩效管理改革与发展

部门预算是指部门依据国家有关政策规定及其行使职能的需要，由基层预算单位编制，逐级上报，经各级政府财政部门汇总审核后提交立法机关依法批准的涵盖部门各项收支的综合财政计划。

部门预算是一个庞大的综合体，包括部门及所属单位的全部收入预算和支出预算。对于绝大多数政府部门而言，其职能范围内开展的公共服务活动都属于非营利性活动，基本没有收入或者收入甚少，特别是在收支两条线下，部门对于预算支出有着更大的自主性，部门预算支出的使用效果更能体现部门预算管理的水平与能力。

因此，对于部门预算管理的监督与评价，目前更多关注的是支出预算。有鉴于

此，虽然全面预算绩效管理将部门收入和支出全部纳入管理范畴，但基于预算支出更能体现部门预算管理的实际绩效，在对部门预算的绩效管理中，目前更多的还是侧重于针对部门整体支出的绩效管理。

（一）部门整体支出绩效管理政策演变

2004年10月，财政部印发《中央经济建设部门部门预算绩效考评管理办法（试行）》（财建〔2004〕354号），要求对纳入财政预算，归口财政部经济建设司管理的部门预算单位，运用财政资金实现部门职能目标的程度、成本及效果情况进行科学、客观、公正的综合评价。

2005年5月，财政部印发《中央部门预算支出绩效考评管理办法（试行）》（财预〔2005〕86号）。该文件指出，绩效考评可以项目支出为对象，实施项目支出预算绩效考评；也可以包括基本支出和项目支出在内的部门预算支出为对象，实施部门预算绩效考评。这是我国第一次明确提出，要将包括基本支出和项目支出在内的部门预算支出，纳入绩效评价范围之内进行绩效评价，是我国预算绩效管理的一大突破，其采取的部门试点方法也为后续开展的部门整体支出绩效管理积累了经验。

2011年4月，财政部发布《财政支出绩效评价管理暂行办法》（财预〔2011〕285号），该办法进一步明确规定，部门预算支出绩效评价不仅包含基本支出绩效评价、项目支出绩效评价，还应对部门整体支出进行绩效评价。

2013年4月，财政部印发《预算绩效评价共性指标体系框架》（财预〔2013〕53号），该文件提出了包含“项目支出绩效评价共性指标体系框架”“财政预算绩效评价共性指标体系框架”，以及“部门整体支出绩效评价指标共性框架”在内的三大类别绩效评价指标框架，并为部门整体支出绩效评价指标框架设计了“投入、过程、产出和效果”四个一级指标，以及“目标设定、预算配置、预算执行、预算管理、资产管理、职责履行和履职效益”七个二级指标。此为国内第一个以国家层面文件正式发布的部门整体支出绩效评价指标体系，也为其后部门整体支出绩效评价在全国各地的推进奠定了指标体系构建基础。

2014年9月，国务院发布《关于深化预算管理制度改革的决定》（国发〔2014〕45号），提出要“健全预算绩效管理机制。全面推进预算绩效管理工作，强化支出责任和效率意识，逐步将绩效管理范围覆盖各级预算单位和所有财政资金，将绩效评价重点由项目支出拓展到部门整体支出和政策、制度、管理等方面”。该决定的发布为我国强化部门整体支出绩效管理指出了更为明确的方向。

2015年5月，财政部颁布《中央部门预算绩效目标管理办法》（财预〔2015〕

88号），明确预算绩效目标包括部门整体支出绩效目标、基本支出绩效目标与项目支出绩效目标三种类别，其中，部门整体支出绩效目标是指按照确定的职责，利用全部部门预算资金达到的总体产出和效果。部门（单位）整体支出绩效目标的设定包括以下程序：（1）对部门（单位）的职能进行梳理，确定部门（单位）的各项具体工作职责；（2）结合部门（单位）中长期规划和年度工作计划，明确年度主要工作任务，预计部门（单位）在本年度内履职所要达到的总体产出和效果，将其确定为部门（单位）总体目标，并以定量和定性相结合的方式进行表述；（3）依据部门（单位）总体目标，结合部门（单位）的各项具体工作职责和工作任务，确定每项工作任务预计要达到的产出和效果，从中概括、提炼出最能反映工作任务预期实现程度的关键性指标，并将其确定为相应的绩效指标；（4）通过收集相关基准数据，确定绩效标准，并结合年度预算安排等情况，确定绩效指标的具体数值。

2018年9月，《中共中央 国务院关于全面实施预算绩效管理的意见》明确指出，要"实施部门和单位预算绩效管理。将部门和单位预算收支全面纳入绩效管理，赋予部门和资金使用单位更多的管理自主权，围绕部门和单位职责、行业发展规划，以预算资金管理为主线，统筹考虑资产和业务活动，从运行成本、管理效率、履职效能、社会效应、可持续发展能力和服务对象满意度等方面，衡量部门和单位整体及核心业务实施效果，推动提高部门和单位整体绩效水平。"其后不久，财政部发布《关于贯彻落实〈中共中央 国务院关于全面实施预算绩效管理的意见〉的通知》（财预〔2018〕167号），要求各部门、各单位要切实履行预算绩效管理主体责任，健全预算绩效管理操作规范和实施细则，建立上下协调、部门联动、层层抓落实的工作责任制，将绩效管理责任分解落实到具体预算单位、明确到具体责任人，确保每一笔资金花得安全、用得高效。

在这些文件精神的指导下，我国各级各地不断加快部门整体支出绩效评价的推进步伐。

（二）部门整体支出绩效管理实践探索

2012年9月，为切实推进预算绩效管理制度改革，财政部发布《预算绩效管理工作规划（2012—2015年）》（财预〔2012〕396号）等指导性文件，要求各级各地开展部门整体支出绩效评价试点。

1. 中央层面部门整体支出绩效管理实践

作为我国最早实施绩效考评工作的部门之一，水利部自2002年就开始了预算绩效考评工作的探索，并连续多年被评为预算绩效管理工作考核一等奖和优秀单位。2012年10月，水利部预算管理领导小组正式成立，将研究协调解决绩效管理中的重大问题作为领导小组的一项重要职能。领导小组由分管财务工作的领导担任组长，相关业务司局主要负责人为成员，为绩效管理工作顺利开展提供了组织保障。2014年，水利部选取部分单位，探索开展单位整体支出绩效评价工作[①]。

2015年，交通运输部印发《整体支出绩效评价管理办法试行》（交办财审〔2015〕88号），为部属行政事业单位开展整体支出绩效评价工作提供了具体可行的实施办法。2019年，为进一步推动预算绩效管理，交通运输部印发《关于推进交通运输领域全面实施预算绩效管理工作的通知》（交财审发〔2019〕106号），要求"逐步开展单位整体支出绩效评价。在扩大单位整体支出绩效目标申报范围的基础上，推进单位整体支出绩效自评工作和重点绩效考评工作。开展整体支出绩效目标申报的单位，部门决算环节同步开展整体支出绩效自评工作。逐步扩大部门预算整体支出重点绩效考评范围，探索从单个预算单位向预算汇总单位扩展"。

2018年年底，农业农村部印发《农业农村部全面实施预算绩效管理工作方案》，将部机关司局和部属预算单位预算收支全面纳入绩效管理，围绕司局和单位职责、行业发展规划，以预算资金管理为主线，统筹考虑资产和业务活动。

2019年，生态环境部发布《生态环境部贯彻落实〈中共中央 国务院关于全面实施预算绩效管理的意见〉实施方案》，提出要"将部门和单位预算收支全面纳入绩效管理，增强其预算统筹能力，推动提高部门和单位整体绩效水平"。

2021年4月，国家卫生健康委员会发布《关于印发卫生健康领域全面实施预算绩效管理实施方案的通知》（国卫财务发〔2021〕14号），要求设置部门和单位整体绩效目标，提高绩效目标编制质量，各级卫生健康、中医药行政部门须对绩效目标完成情况进行自我评价，并在自评基础上组织开展绩效评价工作。

2.地方部门整体支出绩效管理实践

2011年，北京市选择科委、市卫生局和市医院管理局开展部门整体支出绩效评价试点。2014年，北京市出台《北京市市级预算部门整体支出绩效评价操作细则（试行）》，并选择残联、投促局、水务局、卫生局、医管局等多家市级部门进行试点。2015年，北京市要求所有纳入全面预算绩效管理的单位进行部门整体支出绩效自评价。2018年，北京市选取园林局、气象局和教育局，探索将部门整体产出和效益指标与行业发展指标相结合的指标体系建设。

2013年，广西壮族自治区选择15个部门进行部门整体支出绩效评价试点。2014年，海南省发布《部门整体支出绩效评价方案的通知》，提出要从资金的投入、过程、产出和效果四个方面，对部门整体支出进行绩效评价。

① 开拓创新稳步推进认真做好水利预算绩效管理工作，水利部官网，http：//www.mwr.gov.cn/error.html.

2015年，江西省印发《江西省省直部门整体支出绩效评价工作方案》，进一步深化部门整体支出绩效评价工作。

2016年，广东省出台《广东省省级部门整体支出绩效评价暂行办法》《关于做好省级部门整体支出绩效评价试点工作有关问题的通知》等文件，同时，选取省林业厅、省质监局等六个省直部门作为整体支出绩效评价试点单位。

2017年，吉林省印发《吉林省省级预算部门整体支出绩效评价方案》，从部门预算绩效管理基础、部门履职、预算管理、国有资产管理、违规违纪等方面，对省级各预算部门本级和所属预算单位进行整体支出绩效评价。

2018年，浙江省财政厅提出以结果为导向实施绩效型部门预算管理的改革目标，并率先在6个省级部门11个市县开展部门整体支出绩效改革试点，核心是建立与部门整体支出绩效挂钩的包干预算模式，形成了目标管理、过程控制、系统集成、迭代深化、公众满意的绩效管理新机制。

2018年，安徽省发布《关于推进2018—2020年财政绩效管理的意见》（财绩〔2017〕725号）等文件，要求每年开展省直部门整体支出绩效评价工作，选取省文化厅、省水利厅开展部门整体支出评价，随后几年逐渐扩展到所有省直预算部门。

2019年，河北省财政厅发布《河北省省级部门预算绩效管理办法》，首次在部门层面上对预算绩效管理作出整体规定，厘清了财政与部门绩效管理的职责边界。该办法以预算资金管理为主线，将省级部门绩效目标细分为部门整体、专项资金、预算项目3个层级，更加明确了部门预算绩效管理框架。同时将部门预算绩效管理流程分为5个环节，包括事前评估、目标管理、运行监控、绩效评价和结果应用，构建起全过程管理闭环系统。

2019年，上海市印发《上海市市级预算部门（单位）整体支出绩效管理办法（试行）》（沪财绩〔2019〕19号），并在《部门（单位）整体支出绩效自评表》中要求以投入管理、产出、效果、满意度作为一级评价指标对部门整体支出开展绩效评价。

在这一系列地方部门整体支出绩效管理的探索中，广州市、河北省、鹤壁市颇具有特点与特色。

（1）广州模式：三级目标体系和多维评价①。

广州市于2016年启动部门整体全过程预算绩效管理试点工作，在市残联、市知识产权局试行部门整体全过程预算绩效管理，2017年将该模式推广至市发改委、市教育局等12个部门，探索构建部门整体全闭环绩效管理机制。

① 广东省广州市财政：部门整体预算绩效管理初见成效，财政部官微，2018-12-04.

三级目标体系。广州市紧扣部门职责，围绕部门落实中央、省、市的核心任务，建立“部门职责—工作任务—项目目标”的三级目标体系，每个层级均设置绩效目标和指标（见图2-1）。通过建立部门职责与整体绩效目标的对应关系，充分体现以“政”领“财”，将部门职责分解为较具体的绩效目标，为衡量部门整体职责的完成情况提供依据。

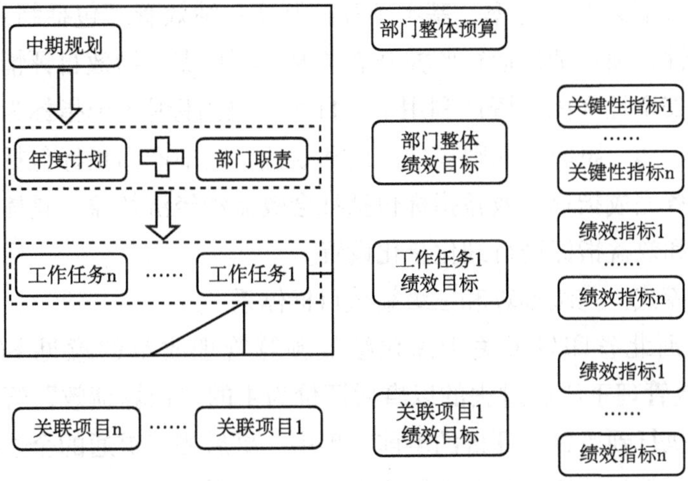

图2-1　广州部门整体支出三级目标体系

2018年6月广东省印发《广东省财政预算绩效指标库》，收录52个子类、277个资金用途、2589个绩效指标，在全国率先建立较为领先的预算绩效指标和标准体系。为全面准确反映各级政府、各部门绩效提供了必要的基础条件。2019年广州市部门预算扩大绩效目标编制范围，首次编制和公开部门整体绩效目标，并将部门整体预算绩效管理由12个试点部门推广至所有市直部门。绩效目标公开范围由一般公共预算拓展至政府性基金、国有资本经营预算、社保基金预算、财政专户5本预算。各部门5本预算所列支出项目均公开绩效目标。据统计，本次公开部门预算支出项目绩效目标8390项、市级财政专项资金绩效目标18项，实现了部门预算支出项目和专项资金绩效目标公开的全覆盖。其中，11个人大专题审议的部门在公开绩效目标基础上，一并公开全部一般公共预算支出项目绩效指标，涉及项目共796项，推动绩效目标公开更加具体量化。

2018年，广州市对市残联、市知识产权局部门整体支出开展绩效评价，将预算部门的所有资金均纳入绩效管理范围，包括基本支出和项目支出，综合反映部门整体支出绩效情况。整体评价包括满意度调查评价和部门履职用财情况评价两部分。

多维评价。针对满意度调查评价，引入社会公众参与绩效评价机制，委托第三方机构采取问卷调查的方式，从知晓度、认同度、参与度、满意度和获得感五个维度，调查了解人大代表和政协委员、部门服务对象、社会公众对部门工作的满意度。通过满意度调查评价，反映各方人群对部门履职用财能力的满意度，为建设人民满意型政府提供参考。

针对部门履职用财评价，主要从资金管理和部门履职情况两个方面进行评价。资金管理分为预算资金管理、绩效管理、资产管理三个方面，其中预算资金管理包括预算完成率、预算调整率、财政拨款预决算差异率、部门预算资金支出均衡性、结转结余率、政府采购执行率、基本预算控制率；绩效管理包括绩效目标明确性、绩效指标有效性、项目绩效运行监控开展情况、项目支出绩效自评情况；资产管理包括资产管理安全性和固定资产利用率。11个三级指标中6个指标为量化指标，分数占比达74%。部门履职情况则包括产出和效益。其中产出指标包括重点工作完成指标和年度任务完成指标；效益指标包括社会效益和经济效益，具体评价中需要针对部门对产出和效益指标进行细化量化设置。

（2）河北模式：三级预算和三级绩效目标体系①。

2014年，河北省印发《关于深化绩效预算管理改革的意见》（冀政〔2014〕76号），将绩效管理重心由过去的以事后评价为主的“预算绩效”管理，全面转向从预算编制、执行到监督、评价的事前、事中、事后相互贯通的全过程预算绩效管理。这一要求对部门整体支出绩效评价产生了深刻影响。

三级预算管理。将预算绩效管理从项目层面向部门整体和政策拓展，全面建立“部门职责—工作活动—预算项目”三个层级的预算管理结构。部门职责按照政府“三定”规定和重大决策部署分项梳理确定，工作活动根据部门履行相关职责、必须开展的综合管理事务确定，部门职责、工作活动一定时期内保持稳定，确需调整的严格按程序进行。所有部门的预算资金安排都要对应到相应的部门职责、工作活动，然后再确定项目预算。

三级绩效目标体系。与三级预算管理结构相对应，实行部门职责、工作活动、预算项目三个层级的绩效目标指标管理。各部门结合政府和部门中长期战略规划目标、年度规划目标，确定各项职责的年度绩效目标和各项活动的年度绩效目标、绩效指标；在预算项目层面分项确定年度绩效目标、绩效指标和评价标准。上一层级的绩效指标一般对应下一层级的绩效目标，绩效指标由绩效目标分解形成。同时，绩效目标指标、评价标准的设定要求细化量化，要达到可审核、可监控、可评价。

全面强化绩效评价及结果应用。将绩效评价由过去的项目评价一个层级，转变为预算项目绩效评价、工作活动绩效评价、部门职责绩效评价、部门整体支出绩效评价四个层次。按照分工协作、提高效能的原则，重新界定部门和财政的绩效评价重点。对重点领域、重大项目进行再评价；对部分社会关注度高的项目，开展第三

① 河北财政：打造全过程绩效预算管理新机制，http：//www.mof.gov.cn/zhengwuxinxi/xinwenlianbo/hebeicaizhengxinxilianbo/201711/t20171117_2753184.htm.

方评价。完善绩效评价报告机制，建立绩效问责制度，推行评价结果公开，并将绩效评价结果与预算安排挂钩，作为制定政策、分配资金的重要依据。

（3）鹤壁探索：绩效引领财政管理新模式①。

河南鹤壁也开展了部门整体预算绩效管理的探索。“鹤壁模式”以部门整体绩效作为市级政府全面预算绩效管理“突破口”，尝试建立以绩效预算为核心，包括绩效目标、绩效预算、绩效拨款、绩效评价四个环节的预算管理模式。

构建个性化指标体系。按照个性化、定量化、标准化要求，在统一指标框架下，构建部门整体绩效评价指标体系，实现可比较、可分析、可衡量需求。围绕部门“三定”规定和工作职责，建立市级部门普遍适用的共性绩效指标框架，在统一的“预算投入与管理类、产出与效果类、社会评价类、加减分类”四大指标框架下，为每个部门量身定做一套可量化的评价指标。按照“试点先行、全面铺开”原则，从2018年10个试点部门，到2019年30个试点部门，再到2021年计划完成剩余部门指标设计，量力而行，分步推进，基本实现市本级管理部门全覆盖。为最大限度减少影响评价结果的主观因素，评价指标体系全部采用定量化指标、公式化评分，将每条指标细化到指标内容、计算公式、指标权重、指标解释、统计口径、数据来源、评分方式、评分规则，达到可比可测。如：仅评分方式就明确了历史法、目标法、行业平均法、定向计分法四种。同时，统一建立评价标准，对不同评价指标固定数据来源途径，保证其客观性；对共性指标确定统一的指标来源，实现横向可比；对预算增加而职能不变的部门，引入反向调整公式，体现绩效管理理念。

建立统一评价机制。以目标结果为导向，连续两年对30个部门开展整体绩效评价，形成评价报告并及时反馈至被评价部门，全面衡量部门履职用财效果，帮助部门明确管理不足和努力方向。同时，在实践过程中不断调整优化评价指标体系，改进评价方式，初步形成可量化、可比较、可分析、可应用的部门整体绩效管理模式。

积极开展评价运用。通过部门整体绩效评价，为部门预算管理“把脉问诊”，查找管理漏洞和不足，推动部门整改落实，促进部门履职能力提升。一是部门实施自评。年末，部门依托整体绩效管理系统，填报评价基础数据和相关信息，系统进行自动化、智能化信息分析加工，自动生成自评得分完成自评。二是财政组织抽评。财政部门根据工作需要，委托第三方组织抽评复核，认定部门评价数据的真实性和完整性，最终形成部门评价得分。连续3年完成30个试点部门整体绩效试评价，评价结论日趋科学、客观。三是整改运用。针对评价发现的问题，反

---

① 念好绩效紧箍咒 实现预算硬约束——鹤壁市打造部门整体预算绩效管理新模式，https：//www.henan.gov.cn/2022/04-29/2441550.html.

馈部门整改落实，并将评价结果与预算安排挂钩，在核定下一年度部门预算支出规模时，根据评价结果等次区分不同情况进行预算安排，初步形成“反馈—整改—提升”良性循环机制，推动部门实现“要我有绩效”到“我要有绩效”的转变。

三、我国高等教育领域预算绩效管理改革探索

随着高等教育和财政预算改革的持续推进，我国高等教育学校逐步认识到学校预算管理和绩效管理之间相互促进、相互依存的密切关系，对预算绩效管理的重视程度也越来越高。整体来看，高等教育领域预算绩效管理基本上与国家预算绩效管理改革的推进相伴相生，共同促进、共同发展。

（一）高等教育领域预算绩效管理政策探索

2001年下半年，财政部、教育部联合发文，要求各省各地开展教育支出绩效评价研究，2002年在湖南、湖北、福建、河北等地进行了教育支出绩效评价试点。由于各地区预算管理模式不同，这项试点工作未能在全国范围内推进。

2003年，财政部发布《中央级教科文部门项目绩效考评管理试行办法》（财教〔2003〕28号），对中央级教科文部门展开了7个项目的试点绩效评价，在高等教育支出领域，选取了共建高校实验室建设项目开展绩效评价。

2005年，为进一步提高教科文专项资金的使用效益，完善教科文部门绩效考评工作，财政部修订发布《中央级教科文部门项目绩效考评管理办法》（财教〔2005〕149号），对教科文部门项目考核的内容、组织实施、结果应用进行了详细规定。同时，为规范中央级教科文部门项目绩效考评行为，提高项目考评工作的质量和水平，制定《中央级教科文部门项目绩效考评规范》。

2009年，中国教育科学研究院高等教育研究中心对69所教育部直属高校开展绩效评价，发布《中国高等学校绩效评价报告》。高等教育研究中心应用投入—产出模型，通过典型相关分析、聚类分析方法，筛选出12项投入指标和13项产出指标进行评价，评价结果显示：近半数参与绩效评价的高校在2006—2008年呈现出“高投入低产出”的特点，仅有29所高校实现了“产出大于投入”的较高效益。

2013年，财政部修订发布《高等学校会计制度（试行）》（财会〔2013〕30号），强调“高等学校财务制度”对高校财务管理的统御作用，新增了高等教育成本核算、绩效考核等方面的内容。

2015年，财政部、教育部联合发布《财政部 教育部关于改革完善中央高校预算拨款制度的通知》（财教〔2015〕467号），意在构建科学规范、公平公正、导向清晰、讲求绩效的中央高校预算拨款制度，以增强中央高校按照规定统筹安排使用资金的能力。

2016年，财政部、教育部联合发布《中央高校基本科研业务费管理办法》（财教〔2016〕277号），提出中央高校应当对科研进展、科研产出、人才团队建设、资金使用等情况进行监测，实施绩效监控，开展绩效自评，并及时报送科研业务费使用及绩效管理年度报告。

2019年，教育部发布《教育部关于全面实施预算绩效管理的意见》（教财〔2019〕6号），提出要加快推进教育部所属高等学校和直属单位、部内司局部门预算资金，以及中央对地方教育转移支付资金绩效管理，优化教育资源配置，提高教育经费使用效益。

2020年，教育部、财政部发布《中国特色高水平高职学校和专业建设计划绩效管理暂行办法》（教职成〔2020〕8号），以规范和加强中国特色高水平高职学校和专业建设计划绩效管理，明确责任，提高资金配置效益和使用效率，确保绩效目标如期实现。在此基础上，2024年1月16日，教育部办公厅、财政部办公厅联合印发《关于开展中国特色高水平高职学校和专业建设计划（2019—2023年）绩效评价工作的通知》，对中国特色高水平高职学校和专业建设计划绩效评价工作进行总体部署。

（二）高等教育领域预算绩效管理实践推进

随着高等教育领域预算绩效管理政策的不断发展和完善，预算绩效管理在高等教育领域的实践运用也越来越多。

1.上海市高等教育领域预算绩效管理实践

上海市是中国预算绩效管理改革的先行者，在高等教育预算绩效管理改革的实践过程中，也处于领先地位。为完善高等教育投入机制，加强高等教育经费绩效管理，更好发挥财政资金使用效益，上海市开展了一系列改革：

一是建立高校内涵建设经费绩效跟踪评价制度，即事前由高校在编制内涵建设经费预算时提出绩效目标和实现路径，事中由教委和财政部门组织中期评估和检查，跟踪高校内涵建设项目的实施进度和资金使用情况，事后进行绩效评价和考核，并与下一年度经费预算挂钩。为此，上海市2008年颁布《重点学科（第五期）建设经费管理办法》（沪教委科〔2008〕27号），规定对重点学科建设实行年度检查、中期评估和终期评估验收的绩效考评管理，并根据评估结果决定学科建设经费的后续投入情况。2009年，上海市颁布《上海高等教育内涵建设“085”工程实施方案》（沪教委科〔2009〕2号），提出对实施高等教育内涵建设的综合建设、人才培养、知识创新、师资队伍建设、国际交流与合作五大工程进行绩效评价，对成效明显的学科和高校予以优先立项和资金奖励。

二是加强对重大专项资金使用的绩效评价力度，重点对各校重大专项支出进行绩效评价，并将绩效评价情况与经费拨付结合。例如，2010年，上海市对高校特聘教授（东方学者）岗位计划进行绩效评价，对东方学者到岗情况进行中期评估和聘期评估，并根据评估结果完善《上海高校特聘教授（东方学者）聘任合同（样本）》。2011年，对教育国际化重点建设工程——高校学生海外学习实习计划进行评价，根据绩效评价结果发布《2014年地方高校内涵建设经常性经费使用指导意见》，对高校建设过程中的财政资金支出进行规范，同时调整“高校学生海外学习实习项目评价指标体系”，对高校学生海外学习实习项目进行年度绩效评价以及抽查。2013年，对上海市重点学科建设计划专项资金使用情况进行绩效评价，重点考察高校人才培养、研究基地建设、学科发展和融合、高校内涵发展及成果转化对社会经济发展的推动作用，同时对高校内涵建设项目进行第三方绩效评价，并发布《上海市教育委员会关于开展十大工程专项资金支持项目（21所上海地方本科院校）中期绩效评价工作的通知》（沪教委财〔2013〕73号），拟定“地方高校内涵建设（分类指导、分类管理改革）中期绩效评价指标体系”“教师专业发展工程项目绩效评价指标体系”和“上海市‘海外名师项目’绩效评价指标体系”，作为高校自评的参考。

2014年，上海市组织专家对21所本科院校城乡基础教育一体化建设工程、职业教育示范校和能力建设工程、高水平大学和一流学科专业建设工程、高等学校知识服务平台建设工程、教师专业发展工程、教育国际化重点建设工程、教育信息化公共服务平台建设工程、市民终身学习促进工程、学生实践和创新基地建设工程、学生健康促进工程“十大工程”进行中期绩效评价，通过评价了解项目进展情况和资金使用情况，以及项目在体制机制、人才培养、科学研究、师资队伍、国际交流、社会服务等方面取得的实际成效，着重考察高校内涵发展情况。

2017年，上海市发布《关于开展上海高校“上海市协同创新中心”绩效评价工作的通知》（沪教委科〔2017〕75号），对第一、二、三批上海高校知识服务平台进行中期检查，并对27个“上海市协同创新中心”建设情况开展绩效评价工作。

2018年，上海市发布《上海市高等教育促进条例》，第四十二条明确规定，市政府应当建立高等教育经费使用监督检查制度，加强高等教育经费使用绩效评价，定期对投入经费的使用情况进行审计和绩效评价，对审计整改落实情况进行监督检查。评价结果作为对高等学校财政投入的参考依据。这是全国首个通过法律法规的形式，对高等教育领域开展绩效评价提出专门性要求。

2. 江苏省高等教育领域预算绩效管理实践

2005年，江苏省发布《高等教育财政支出绩效评价指标体系》，对南京师范大学、扬州大学等10所地方高校开展绩效评价试点。2010年，江苏省发布《江苏高等教育综合改革试验区建设方案》（苏政发办〔2010〕134号），提出“研究制定考核评价办法，探索建立评估指标体系，对高等教育综合改革试验区建设进展情况进行定期考核评估”的发展要求。

2012年，为进一步推进全省高等学校人事制度改革，保障绩效工资制度顺利实施，江苏省发布《江苏省高等学校绩效考核工作指导意见》（苏教规〔2012〕7号），对高等学校绩效考核的范围、内容、程序、实施、结果应用等予以详细规定。

2020年，为贯彻落实《中共中央 国务院关于全面实施预算绩效管理的意见》《教育部关于全面实施预算绩效管理的意见》等文件精神，加快构建高校预算绩效管理体系，提高教育经费使用效益，江苏省发布《关于全面实施预算绩效管理的通知》（苏教财函〔2020〕52号），要求省属高校及省教育厅直属事业单位全面开展预算绩效管理工作。具体包括：一是完善整体预算绩效管理。将预算收支全面纳入绩效管理，围绕单位中长期事业发展规划，树立业务和财务有机融合、相互促进的绩效管理理念，以预算资金管理为主线，统筹考虑资产和业务活动，构建科学合理的单位整体预算绩效指标体系，综合衡量单位整体预算绩效。省教育厅将每年选择部分高校开展整体预算绩效自评价情况核查，逐步实现对所有省属高校核查全覆盖。二是加强项目预算绩效管理。将项目预算全面纳入预算整体绩效管理，从数量、质量、时效、成本、效益等方面，综合衡量项目预算资金使用效果。三是建立事前绩效评估机制。进一步推动绩效管理关口前移，结合预算评审、项目审批等工作，对拟出台的重大政策、项目开展事前绩效评估，重点论证立项必要性、投入经济性、绩效目标合理性、实施方案可行性、筹资合规性等，尤其要加强基本建设项目事前绩效评估，并将评估结果作为预算安排的重要参考依据。四是做好绩效动态监控。对绩效目标实现程度和预算执行进度实行“双监控”，是确保绩效目标如期保质保量实现的重要抓手。从2020年起，省教育厅将会同省有关部门每年选择部分单位开展省级财政资金绩效监控。各单位也要自主开展绩效监控工作，每年选择一个省级财政专项资金，按照“谁支出、谁负责”的原则对项目绩效进行跟踪监控。绩效监控的主要内容包括与绩效目标实现高度关联的资金预算、资金支出、项目实施进程、目标实现程度等动态情况，发现问题及时纠正。省教育厅将适时对省属高校绩效监控实施情况开展督查。五是加强绩效评价结果应用。健全绩效评价结果反馈制度和绩效管理整改机制。省教育厅将各单位预算绩效纳入省属高校绩效奖补考核范围，并作为编制部门中期财政规划、调整优化支出结构和完善政策制度的重要依据①。

3. 广东省高等教育领域预算绩效管理实践

广东省教育支出绩效评价开展得较早，在全国率先对教育财政资金使用绩效进行了第三方独立评价。广东省教育支出绩效评价的程序基本上为：教育单位自评→主管部门评价→项目书面评审→项目部分抽查评价→综合评价。在绩效评价过程中，广东省应用各种绩效评价分析方法和工具，如在民办教育专项资金绩效评价中，采用目标预定与实施效果比较法，将资金立项的绩效目标与其实际所产生的效益进行对比，取得绩效评分，所有数据都录入SPSS分析软件，进行频数、比例等描述统计与相关分析和回归分析，以在绩效信息描述的基础上探寻绩效的影响因素。

广东省在高校支出绩效评价方面也进行了大量探索。2004年，广东省印发《广东省高等院校学科建设专项资金管理暂行办法》（粤财教〔2004〕145号），规定高校学科建设专项资金的使用原则、范围、申请及审批程序和管理监督办法，对学科建设专项资金实行绩效评价，并将绩效评价结果作为下一年度分配专项资金的重要依据。2007年，广东省制定《广东省高等学校人才引进专项资金管理暂行办法》（粤教人〔2007〕219号），提出了高等学校引进在国内外有较大影响力的学科创新团队核心成员、“两院”院士、教育部长江学者、省级以上重点学科、新兴学科、紧缺学科带头人或学术带头人和大中型企业工程技术高层次创新性人才的经费管理方法，规定经费的使用要接受不定期的检查，实施绩效评价，并依据评价结果调整未来人才引进经费拨付额度。

2014年，广东省依据《广东省人民政府关于推进我省教育“创强争先建高地”的意见》（粤府〔2013〕17号）、《广东省人民政府关于印发广东省省级财政专项资金管理办法的通知》（粤府〔2013〕125号）等文件精神，制定《广东省高等教育“创新强校工程”专项资金管理办法》（粤财教〔2014〕130号），加强对广东省地方高校学科和专业建设、高校的教学质量和教学改革项目、强师工程、地方高校引进高层次人才项目等地方高校财政专项资金的绩效管理，采取高校自评和财政厅监督检查和绩效评价相结合的绩效管理模式。

2016年，为了规范广东省教育系统绩效审计工作，提高绩效审计的质量和效率，广东省出台《广东省教育系统绩效审计办法》。其中的绩效审计主要是指广东省教育系统内部审计机构和审计人员依据有关法规和标准对组织内部经济管理活动的经济性、效率性和效果性进行审查和评价。

---

① 省教育厅关于全面实施预算绩效管理的通知，https://jyt.jiangsu.gov.cn/art/2020/7/29/art_58320_9337802.html.

2017年，广东省出台有关建设高水平大学的意见，以各高校的预期目标实现情况、体制机制改革创新等政策支持情况、学科建设等为观测点，对被评价高校采取期中或年度动态的方式评估，具体评估工作由财政和主管部门牵头、交由社会中介评估机构进行，评价结果作为财政对高校进行奖励和惩罚的依据。

4.浙江省高等教育领域预算绩效管理实践

浙江省2003年开始探讨高等教育资金绩效管理，并将绩效评价应用于高等教育促进工作中。2006年，浙江省发布《关于完善省属高校预算定额制度的通知》，提出要“促进高校从规模发展向质量提升”“财政支出逐步从‘投入型’向‘绩效型’转变”的指导思想，同时提出“逐步建立完善的省属高校质量评价体系”，实现拨款经费与质量评价相挂钩的意见，促进地方高校教育质量的提升。

2007年，浙江省发布《浙江省人民政府关于促进高等教育发展的若干意见》（浙政发〔2007〕29号），指出全省高等教育要实现内涵式发展，要“充分运用财政杠杆调控高校办学行为”，加强学科建设绩效考评，将经费资助与学科建设成效结合起来。

2010年，浙江省颁布《浙江省提升地方高校办学水平专项资金管理办法（试行）》（浙财教〔2010〕347号），对省属普通高校和高职高专学校的学科建设专项资金进行绩效管理，并依据考评结果分配下一年度项目资金，每5年对高校学科建设专项申请资格进行考核。

2013年，浙江省对2012年高校和中职学校专项经费开展绩效评价，主要评价项目的目标完成、资金管理、项目效益、服务对象满意度等情况。

2014年，浙江对省调研基金支持的77项课题进行了绩效评价，围绕项目决策与投入、项目管理、项目产出与项目效益四个重要环节设计指标体系，组织专家对基金各类指标打分，以此为据撰写绩效评价报告。同年，浙江省财政厅发布《关于改进省属高校拨款办法的通知》（浙财教〔2014〕181号），提出要改进省属高校拨款办法，既要保证学校的正常运转不受较大的影响，又要体现绩效理念，引导学校转向内涵建设，不断提升教学质量和办学水平；既要适应中长期教育规划纲要建立生均经费制度的要求，又要满足浙江省已实施的绩效预算、因素分配、专项整合的要求。

2017年，为加强省重点建设高校绩效考核，提升省重点建设高校水平，浙江省发布《浙江省重点高校建设绩效考核办法（试行）》（浙教办高科〔2017〕74号），提出要围绕省重点高校建设目标，强化绩效导向，实施对标管理，加强过程管理，查找问题差距，通过以评促建，以评督建，进一步引导重点建设高校科学定位、集聚优势、特色发展、整体提升。

2018年，浙江省发布《关于印发浙江省高校绩效奖补资金管理办法的通知》

（浙财科教〔2018〕20号），以进一步完善省高校预算拨款制度，提高财政资金使用效益。

2019年，浙江省发布《浙江省省级教育部门预算单位绩效管理办法》（浙教财〔2019〕72号），明确提出高等教育学校需要依照办法要求，制定本单位预算绩效管理制度、工作规划、年度计划和操作流程；编制本单位中长期规划目标、单位整体支出绩效目标、项目绩效目标，对新出台的重大项目开展事前绩效评估；组织实施本单位预算绩效管理工作，开展绩效自评工作；对预算绩效评价中发现的好做法，及时总结推广，发现的问题，及时整改完善，充分应用绩效评价结果，促进本单位预算绩效管理工作；组织实施本单位预算绩效管理业务学习和培训活动。

▶ 第二节　我国高等教育学校整体支出绩效管理改革探索

2012年以来，随着绩效评价试点工作的逐步推进，《高等学校财务制度》和《高等学校会计制度》的修订完善，以及加快预算执行进度的各项举措和中央高校预算拨款制度改革的进行，“绩效”理念逐渐深入人心，高校绩效评价逐渐成熟，高校绩效预算管理体系初见雏形。针对高校整体支出开展的绩效评价也不断推广开来，既有中央层面的，也有地方层面的，这些探索对高校实施整体支出绩效管理具有重要的参考与借鉴价值。

一、中央层面高校整体支出绩效评价试点

自2016年起，财政部预算评审中心先后对师范生免费教育项目、教育培训专项计划项目、中央高校教育教学改革专项资金、中央高校建设“双一流”引导专项资金、中央高校改善基本办学条件专项、中央基本科研业务费等专项资金开展了绩效评价，部分评价结果随政府预算上报全国人大，同时发布在中央部门决算公开网站之上。

2018年后，随着中共中央、国务院《关于全面实施预算绩效管理的意见》发布，全方位、全过程、全覆盖预算绩效管理改革不断推进，规模持续加大的高等教育财政投入如何更好地助推高校内涵发展，引起全社会的广泛关注，使对高校整体办学效果进行绩效评价变得越来越迫切。2021年，财政部预算评审中心以北京科技大学为试点，对包括高校财政拨款、事业收入等在内的全口径预算资金开展了高校整体支出绩效评价。

（一）评价定位

在此次绩效评价过程中，财政部预算评审中心主要围绕以下几个方面开展绩效评价：

一是以财评“校”，围绕资金资源配置着力评价。主要评价点包括：资金资源

配置管理是否规范、结构是否合理？资金资源配置与学校建设目标和工作任务是否匹配？当前高校取得了哪些阶段性办学成效？

二是突出重点，聚焦立德树人根本任务。此次绩效评价工作建立以立德树人成效为核心内容的评价指标体系，把立德树人内化到大学建设和管理各领域和环节。同时，考虑到被评价高校为研究型大学的定位，教学科研任务并重，评价聚焦人才培养的同时，还重点评价科学研究与社会服务开展情况。

三是结果导向，强调质量、服务和贡献。此次评价不过多涉及办学过程性指标，主要以结果为导向，重点评价质量、服务和贡献。在人才培养成效方面关注学生就业率、本科生深造率等，同时探索增值评价、用人单位满意度评价，以反映人才培养质量；在科学研究与社会服务方面落实“破五唯”[①]有关要求，淡化数量、突出质量，注重考察建设高校提高科技创新水平、解决关键技术“卡脖子”问题、推动思想理论创新、服务决策等方面成效。

四是兼收并蓄，正确把握评价导向。在系统收集本科教学审核评估、学科评估、“双一流”建设成效评价等教育主管部门各类评估评价活动，以及国内外主要大学排名体系的基础上，合理吸收其观测点与评价方法，形成高校评价指标与标准。

（二）评价方法

在此次绩效评价过程中，财政部预算评审中心邀请大量专家全程参与，以确保评价的专业性与客观性。评价前期邀请教育界代表委员、高校管理者、高等教育及绩效评价等领域专家进行咨询，并与评价组共同梳理评价设计思路与切入点；邀请教育领域专家对指标体系框架结构、权重设置、评价监测点及标准等进行论证；针对高校科学研究与社会服务成效，落实“破五唯”要求，邀请同行业专家从成果创新质量、服务与贡献等方面进行综合评议。

（三）评价指标

考虑到以往的教育部门评估评价多侧重于课程资源、培养模式、质量标准等过程管理性指标，专业性较强；国际大学排名指标体系中科研成效指标数量及权重占比过大，对人才培养的评价指标相对较少；而国内大学排名普遍关注奖项、经费、项目等指标，评价导向不尽科学。

此次绩效评价从财政绩效管理角度确立了高校资源配置、现阶段办学成效及未来发展潜力3个维度，凝练形成了“资源配置—办学成效—可持续能力”的评价逻辑链。基于评价维度，设计形成了《某高校整体支出绩效评价指标体系》。评价指

① 破五唯是指破除“唯论文、唯帽子、唯职称、唯学历、唯奖项”的评价方式。

标分值总分100分，共设置3个一级指标、8个二级指标、21个三级指标①。

（四）评价特点

1.协同参与，确保评价的专业性与客观性

评价前期邀请教育界代表委员、高校管理者、高等教育及绩效评价等领域专家进行咨询，并与评价组共同梳理评价设计思路与切入点；邀请教育领域专家对指标体系框架结构、权重设置、评价监测点及标准等进行论证；针对高校科学研究与社会服务成效，落实“破五唯”要求，邀请同行专家从成果创新质量、服务与贡献等方面进行综合评议。本次评价先后邀请高等教育界专家58人次参与，为科学实施评价提供了有力支撑。

2.与“校”共评，共同探索工科特色突出的研究型大学绩效评价范式

评价过程中，评价组与高校主管部门、高校各部处、学院、教师代表分别进行座谈或访谈，深入了解学校资源配置、人才培养、科学研究及内部管理等各方面工作的开展情况。同时认真听取学校对本次评价的意见建议，并就高校预算绩效管理绩效评价等问题进行探讨。

3.找准标尺，横纵对比综合评议

结合高校办学定位，从改进趋势、发展水平两个方面，科学选择评价参照标准，横向纵向对比分析综合评价高校整体建设成效。一是使用学校自身历史数据作为纵向参照体系，从教学经费保障力度、就业率与深造率、生源质量等多个角度，通过纵向比较，反映学校各方面工作的改进情况与发展态势。二是使用对标高校作为横向参照体系。考虑学校与对标高校的办学层次、规模、类型及水平虽接近但仍有差异，横向对比分析中，并未简单进行量化比较，而是从横向对比情况的改进趋势进行评价，对于虽落后于对标高校但体现了正向改进的观测点，评价予以积极肯定。

4.量化细化，降低评价主观分

评价指标体系总分值100分。其中，通过客观计算方式进行评价的指标分值为74分，由同行专家进行综合评议的分值为16分，通过分档赋分定性评价分值为10分。通过定量计算和专家评议的指标分值占九成，极大降低了评价的主观性，提高了评价的客观性和科学性②。

（五）评价结论

绩效评价报告指出，被评价高校较好完成“十三五”规划及“双一流”建设周期内各项任务，主要建设目标达到或超过预期水平，综合实力和社会评价持续提

①② 刘亚男.中央高校整体支出绩效评价初探［N］.中国财经报，2021-09-18（007）.

升；人才培养模式改革进一步深入，一流本科专业体系建设取得阶段性成效，教学质量保障体系进一步完善，就业质量不断提高，人才培养质量稳步提升；一流学科继续保持优势领先地位，学科覆盖面和水平进一步提高，科学研究和社会服务能力与质量均有所提升；以中央财政资金为引领，统筹使用其他各渠道资金，保障各项建设任务顺利实施，落实“放管服”改革有关要求，加强预算绩效管理，资金使用效益不断提高。

与此同时，也还存在着若干需要进一步改进与完善之处：学校教学投入保障力度不够有力，教师教学精力投入有待进一步提高，教学资源供给仍需进一步优化；高质量标志性成果产出还需要提高，承担重大科研任务的能力及竞争力还不够强，科技成果转化效果不够显著；部分优势特色学科“强而不热”，优势学科建设对其他相关学科的带动作用还不够充分，学科整体水平与竞争力有待进一步提高；预算管理精细化、规范化程度还不够理想，部分项目支出管理仍需进一步规范，预算绩效管理广度与深度有待进一步提高；教师考核评价体系改革还不够到位，充分激发各类人才积极性和创造性的多元人才评价机制还有待进一步完善。

为此，评价报告提出应进一步巩固人才培养核心地位，在资金资源配置环节加大教学经费保障力度，优化教学资源供给；强化应用研究带动强化基础研究，坚持需求导向和问题导向，完善科技成果转化，增强科技创新与社会服务能力；结合自身办学传统与特色合理优化学科布局，聚焦学科前沿和国家重大需求，推动学科深度交叉融合，提升学校整体学科水平；进一步提高预算精细化管理水平，增强预算绩效管理深度与广度，提高整体支出效益；坚持破立并举，进一步完善教师考核评价与激励机制。

二、地方层面高校整体支出绩效评价试点

近些年来，不少地方政府也在高等教育领域开展了部门整体支出绩效评价。

（一）江西省省属重点高校整体支出评价试点

江西省为推动教育领域进一步加强预算绩效管理，切实提高省属重点高校资金使用效益，2023年制定了省属重点高校整体支出评价指标体系，为开展省属重点高校整体支出评价编制了一份“说明书”。该指标体系具体以下特点：一是将学校自身历史数据作为参照体系，从预算编制与执行、绩效管理、人才培养、科学研究等多个角度进行比较，以反映学校各方面工作的改进情况与发展态势。二是结合教育

主管部门针对高等教育改革发展的有关要求，充分吸收借鉴部门评估、评价及社会机构评价所使用的指标内容，合理参考其评价要点与标准，使用教育领域专业语言表述财政绩效管理要求。三是通过收集相关基础数据，明确指标值评价确定依据，并结合年度预算安排等情况，确定绩效指标的具体权重。在考虑可实现性的基础上，遵循科学、合理、可衡量和重点突出的原则，使评价指标适用于不同类型、不同层次的省属高校。

江西省省属重点高校整体支出评价指标体系被全面应用于预算管理和绩效全过程，在推进高校绩效目标编报规范化，稳步提升绩效管理质量和效能方面发挥了重要作用。同时，江西省还将高校整体支出评价结果作为申请及分配预算资金、调整完善政策和改进管理的重要依据，评价结果为“中”和“差”的，原则上按照相关规定压减资金[①]。

（二）江苏省省属高校整体支出绩效评价试点

江苏省为全面实施预算绩效管理，推动省级部门单位预算绩效管理提质增效，每年对省级部门单位开展年度财政支出绩效评价工作，并要求各单位要将预算收支全面纳入绩效管理，围绕单位中长期事业发展规划，树立业务和财务有机融合、相互促进的绩效管理理念，以预算资金管理为主线，统筹考虑资产和业务活动，构建科学合理的单位整体预算绩效指标体系，综合衡量单位整体预算绩效。

江苏省教育厅每年选择部分高校开展整体支出绩效评价，并逐步实现对所有省属高校核查全覆盖。高校整体支出绩效评价分为单位自评和部门评价两种方式。单位自评由省级高校按照绩效评价规程和相关要求，依据预算批复的当年项目绩效目标和部门整体绩效目标，重点围绕预算执行和目标完成情况进行自我评价。部门评价由省教育厅运用科学合理的绩效评价指标、标准和方法，对所属高校整体收支情况开展绩效评价[②]。

（三）福建省省属高校整体预算绩效管理试点

福建省教育厅印发《全面实施预算绩效管理实施方案的通知》，提出要实施单位整体预算绩效管理，省属高校要将预算收支全面纳入绩效管理，围绕单位中长期事业发展规划，树立业务和财务有机融合、相互促进的绩效管理理念，以预算资金管理为主线，从管理效能、履职效能、社会效应和服务对象满意度等方面，综合衡

① 江西构建省属重点高校整体评价指标体系，http：//bj.mof.gov.cn/ztdd/czysjg/jyjl/202310/t20231012_3910795.htm.

② 省教育厅关于全面实施预算绩效管理的通知，https：//jyt.jiangsu.gov.cn/art/2020/7/29/art_58320_9337802.html.

量学校整体预算绩效。

在年度绩效自评的基础上，省教育厅每年选择部分单位开展整体绩效自评情况核查。省属高校负责制定本单位预算绩效管理制度、年度计划和操作流程，组织实施本单位整体预算绩效管理和项目预算绩效管理，对绩效目标实现程度和预算执行进度进行监控，构建符合单位实际的整体预算绩效指标和标准体系，并组织开展本单位绩效自评工作[①]。

（四）辽宁省高等学校绩效管理试点

辽宁省教育厅在2016年发布了《辽宁省高等学校绩效管理暂行办法》，办法中规定公立高校绩效管理按照制定绩效计划、实施绩效监控、开展绩效管理和考核结果应用的程序进行。

2017年1月，《辽宁省人民政府关于印发辽宁省统筹推进世界一流大学和一流学科建设实施方案》的通知中要求，坚持绩效激励，创新激励约束机制，建立并完善一流大学和一流学科的评价体系。通过构建和完善绩效评价、能进弱退、存量调控、奖优罚劣等动态管理制度，充分激发高校的内生动力和发展活力，调动一流大学和一流学科的建设热情，加速提升办学水平。

2017年3月，辽宁省人民政府办公厅发布了《关于改革省属公立高校财政拨款制度 促进人才科技供需协调发展的意见》，指出要建立更加清晰的政策和激励导向，通过分类指导、分类管理和绩效管理相结合的高等学校监督评价体系，推动高等学校财政拨款逐步从“投入型”向“绩效型”转变。在相关政策文件的指导下，辽宁省教育厅成立高等学校绩效管理领导小组，对辽宁省政府所属的高等学校进行绩效考核和评估，以提高辽宁省高等教育质量，推进辽宁省高等教育供给侧结构性改革，发挥绩效管理在推动公立高校内涵发展的导向作用，全面提升公立高校办学质量和水平，增强服务辽宁振兴发展能力，提升公立高校对辽宁经济社会发展的贡献度[②]。

（五）浙江省重点高校建设绩效管理试点

浙江省2017年发布了《浙江省重点高校建设绩效考核办法（试行）》，决定对第一批省重点建设高校开展中期建设绩效考核，对第二批省重点建设高校开展年度考核。

---

① 福建省教育厅关于印发全面实施预算绩效管理实施方案的通知，http：//jyt.fujian.gov.cn/xxgk/jhzj/202012/t20201229_5502730.htm.

② 刘美彤.政府主导的公立高校绩效管理问题研究［D］.沈阳：沈阳师范大学，2019.

绩效考核坚持多元评价、多维考核，主要以省政府对重点高校建设要求和各高校建设规划为依据，对接国家“双一流”建设，统筹开展“年度建设绩效考核”和“阶段性建设绩效考核”。“年度建设绩效考核”每年实施，通过比对各建设高校年度建设计划和实际完成情况开展；“阶段性建设绩效考核”分建设中期和建设期满两个阶段实施，以相应考核周期内各年度建设绩效考核为基础，结合按统一指标体系开展的“建设绩效量化考核”和由第三方专业机构、省相关职能厅局、重点建设高校所在地政府等多方社会评价结果，进行综合考核和评价。

在考核指标方面，考核办法指出高校建设是系统性工作，既要强化学科建设的龙头地位，把提升优势特色学科的综合实力摆在突出位置，重点关注人才培养、成果奖励、社会服务、国际合作等直接产出贡献，在师资建设、学科平台、教学资源等核心发展要素的评价中以增量为主兼顾存量，又要考察经费、制度等支撑保障情况。此外，为引导高校重点突破、跨越发展，以点带面推进高教强省建设，绩效考核实施“突破性贡献指标清单”管理，对在国家“双一流”建设中有突出表现或取得重大影响的突出成果、突出贡献的重点建设高校，经认定符合清单内容的相应指标免予考核。

浙江省重点高校阶段性建设绩效考核结果为研判重点高校建设状态的主要依据，按得分高低排序，鞭策后进，激励先进；考核结果作为相关资源配置的重要依据。

总体来看，随着预算绩效管理指导性文件的不断完善，以及高等教育规模的不断扩大和经费需求的日益增加，高等教育学校预算绩效管理正成为高校治理的重要内容，无论在制度设计还是实践操作层面都朝着规范化和科学化方向发展。但我国高校整体支出绩效管理体系还不够成熟，开展整体支出绩效管理工作有效的理论指导不足，可参考的实践经验较少，还需要进一步探索和完善。

▶ 第三节 我国高等教育学校整体支出绩效管理的问题与挑战

随着我国预算绩效管理工作的不断推进，高等教育学校在预算绩效管理意识提升、预算绩效管理流程规范、教育财政资金使用效益提高等方面也取得了显著成效，但与全面实施预算绩效管理的要求相比，还存在着预算绩效管理机制不够健全、绩效目标管理不够全面、绩效目标与预算支出衔接不足、绩效指标难以量化、评价结果应用不足等方面的问题。

一、高校整体支出绩效管理存在的问题

总体来看，我国教育领域部门整体支出，特别是高校整体支出绩效管理仍处于初步发展阶段，不完善、不严密之处较为明显。

（一）高校整体支出绩效管理制度不够完善

制度体系是预算绩效管理施行的准则，对预算绩效管理的原则、范围、流程及主客体等作出直接规范，是预算绩效管理的“行动指南”。虽然近年来我国各级各类关于预算绩效管理的政策措施不断发布，逐步形成了相对完善的政策体系与制度规范，但是财政部门对整体支出绩效管理体系设计和实施等方面的规范性文件还比较少，对高等教育领域建立整体支出绩效管理的指导性文件相对来说就更少。各地在探索适应本地高校整体支出绩效管理体系的过程中，基本上都是在对中央文件精神进行理解的基础上的探索与创新，难免会出现高校整体支出绩效管理范围不够清晰、程序不够明确、行业特征考虑不够充分等方面问题①。

由此，高等教育学校要全面推行整体支出绩效管理，还需进一步完善相关管理制度，将高校整体支出绩效管理的目的、程序、要求以及结果运用以制度办法的方

① 管耘，吕亮.高校整体支出绩效评价初探［J］.北京科技大学学报（社会科学版），2023，39（6）：774-780.

式固定下来，确保高校整体支出绩效管理体系的先进性、适度性和科学性，推动高校整体支出绩效管理工作走上制度化、规范化轨道。

（二）高校整体支出绩效目标管理不够全面

高等教育学校肩负着人才培养、科学研究、社会服务、文化传承创新和国际交流合作等重要职能，其整体支出绩效管理不仅包含经济效益，更包含了科学研究、人才培养、社会服务等社会效应，其绩效管理目标也应该与学校的总体发展目标相衔接，体现学校在各个方面的工作与成效。由于目前对高校整体支出绩效目标管理尚无统一指导，加上高等教育学校的绩效目标管理具有综合性、复杂性、难以量化等方面特征，使高校设置整体绩效目标时难以以系统的思维、长远的眼光来考虑，对目标设立的合理性、可行性论证尚显不足，绩效目标也无法充分反映学校当前的客观实际与发展方向以及学校的各项职能，绩效目标的作用难以充分发挥。

（三）高校绩效目标与部门预算之间衔接不够紧密

绩效目标是开展绩效管理的前提，绩效目标的质量直接决定着绩效管理的科学性与合理性。部门整体预算绩效管理不同于其他维度的绩效管理，是以预算支出为主线，以目标设定及实现程度为核心开展的评价工作，绩效评价必须要以绩效目标与预算支出之间的对应关系为基础，才能对部门履职效能进行全面评判。因此，绩效目标管理对于高校整体预算绩效管理来说尤为关键。

但是在实际操作中，高校绩效目标往往与预算需求脱节，预算资金的配置和实际需求以及实施绩效之间存在不匹配的现象。高校整体支出绩效目标表中只明确了高校预算的总额和资金来源构成，并未将资金安排细化，资金安排无法与高校职能、年度绩效目标以及绩效目标的衡量指标相关联，即预算编制和预算绩效目标编制仍是“两张皮”，难以对绩效目标与预算安排的匹配性进行判断，未能充分发挥绩效目标引导资源分配、服务学校发展战略的作用①，使预算绩效管理体系难以对预算金额安排的合理性进行有效判断，预算支出对高校绩效目标实现的保障程度也难以实现。

（四）高校整体支出绩效评价指标体系不够科学

虽然当前高等教育领域正紧跟国家步伐积极推进预算绩效管理改革，但尚无统一的指导规范，因此各级各地在开展高校整体支出绩效评价时只能自行摸索构建指标体系。部分高校设置的指标体系比较随意，或只选择易实现、易评价的指标，缺乏合理性②；部分高校直接参照财政部或地方财政部门制定的共性指标，设置的一

① 王欣.高校全面实施预算绩效管理的问题及对策［J］.现代审计与会计，2023（12）：43-45.

② 陈建英，尹思瑞.高校全面实施预算绩效管理的挑战与对策［J］.财务管理研究，2021（3）：74-79.

些指标不符合高校发展特征，导致绩效评价结果缺乏针对性，指导意义不强。

此外，绩效指标一般应包含产出指标、成本指标、效益指标和满意度指标，但由于高等教育行业的外部性、公益性、迟效性等特有属性，增加了整体支出绩效衡量的难度。比如，高校当年的产出可能是以前年度投入带来的，当年的投入很有可能在未来很多年后才能产生效益[①]，这就加大了针对高校当年投入的产出与效益分析。

同时，高校具有特定的社会职能和责任，在运营过程中不能像企业一样单纯追求利益的最大化，其产生的经济效益、社会效益等也难以科学准确判断与衡量。

（五）高校整体支出绩效评价结果应用不够有力

由于我国高校整体支出预算绩效管理还处于探索阶段，在实际操作和落实的过程中，尚未能将绩效评价的结果用实。比如高校内部尚未形成普遍的绩效意识，对评价结果的应用尚未形成共识，绩效评价主要在外部压力推动下开展，高校内部各方对评价结果应用的理解和支持还不足。有的高校未制定绩效评价结果应用的办法，评价结果只是停留在反映情况、发现问题、督促整改等层面，未与预算编制及管理改进充分结合，把评价结果转化为绩效计划，并运用到促进高校发展目标的规划上来。有的高校预算绩效管理未将评价结果与奖惩挂钩，也没有和责任人的绩效考评挂钩[②]，难以引起各部门对绩效评价的重视，也无法提升高校在资金使用方面的责任感。

绩效评价结果应用如果不到位，就失去了绩效评价的意义，最终导致资金的使用结果与设定的目标相差甚远[③]，难以达到预算绩效管理的真正目的。

二、高校整体支出绩效管理面临的挑战

（一）整体支出绩效管理制度规范尚在探索之中

1.总体推进速度明显滞后

预算绩效管理在中国推行了20余年，在这20余年的发展历程中，部门整体支出绩效管理的推进速度明显慢于项目支出绩效管理。2005年5月，财政部印发《中央部门预算支出绩效考评管理办法（试行）》，提出预算绩效考评涵盖包括基本支出和项目支出在内的部门预算支出，实施部门预算绩效考评。这是我国第一次明确提

① 张娟娟，魏利平，胡冰，等.高校整体绩效管理的实施路径探析——以教育部直属高校为例［J］.会计之友，2023（4）：95-101.

② 赵文博.高校的全面预算绩效管理现状及优化建议［J］.现代审计与会计，2021（11）：20-21.

③ 庞琦.高校预算整体支出绩效评价研究——以A高校为例［J］.经济师，2023（7）：50-53.

出，要将部门预算支出纳入绩效评价范围之内。

但该文件发布之后，在相当长一段时期里并未得到实际应用，一直到2011年才在北京市开始试点，2014年水利部开展中央层面试点，2017年财政部预算评审中心受委托对中国气象局和中国地质勘探局进行部门整体支出绩效评价试点。

2018年，《中共中央 国务院关于全面实施预算绩效管理的意见》发布后，部门整体支出绩效管理在全国开始快速推进，但距全覆盖还存在较大差异，在绝大部分地区或绝大部分领域，部门整体支出绩效管理依然还处于试行与探索之中。

2.缺乏全国性统一管理规范

制度是规章、是规则，是保障改革顺利推进的基础，制度先行对任何一项改革的推进都极为重要。在我国推进预算绩效管理的过程中，累计发布的相关法律法规制度文件多达30余项，其中有关项目支出的文件超过10余项，涉及部门整体支出的文件约4项，但都仅提及开展部门整体支出绩效管理的必要性，具体如何开展部门整体支出绩效管理，开展部门整体支出绩效管理需要遵循何种规范，部门整体支出绩效管理应依照什么流程、什么方法、什么指标体系开展，以及评价结果如何应用等，迄今为止尚无专门性文件，使开展部门整体支出绩效管理依然存在众多不确定之处，这也是导致部门整体支出绩效管理推进滞后的重要原因。

3.整体支出绩效评价指标体系尚需统一

在我国，目前还没有统一规范的部门整体支出绩效评价指标体系。虽然财政部2013年《绩效评价共性指标框架》提出了部门整体支出绩效评价指标体系，但此套指标体系因与项目支出绩效评价指标体系完全相同，与部门整体支出评价的适用性存在一定的差异，其运用、推广情况不佳。2018年发布的《中共中央 国务院关于全面实施预算绩效管理的意见》，提出了针对部门整体支出开展绩效评价的6个维度"运行成本、管理效率、履职效能、社会经济影响、可持续性发展以及服务对象满意度"，但由于这6个维度尚未落实到具体的二级指标，使评价的核心要点还不够明确，也使地方政府在推进部门整体支出绩效评价时难以将其应用于实践之中。

4.绩效管理激励约束机制不足

部门整体支出预算绩效管理的目的在于通过对部门预算管理及履职情况的考评，发现部门存在的问题，并通过对问题产生缘由的揭示，督促部门改进预算决策、优化预算安排、增进施政责任，提高政府部门公共管理和公共服务能力。由此，绩效评价结果的真实可信，揭示的问题详尽周全，问题引发原因的分析准确清晰，提出的改进建议高屋建瓴、切合实际，对评价结果的可应用性极为关键。但目前普遍存在绩效评价结果应用不佳或难以应用的问题，其原因一方面在于绩效意识欠缺，部门绩效评价结果应用主动性不强，导致相关工作人员缺乏开展绩效评价工作的前期积极性和后期动力；另一方面，则是绩效评价结果质量不高，可操作性不强，评价结果难以应用，究其根源，还在于绩效评价结果应用的激励机制存在一定的缺失，导致绩效管理丧失基本的激励功能和作用。

（二）高等教育学校预算绩效管理改革困难重重

1. 内部动力不足，预算绩效管理积极性不高

高校绩效预算管理体系的建立离不开利益相关者的参与和认同，虽然我国高校目前都在积极开展整体支出绩效管理工作，但由于缺乏指导，很多高校的整体支出绩效管理意识还不强，对绩效管理的外部压力不敏感①、积极性不高。此外，现有绩效管理体系更多的是针对高校教学、科研，对关键利益相关者（如教学科研人员、学生、社会）利益的关注度不足，忽略了利益相关者的利益平衡，关键利益相关者的利益得不到应有保障，其参与预算绩效管理的可能性及积极性不高，各部门无法形成合力有效作用于预算绩效管理工作，也使高校绩效管理难以深入推进。

2. 高校定位模糊，分类评价难以开展

高校的定位不同、发展战略不同、绩效目标不同，绩效评价指标体系也会有所差异。目前我国高校评估、认证指标依然较为单一，过于关注“经费、项目、奖项、帽子、论文”的规模数量，使具有这些优势的研究型大学享有各方面优势，导致其他类型高校也努力挤入研究型高校行列，忽视了教学科研质量的提升。在这样的高等教育发展模式下，各类高校的办学定位模糊，高等教育财政支持政策及其拨款体系缺乏针对性，高校绩效评价难以具有针对性地分类开展。

3. 投入导向拨款机制下，高校重规模轻绩效

对于教育领域，有着全国财政性教育经费占GDP的比重“不低于4%”，公共预算教育支出总量和人均水平都须逐年“只增不减”的硬性要求，客观上导致高校经费管理出现“重投入、轻效益”的现象。加之现行的“综合定额+专项补助”拨款模式，财政拨款的多少主要取决于高校规模。综合定额部分主要是生均定额标准，取决于招生数、专业结构和办学成本等；专项补助部分从2015年起按因素分配，但因素构成也主要参考高校的规模，即上一年决算的设备台套数、学校拥有的房屋面积数和当年9月的在校生人数。在这种投入导向式的拨款模式下，高校为了获取更多的财政资金支持，出现明显的规模扩张态势，在一定程度上忽视了内涵提升。而在绩效管理的过程中，高校的非营利性质也使其往往重核算轻预算、重支出轻绩效，只重视投入而不注重管理和绩效考核的问题，忽视了绩效管理对高校建设提质增效的促进作用。

---

① 陈建英，尹思瑞. 高校全面实施预算绩效管理的挑战与对策［J］. 财务管理研究，2021（3）：74–79.

4. 绩效激励因素不明显，财政导向作用难以发挥

近年来，在中央高校预算拨款制度改革背景下，中央高校绩效拨款已经作为拨款体系的一个重要类别，但目前所谓的绩效拨款过多地考虑预算执行率的完成是否均衡和达标，并没有和专项资金以及整体支出绩效评价的结果相结合。此外，高校支出绩效评价主要以自评为主，普遍缺乏有效的激励约束，部分高校只重视预算资金执行进度的考评，对预算资金执行效果关注度较低[①]，预算绩效评价结果可参考意义不大。加之高校绩效评价在我国还没有全面开展，与绩效挂钩的激励机制尚未全面建立，绩效评价结果、资金使用效益对下一年的预算安排影响不大，对相关责任人业绩考核影响也不大，政府难以利用绩效激励约束机制引导和监督高校的办学行为。

5. 预算决策不科学，支出有效性待提升

在高等学校内部，资源配置问题是管理中最重要的问题之一。目前高校预算管理普遍缺乏前瞻性，一方面，校内各部门之间的资金配置不平衡、苦乐不均等现象较为突出。同时，教职员工的福利待遇也存在明显差异，这些问题成为影响学校稳定的不利因素；另一方面，重点项目投放资金重复累加，国家财政专项、共建项目及学校政策支持大都集中在优势学科及实力雄厚的学院，弱小学科及基础薄弱学院的发展受到了一定的制约。资源配置的不均衡导致高校资源紧缺与浪费现象并存，降低了资金使用效益。

6. 信息化水平不高，信息孤岛问题突出

信息化是绩效预算实现的基础环节和重要保障，绩效评价数据的提取必须建立在实时、准确、全面且与业务高度相关的基础上，预算编制、预算执行、绩效监控、绩效评价、结果反馈等各环节均离不开全流程信息技术的支撑。

近年来，各高校已经充分认识到信息化对高校预算管理工作的重要性，积极推动信息化建设，信息系统已基本覆盖高校预算管理各环节。但是信息孤岛问题依然突出，财务信息与预算绩效管理之间没有良好的联系机制，业务和财务信息尚未实现资源共享、融会贯通，预算绩效管理部门和其他部门之间的数据对接不充分[②]，数据获取、加工、统计的成本和准确性难以保障，同时无法获取各部门定期上报的动态有效数据。

高校信息化水平不高，导致在预算编制时各部门绩效目标填报的可靠性和可行性不能通过统一的平台进行评审，在绩效预算执行中与绩效目标的契合度也难以实现在线审核，绩效评价的横纵向比较也难以在信息孤岛环境下开展，给预算的执行与绩效考核带来了较大的障碍。

---

① 单英贤，李琳，赵文超，等. 高校整体支出绩效管理探析 [J]. 财务与会计，2023（2）：72-77.

② 陈建英，尹思瑞. 高校全面实施预算绩效管理的挑战与对策 [J]. 财务管理研究，2021（3）：74-79.

▶ 第三章
我国高等教育学校整体支出绩效管理实践案例

内容提要

在全面预算绩效管理的理念下，上海、宁波、江西、辽宁等地积极探索高校整体支出绩效管理改革，希望通过绩效管理更加科学合理配置高校财政资金，提高资金使用效益，推动高校高质量发展。

▶ 第一节 坚持分类分层、突出目标导向：上海市高校绩效管理改革

针对逐年递增、快速增长的高等教育财政经费，上海市积极探索高校整体绩效管理改革，其特点是在分类的基础上实施绩效评价与绩效拨款。2018年，上海首次对高校进行了分类绩效评价，并将评价结果运用于多个方面。

一、实施背景

《国家中长期教育改革和发展规划纲要（2010—2020年）》颁布后，上海开始探索高校分类管理改革，并在《上海市教育综合改革方案（2014—2020年）》中率先提出要对上海高校进行分类管理、分类评价。

2015年，上海出台《高等教育布局结构与发展规划（2015—2030年）》，对高校分类管理的目标、依据做了明确规定。

2018年，上海颁布《上海市高等教育促进条例》，将高校分类管理评价工作法制化。同年，为进一步落实规划和法规系列要求，中共上海市委组织部、中共上海市教育卫生工作委员会、上海市教育委员会、上海市发展和改革委员会、上海市财政局、上海市人力资源和社会保障局6部门联合印发《关于深入推进高校分类管理评价促进高等教育内涵式发展的指导意见》，再次对高校分类管理评价进行了系统设计，特别是对分类评价结果的运用提出了明确要求。在此基础上，上海教委推出《上海高校分类评价指标（试行）》，开始正式系统推进高校分类评价工作。

2020年10月，《深化新时代教育评价改革总体方案》出台后，上海又对高校分类评价体系进行了优化和升级，逐步形成了多列纵队、错位竞争的分类管理与评价格局，引导高校科学定位，办出特色和水平[①]。

---

① 张端鸿.推进分类评价激发高教活力［N］.中国教育报，2021-10-21（2）.

二、具体做法

（一）明确评价类别

2018年，依据《上海市高等教育促进条例》以及《高等教育布局结构与发展规划（2015—2030年）》，上海市对全部62所普通高校进行了类别划分：按人才培养主体功能和承担科学研究类型，划分为学术研究型、应用研究型、应用技术型和应用技能型四种类型；按照主干学科门类（本科与研究生）或主干专业大类（专科）建设情况，划分为“综合性、多科性、特色性”三个类别。根据“政府政策引导、高校自主选择、社会参与评估”的操作原则，形成“十二宫格”高校分类体系，学校定位一旦确定，需保持相对的稳定性，使上海高校实现“一列纵队”向“四列纵队”的改变。

目前，上海市有学术研究型高校13所，应用研究型高校10所，应用技术型高校17所，应用技能型高校22所，其中，“学术研究型”高校以培养学术研究人才为引领，“应用研究型”高校以培养应用研究与开发的人才为重点，“应用技术型”高校以培养专门知识和技术应用人才为主体，“应用技能型”高校主要培养专科层次的操作性专业技能人才。

2018年，上海市出台《关于深入推进高校分类管理评价促进高等教育内涵式发展的指导意见》，深入推进高校分类绩效评价。

（二）优化评价流程

上海市高校分类绩效管理自2018年开始试行，目前已经探索出一套系统完整、运行高效、公正公开的操作流程体系。

高校分类评价每年进行一次，委托第三方组织实施。实施过程主要分为高校自评、集中评价、实地督导和随机核查四个环节：

一是高校自评。各高校按要求进行数据填报，并提交书面自评报告和相关材料。

二是集中评价。对各高校填报的数据进行测算，并组织专家组对高校自评报告及相关材料进行审核判断。

三是实地督导。组织专家组对部分高校进行现场督导。在上述基础上，综合得出每所高校在相应“四列纵队”中的排序，形成上海高校分类评价结果。

四是随机核查。对各高校报送的数据和材料的真实性、准确性进行随机核查，并将核查结果作为分类评价的重要参考因素。

在这个过程中，上海教育督导部门高度重视解读培训工作，通过发布评价方案、集中开展培训解读、实地宣讲等方式，将评价的最新导向、最新内涵、最新标准向学校公开①。

（三）构建评价指标

2016年，上海教育督导部门启动高校分类评价的指标研制工作。市领导高度重视指标研制，要求专家对国内外高等教育评价指标进行系统、深入研究，反复广泛征求高校意见、政府相关部门和专家的意见建议，并多次将分类评价列为高校党政负责干部会议主要议题。该指标体系于2018年5月试行，并根据新形势、新要求逐年迭代升级。

在遵循定量与定性相结合、规模与质量相结合、学校外部表现与内涵提升相结合，以及总量与人均相结合的基础上，突出“中国特色”，聚焦高校“五大功能”，兼顾“综合性、多科性、特色性”学科专业发展特点，上海市将高校分类绩效评价指标体系划分为学术研究型、应用研究型、应用技术型和应用技能型4种类型。指标设计遵循如下思路：

一是每个类型的指标体系是共性和个性的融合。办学方向与管理水平、办学条件与资源、办学质量与水平、办学声誉与特色4个为一级指标，办学方向、管理水平、师资队伍、教学资源、支撑平台、科研项目、学科专业、创新成果、国际交流、社会服务、办学声誉、办学特色等为二级指标。一级指标和二级指标为共性指标，每个指标体系均需设置。差异性主要体现在三级指标的名称、权重和内涵上。

二是指标设计坚持中国特色与国际水平相统一。上海市高校绩效评价指标体系设立了办学方向指标，对党对高校全面领导落实情况、立德树人根本任务落实情况进行考察，突出强调高校为党育人、为国育才的成效和对中国经济社会发展的实际贡献。同时，该指标体系还坚持国际化，围绕高校的基本职能设计指标，重视对高校国际交流合作方面的考察。

三是指标设计坚持综合评价和单项评价的衔接。分类评价是对学校整体办学水平的评价，上海市高校绩效评价指标体系中每个类型的三级指标大约有35个。很多三级指标自身又是一个评价体系，比如立德树人落实情况、毕业生满意度、社会培训情况等，均是委托相关单位开展的单项评价。同时上海市还不断丰富评价维度，除了综合评价外，还开展增值评价、效益评价。

四是指标设计坚持规定动作与自选动作的结合。除了设置固定的共性指标外，

① 《关于深入推进上海高校分类管理评价促进高等教育内涵式发展的指导意见》的通知（沪教委督〔2018〕21号）。

上海市高校绩效评价指标体系还设置部分自选指标、自选权重，并加大办学特色指标权重，增加规定案例数。此外，该指标体系还做到了正面评价和负面评价的对照，在部分定性指标中设立了负面清单，突破了一定的规范需要减分①。

基于上述构建思路，上海市设置出如下高校分类绩效评价指标体系：高校分类绩效评价指标体系由共性指标和个性指标两部分组成，其中，一级指标和二级指标为共性指标，一级指标包括办学方向与管理水平、办学条件与资源、办学质量与水平、办学声誉与特色；二级指标包括办学方向、管理水平、师资队伍、教学资源、支撑平台、科研项目、学生发展、学科专业、创新成果、国际交流、社会服务、办学声誉、办学特色等；三级指标为个性化指标，共37个，并通过指标的内涵界定和权重分配体现不同类型学校之间的差异和特色（见表3–1）。同时，对所有指标进行赋分：定量指标由对经核实的相关数据测算得分；定性指标则结合上级部门督查、相关部门日常管理或专家组评审情况，对高校进行分档后确定得分。

表3–1　上海高校分类评价指标（试行）（学术研究型）

一级指标	二级指标	三级指标	分值
A.办学方向与管理水平（24分）	A1.办学方向（15分）	P1.党对高校全面领导的落实情况	5
		P2.立德树人根本任务的落实情况	5
		P3.文化传承创新的落实情况	5
	A2.管理水平（9分）	P4.规划管理水平	3
		P5.教学质量保障水平	3
		P6.财务管理水平	3
B.办学条件与资源（23分）	B1.师资队伍（8分）	P7.生师比	2
		P8.高层次人才数	3
		P9.高层次教学、研究团队数	1
		P10.博士学位专任教师占比	1
		P11.具有国（境）外学习工作经历的专任教师占比	1
	B2.教学资源（7分）	P12.本科生生均课程数	3
		P13.国家级精品开放课程数	2
		P14.国家级规划教材、精品教材数	1
		P15.生均图书流通量、生均电子资源访问量	1
	B3.支撑平台（4分）	P16.国家级教学、科研、实验平台数	3
		P17.创新创业示范基地数	1
	B4.科研项目（4分）	P18.师均科研经费	*
		P19.师均新增国家级科研项目数	*

① 上海高校分类评价体系已初步构建完成，不同类型高校用不同的“尺”来衡量，https：//wenhui.whb.cn/third/baidu/202012/03/382668.html.

续表

一级指标	二级指标	三级指标	分值
C.办学质量与水平（35分）	C1.学生发展（7分）	P20.教授为本科生授课比例	3
		P21.学生获国家级奖项数	2
		P22.生均高水平论文数	2
	C2.学科专业（8分）	P23.学科专业布局优化数	2
		P24.入选“双一流”“高峰高原”学科数	3
		P25.优势学科数	3
	C3.创新成果（8分）	P26.国家级教学成果奖获奖数	3
		P27.师均高水平论文数	2
		P28.获国家级科研奖项数	3
	C4.国际交流（6分）	P29.在校学历教育国际学生占比	3
		P30.学生国（境）外学习、实习占比	2
		P31.国（境）外办学机构（项目）数	1
	C5.社会服务（6分）	P32.技术转让当年实际收入	*
		P33.决策咨询报告采纳数	*
D.办学声誉与特色（18分）	D1.办学声誉（10分）	P34.生源质量	4
		P35.毕业生满意度	4
		P36.社会捐赠收入占比	2
	D2.办学特色（8分）	P37.办学特色	8
合计			100

注：*权重可选指标。高校可按照学科专业特色，在Ⅰ、Ⅱ、Ⅲ三组权重中任选一组。

资料来源：关于印发《关于深入推进上海高校分类管理评价促进高等教育内涵式发展的指导意见》的通知（沪教委督〔2018〕21号）。

上海市通过定量评价与定性评价、综合评价与单项评价、内部评价与外部评价相结合的方法，开展高校分类绩效评价。同时，建立分类评价指标反馈和完善机制，在分类评价指标总体框架下对评价指标进行动态调整，既关注针对高校现有办学水平和办学绩效的客观评价，也注重针对高校未来成长的发展趋势评价，以引导高校立足自身定位，不断提高办学水平和办学成效。

（四）加强评价结果应用

上海市对62所高校办学水平和办学绩效进行整体评价，分为高校自评、集中评价、实地督导和随机核查四个环节，经数据测算和专家评价赋分，形成分类评价结果，并对高校集中反馈。

与绩效评估结果挂钩的资源配置机制是上海市高校分类绩效管理的重要环节，《上海市中长期教育改革和发展规划纲要（2010—2020年）》明确指出，要“改革教育拨款制度。设立高等教育拨款评估咨询委员会，将财政投入与高等学校绩效考核衔接起来”。据此，上海市不断提高对高校绩效评估的针对性和政策调控的精准性，逐步将分类评价结果作为政府经费投入、基建规划、招生计划、人事编制、学科评审等教育资源分配管理，以及高校党政负责干部绩效考核的重要参考和依据，实现针对高校的“类型不同、要求不同、评价不同、支持不同”管理模式。

上海市高校绩效评价结果还在政府层面得到多方运用，上海市地方高水平大学建设遴选的主要依据就是上海高校分类评价结果，每年上海市属高校内涵建设经费分配、高校党政负责干部考核、高校绩效工资分配动态调整，也与年度结果密切挂钩[①]，并由此在全国率先以制度形式确定评价结果与拨款挂钩的绩效管理方法。

“十四五”期间，上海市深入贯彻落实《深化新时代教育评价改革总体方案》要求，进一步拓展了评价结果的综合运用，探索将评价结果拓展应用于招生计划、人事编制、部分重大专项投入等领域，不断优化高等教育资源配置。同时，加强整改跟踪，深化问责机制，切实增强绩效评价的权威性。

三、取得的成效

上海高校分类评价开展以来，对于高校改革发展的促进成效已初步显现。从综合评价看，传统强校综合实力依然强大，在各自类型中处于前列；从增值评价看，同济大学、上海大学、上海海事大学、上海商学院、上海公安学院、上海城建职业学院等学校，发展劲头强劲，发展成效明显；从效益评价看，上海交通大学医学院、复旦大学上海医学院、上海中医药大学、上海音乐学院、上海公安学院等特色学校优势凸显；从整体态势上看，高校间的竞争更加激烈，在大多数高校中，部分主要指标的得分变化，会引起位次的变化。

在分类评价“指挥棒”的引导下，上海高校正在发生系列变化：

一是学校的发展劲头强劲，评价鼓励公平竞争，激发学校发展动力，提升办学水平。自从2018年第一次推出分类评价结果以来，很多学校都打破了以前的封闭思维，认清了形势、扩大了视野，在强化忧患意识、使命意识的同时，树立了信心。

二是学校的目标更准了。以前大多数高校的现实定位或者理想定位，就是综合

① 上海市探索开展高校分类评价工作，http：//www.moe.gov.cn/jyb_xwfb/s6192/s222/moe_1740/201903/t20190305_372206.html.

性、研究型。随着分类评价的实施，很多高校开始按照与过去对标、与同类型高校对标、与行业兄弟学校对标、与上海经济社会发展需求对标，重新定义自己、寻找到自身方位、凝练出自身发展目标，并根据目标定位，制订了赶超计划，特别是通过评价拉长长版、补齐短板、厚实底板。

三是学校的内部治理能力强了。内部评价机制是学校内部治理体系的重要组成部分、治理水平现代化的重要标志。分类评价通过促使学校建立起完备的内部评价机制提升学校的内涵发展水平。不少学校建立起与分类评价相适应的自我评价体系。此外，围绕党的全面领导、教授为本科生上课、规划管理水平、校企合作、财务审计等工作的考察，很多高校都完善并实施了相关制度[①]。

四、特色及不足

自2018年开始试行高校分类绩效评价，上海市已逐步探索出一套系统完整、运行高效、公正公开的评价体系。其中呈现出不少值得推广的特色做法：

一是注重前期培训。通过发布评价方案、集中培训解读、实地宣讲等方式，使参与评价的各高校能够及时充分掌握绩效评价的最新导向、最新内涵及最新标准。

二是建立评价系统。建立高校分类评价网上操作系统，实现所有数据填报网上操作，已掌握数据通过整合的方式利用，不再要求高校填报，以减轻高校数据填报负担，在评价系统内还设置有专家工作室，专家基于信息技术的定性指标与评价标准，提出评价意见及评价结论。

三是强化过程管理。为了确保绩效评价各项数据真实有效，2020年，上海市还探索建立数据“公示—整改—再公示”制度，将同类型高校的定量数据向本类型高校公示，逐条受理“异议”并核查，约谈数据问题较多的高校，要求学校对问题数据提交证明材料或进行整改。学校整改之后，再次对数据进行公示。这一举措有效地消除了学校对数据真实性的怀疑，提升了数据质量，维护了绩效评价的公平、公正与公开。

四是评价主体多元。与学科评估、专业认证等专项评价不同的是，上海高校分类评价本质上属于综合评价，涉及高校职能的方方面面，是一项非常复杂的系统工程，其指标内涵丰富，涉及的学科专业领域和具体管理环节众多，仅由一次专家评价是很难完成的。因此，上海高校分类评价中的专家评价实际上是一个由多方专家构成、多轮次的评价过程。（1）教育行政部门各职能处室根据职能分工，结合日

① 上海高校分类评价体系已初步构建完成，不同类型高校用不同的“尺”来衡量，https：//wenhui.whb.cn/third/baidu/202012/03/382668.html.

常管理工作的实际，组织专家对业务性强、职能指向明确的指标进行评价。如“教学质量保障水平”这一指标的评价结果就由高等教育处结合历次专家评价给出。（2）由教育督导部门组织专家对职能指向不是很明确的综合性指标进行评价，如“规划管理水平”指标由市内外担任过省级教育行政部门或高校主要领导或分管领导组成的专家组，对学校发展规划的执行情况及成效进行集中评价，并给出评价结果。（3）在部分纯客观的量化指标上，直接采信政府行政部门和有较强公信力、影响力的社会第三方评价结果。如“国家级教学成果获奖奖数”指标采信了教育部公示后无异议的结果，“国家科学技术奖数”指标采信了科技部公示后无异议的结果。（4）开展第三方调查，如对“毕业生满意度”这个指标，利用上海市教科院的专家力量，从“学生对学校的满意度”“用人单位对毕业生”的满意度两个维度进行较大样本的调查分析。

五是实现数据共享。为使分类评价结果有效转化为改革发展实践，逐步加大了数据共享力度，上海市每年都会针对政府部门和高校打造不同的研究分析报告。如2020年，针对62所高校提供了每校分析报告。每校分析报告中不仅有同类型学校间的横向对比分析，还有学校三年结果的历年对比分析；不仅有总体情况分析，还有单项指标分析；不仅有分析结论，还有改进建议。为了使分类评价成为撬动高校发展的杠杆，还通过举办沙龙、评选案例，促进高校的经验交流。

值得说明的是，上海市高校分类绩效评价主要从办学产出方面进行绩效评价，与财务支出相关的指标设置很少，仅有一个三级指标“财务管理水平”，且分值仅为3分。此外，评价指标体系的兼容衔接及操作流程规范性问题、同一类型内的高校如何体现各自特色等问题还需进一步完善和优化①。

① 柯勤飞.上海高校分类评价：作用与建议［J］.上海教育评估研究，2021，10（3）：1-5.

第二节 面向战略管理、实行量身定制：宁波市高校办学绩效评价改革

宁波市于2017年4月委托第三方对宁波市的8所高校进行了办学绩效评价，在全国高校绩效评价中具有借鉴意义。

一、实施背景

为切实发挥绩效评价的激励作用，分类指导宁波市高校强化特色，办出水平，宁波市教育局和宁波市财政局按照"管办评分离"原则，于2016年2月印发了《宁波市高校办学绩效评价办法（试行）》（甬教高〔2016〕41号）。2017年4月宁波市教育局委托第三方对宁波市经常性财政拨款的宁波大学等8所高校2016年办学绩效进行了首轮评价。2018年4月开展了第二轮2017年办学绩效评价。

2019年，宁波市发布《加快高水平大学建设 推进高等教育跨越式发展的若干意见》，明确提出"建立健全基于战略管理的高校办学绩效评价体系，逐步构建以绩效为导向的资源配置机制"，为高校绩效管理指明了方向。2020年，宁波市对《宁波市高校办学绩效评价办法（试行）》进行修订，进一步完善高校绩效评价工作流程，优化办学绩效评价指标。

经过多年实践，宁波市逐步形成以战略为导向，包括确立评价原则、构建指标体系、建立工作流程和反馈机制在内的高等教育绩效评价流程。

二、具体做法

（一）面向战略管理的绩效评价目标

宁波市在探索高校整体绩效评价机制之初，就以战略为导向，促进高校将分散

的行动聚焦到战略之上，明确高校目标定位，同时以绩效为驱动，促进高校将绩效理念深入学校办学的各个方面，引导高校重视战略规划，强化战略管理，科学设计现代大学制度，促使每一所学校朝着优秀的方向发展。

在组织开展高校办学绩效评价过程中，宁波市明确强调各高校在实施办学绩效评价时，必须紧紧围绕学校自身的发展战略目标，在战略目标的统领下去考量每一年度工作与学校发展战略之间的关系，以及对发展战略目标达成的贡献度。绩效评价虽然以年度为一个时间单位来评价各校的办学绩效，但不是孤立地来考量各年度的绩效情况，而是以各校每一轮（一般为5年）的发展规划为一个完整的评价周期，既看各校每一年度的办学绩效，又看与上一年度相比其发展的递增幅度，最后考察各学校通过五年的努力，实现了怎样的发展与进步。因此，基于战略管理导向的绩效评价，突出考量的是各校自身发展与进步的比较，是对自身战略目标及其行动成效的检验①。

（二）突出特色发展的绩效评价指标体系

宁波市的高校办学绩效评价机制，在实施方式上不搞评价指标“一刀切”，而是采取量身定制、“一校一策”的评价办法，鼓励不同办学类型、不同培养要求的高校依据各自的办学定位和战略目标追求个性化有特色的发展，引导它们在国内同类学校中找标杆，努力去争创一流，追求优秀，不断提升学校办学的核心竞争力。具体设计原则有：

一是多样性，即针对宁波市高等教育类型多样的特点，适应办学个性化要求，制定具有针对性、符合学校定位和体现学校特色的“一校一方案”，引导各高校结合各自办学定位和事业发展规划，以5年为一个完整评价周期，提出个性化的目标和标准，凸显在学科专业优势、人才培养质量、社会服务能力、校园文化建设等方面的特色，进一步激发高校办学动力和活力②。

二是开放性，即运用开放式循证方法，只要能证明办学业绩的材料都可以采用，是对社会、政府对高校的综合和单项权威评价结果的再运用。

三是社会性，即委托专业机构和社会组织，聘请来自各界的专业人士，以新的评价方法保证评价的科学性、客观性、真实性和独立性。

四是导向性，即发挥评价对高校的战略引领、战略协同作用，用战略管理带动日常管理，把发展战略落实到实际行动，调动高校发展教育事业的积极性，促进高校优化内部治理结构，激发内在动力和发展活力，努力形成自主发展、特色发展、可持续发展的良性机制，最终产生明显业绩。

---

① 黄全明.宁波市高校办学绩效评价的价值取向探析［J］.宁波教育学院学报，2018，20（3）：5-8.

② 徐挺，曹屯裕，颜道胜.高校办学绩效评价的实践探索［J］.宁波大学学报（教育科学版），2018，40（5）：56-59.

五是分类指导。按照一级指标分别进行评价，评价等级分为A、B、C三类。不同办学类型、不同培养目标的高校可以依据各自办学定位，选择具体的支撑性绩效评价指标，形成有针对性、符合学校类型和体现特色的自我评价。为鼓励不同类型高校在不同层次争创一流，评价时结合学校定位和规划，重点考查在同类高校中的办学成效、排名及进位情况。同时，为体现办学绩效中资源配置的贡献和效率，根据学校的规模和类型等设定相应的修正系数，通过等级与系数加权后形成最终的评价结果①。

在这些原则的指引下，宁波市高校绩效评价指标要求充分体现“战略—行动—绩效”模型，即战略必须转化为行动，行动最终产生绩效，绩效评价指标不仅涉及战略决策环节，同时还应覆盖关键行动环节，以及最终结果环节，覆盖从战略到行动再到绩效的各个重要领域，指标应定性与定量相结合，行动与结果相结合。

为此，宁波市教育局委托第三方评价机构，根据高校的办学要求和社会功能，设计了四个高校绩效评价一级指标（见表3-2）：办学能力、办学影响力、关键举措、组织变革。办学能力是实现办学影响力的关键，主要包括学校竞争力和资源获取力；办学影响力体现在高校面向社会自主办学，是获得社会认可的重要指标，包括综合影响力、满意度、重大工作推进情况和取得重大贡献；关键举措是培育办学能力有关措施，包括学科专业建设、人才引进与培育、学生学业发展和国际化发展；组织变革支撑关键举措，主要有发展目标与标杆、管理队伍建设和学校战略规划执行。这四项指标相互衔接，互为支撑，相互促进，共同作用于学校规划与战略，助推高校关注办学效益和高等教育质量的提升。

表3-2　　宁波市战略导向的高校绩效评价指标体系

一级指标及权重	二级指标及权重	核心三级指标（可自选）	备注
1.办学能力（30%）	1.1学校竞争力（15%）	（1）省教育厅本科教学业绩考核	推荐指标
		（2）省教育厅本科高校分类评价	自设指标
	1.2资源获取能力（15%）	（3）社会捐赠	推荐指标
		（4）校友捐赠	自设指标
2.办学影响力（30%）	2.1综合影响力（10%）	（5）大学排名	推荐指标
		（6）省部级以上科研项目	自设指标
		（7）SCI/CSSCI论文数	自设指标
	2.2满意度（10%）	（8）毕业生对母校满意度	推荐指标
		（9）用人单位满意度	推荐指标
	2.3重大工作推进情况（10%）	（10）参与市重大工作推进情况	推荐指标

① 徐挺，曹屯裕，颜道胜.高校办学绩效评价的实践探索［J］.宁波大学学报（教育科学版），2018，40（5）：56-59.

续表

一级指标及权重	二级指标及权重	核心三级指标（可自选）	备注
3.关键举措（30%）	3.1高水平学科专业建设（7.5%）	（11）进入全国前30%的学科数	自设指标
		（12）专业星级进位	自设指标
	3.2人才引进与培育（7.5%）	（13）每年引进专任教师人数	自设指标
		（14）市级以上人才	推荐指标
	3.3学生学业发展（7.5%）	（15）学生省级以上各类学科竞赛获奖	自设指标
		（16）本科生考研率	自设指标
	3.4国际化发展（7.5%）	（17）学历留学生人数	自设指标
		（18）外籍专任教人数	自设指标
		（19）举办国际会议	推荐指标
4.组织变革（10%）	4.1学校战略规划执行情况（10%）	（20）规划目标达成度	推荐指标
5.扣分项目（-10%）	5.1严重影响高校发展和声誉事件	严重损害高校办学声誉并产生恶劣影响的情况要酌情扣分，如高校出现重大安全事故；高校政治思想建设出现重大不稳定事件，影响恶劣；校领导班子成员出现严重违法违纪行为等。	非必填

资料来源：胡赤弟.基于战略导向的高等教育绩效评价研究//中国教育财政政策咨询报告补充版（2015—2019）[C].2021。

二级指标则是反映一级指标的支撑性指标，也是体现一级指标的核心要素。如办学能力的二级指标主要有学校竞争力和资源获取能力两个方面，所谓学校的竞争力表现为与同类学校相比，社会对学校某个方面或几个方面办学成绩的评价好差，以及学校在特色建设方面与同类学校比较所取得的成效情况。

三级指标是对一级、二级指标的细化、分解和列举，是一级、二级指标的开放型、举证式支撑数据库，它是体现办学绩效评价"一校一策"最直接而具体的指标。为此，宁波市教育局把三级指标设定的主动权交给各个高校，允许各个学校根据自身战略管理的要求确定三级指标，各校既可以根据自身的需求在市教育局提供的三级指标选项中选择，也可以自行确定能够代表学校特色、亮点的三级指标，三级指标既可以是定量指标，也可以是定性指标，既可以是学校战略发展过程中某一方面的建设成效，也可以是某个阶段性的工作成绩，而且允许各高校可利用公认的由教育主管部门、社会机构等公布的评价结果，综合采集各方面的评价指标进行二次应用，也可以根据自身办学目标、定位，选择具体的支撑性评价结果，自主提供佐证材料[①]。

① 黄全明.宁波市高校办学绩效评价的价值取向探析[J].宁波教育学院学报，2018，20（3）：5-8.

（三）注重沟通协商的绩效评价流程

精细化的工作流程是确保绩效评价科学有效的基础。宁波市在推进高校办学绩效评价时，十分注重评价主体的多元性、评价指标的开放性和评价活动的沟通与协商，尊重各高校在评价活动中的主体权利。为此，宁波市将针对高校的绩效评价流程设定为：一是充分沟通设定指标，政府、学校和评价专家三方多次沟通，依据“十三五”规划及学校重点工作，设定绩效指标体系；二是加强专家培训，确立绩效理念，提高评审质量；三是专家反馈，专家组根据评审结果进校反馈，与学校进行情况交流；四是结果应用，绩效评价结果与绩效奖励经费挂钩。宁波市为此专门设立了5000万元的奖励资金，以推动绩效评价的开展。

整个绩效评价程序分为高校自评、专家评审和部门审定三个阶段。其中，高校自评是整个评价工作的重要环节，是第三方专家核查、最后行政部门审定评价结果的重要基础。自评工作从形式上主要包括撰写办学绩效自评报告、提供相对应的各种支撑材料两部分。支撑材料收集得完整不完整、有无代表性，自评报告分析得到位不到位，不仅直接影响到每次绩效考核的结果，也对学校下一年度工作的改进与提高以及今后的发展产生潜在的影响。因此，各种支撑材料的收集、整理和自评报告的撰写过程，其实是各校对自身战略管理与发展目标达成情况进行自我分析、自我评价与自我反思的过程。

专家评审分为三个环节①：（1）评审环节。评审组专家根据分工对高校所提交的办学绩效工作报告和办学绩效指标表作出客观评价，均实行百分制。评审总得分=“办学绩效工作报告”评价得分+“办学绩效指标报表”评价得分。同时对各项三级指标做好评审记录。（2）复审环节。复审组以解决疑问、矛盾和平衡等为导向，对评审组专家的评审记录和评分结果进行校对、分析，提出明确可操作的复审意见和相关建议。（3）会审环节。汇总评审组、复审组的意见及争议，通过集中讨论研究，采取无记名投票方式决定评审结果，并形成核查结论建议报告。值得一提的是，第三方专家在核查各校自评报告及支撑材料时，并不单纯地凭核查专家的理解作评判、下结论，而是对有些难以确定的相关材料主动与有关学校进行沟通、确认，给被评学校以解释或材料补充的机会，从而使核查工作更加全面而真实，得出的结论也更加科学，指出的问题也更有针对性，也让被评学校对第三方核查专家的工作更加信任。专家组除了对各被评学校的办学绩效作出评判外，还要从三级指标的设定、各校的特点优势及存在的不足及今后的改进建议提出具体的书面意见，并通过各种途径向被评学校进行反馈，从而让被评学校的所有教职工共同知晓自己学

① 徐挺，曹屯裕，颜道胜.高校办学绩效评价的实践探索［J］.宁波大学学报（教育科学版），2018，40（5）：56-59.

校的绩效评价情况，使学校的所有人员一起关注和重视学校的发展，把绩效评价变成所有人自觉参与的共同行动，让学校走向优秀成为所有人共同追求的目标①。

在此基础上，宁波市高校办学绩效评价领导小组进行审议，形成评价结果等级建议，经教育局局长办公会议讨论，确定高校评价等级。评审实行百分制，高校教学督导组成员、宁波有关高校专家、市外有关专家组成的专家评审组，通过绩效工作报告，对高校人才培养质量、学科专业建设、科研贡献等方面评价指标进行核查，并与标杆院校进行纵向、横向比较，核查其增量与原定目标完成情况，综合分析判断，对高校一年多来办学绩效工作报告作出科学评价。

（四）强调办学能力优化的评价结果应用

在绩效评价指导思想上，宁波市高校绩效评价既不是单纯地为了给各高校进行绩效奖励，也不是为了给高校办学绩效好坏贴个好差标签，而是把改进提高、帮助各校追求优秀作为评价的最终落脚点。为此，宁波市通过召开绩效评价工作动员会，让各校对绩效评价的目的意义确立正确的认识，评价不是给各校以压力，而是为了更好地让各校知道自己的办学方位、发展的优势、努力的方向、存在的问题与不足，以及今后的整改重点，促进各高校围绕自己办学的战略目标实现可持续发展，从而自觉地转变在评价活动中的角色。

在实施办学绩效评估时，宁波市并没有简单地去评价每所学校最后的成果如何，而是把“想怎样”“怎么样”“为何怎样”，即“战略规划”“成绩与效果”“行动举措”和“组织保障”等涉及影响学校走向优秀的主要因素有机结合起来进行综合考量，其根本目的在于避免学校片面地、功利性地去追求某种“成效”，而是引导学校树立科学的办学绩效观，把主要精力放在科学谋划、修炼内功、提升内涵，夯实学校的发展根基，久久为功地抓执行上②。

三、取得的成效

2016年实施高校办学绩效评价工作以来，宁波市基于战略管理的，以绩效为导向、以推进高校落实规划任务、促进高校高质量发展为目标的办学绩效评价工作得到高校和社会的广泛认同和重视，推动宁波市高校的高质量发展。

2017年，宁波大学入选国家“双一流”建设高校；2020年，浙江纺织服装职业技术学院等6所高职高专院校入选浙江省高水平职业院校和专业（群）建设

①② 黄全明.宁波市高校办学绩效评价的价值取向探析［J］.宁波教育学院学报，2018，20（3）：5-8.

名单，宁波工程学院、浙大宁波理工学院、浙江万里学院等应用型本科高校作为浙江省硕士学位授予推荐单位推荐至教育部，宁波市高职高专院校全部入选国家“双高计划”。

此外，宁波市的产教融合发展也得到进一步深化。目前，宁波市已有5个高校协同创新中心被列入教育部“高等职业教育创新发展行动计划”中的协同创新中心项目，其中1个省部共建协同创新中心，5个省级2011协同创新中心。学科专业建设也取得显著成效，自2018年实施高校重点学科、重点专业提升计划以来，宁波市共建设了57个市级重点学科、86个重点专业，2020年宁波高校73个专业入选教育部“双万计划”，2个专业群入选国家高职高水平专业群，有效服务了地区社会经济发展。2022年，宁波高等教育办学取得成效显著，宁波大学“双一流”建设高位提速，一流学科专业内涵建设取得新突破，产教融合再获国家级平台。

四、特色及不足

宁波市政府以绩效评价为抓手，对构建区域层面高等教育质量保障体系进行了实践探索，其中的一些特色做法值得借鉴：

一是突出战略管理。宁波高等教育绩效评价体系聚焦于高校的战略管理，把学校的战略管理作为提升学校办学质量的杠杆，其中又把学校的战略定位和目标作为开展绩效评价的核心关注点，通过考察学校战略举措的选择以及战略目标的实现程度来衡量高校的办学绩效水平①。

二是突出一校一策。绩效指标制定过程中，评价方主要设定一级、二级指标，三级指标由各高校自行选择确定。各高校可以采用“评价工作指导方案”中的推荐指标，也可自行增加三级指标，自主提供佐证材料，从而形成“一校一策”的办学绩效评价指标体系，从而保证各高校的特色发展。

三是突出循证依据。宁波高等教育绩效评价不拘泥于建构一个统一的指标体系，而是尽可能充分利用社会或政府已有的对高校的评价结果，即充分利用已有的一些比较有影响的对大学的社会评价结果，也可以参照省级及以上教育行政部门的各项评价结果，对高校进行二次评价②。

但是整体来看，宁波高等教育绩效评价体系还是以关注产出绩效为重点，对财政性数据以及投入产出效率方面关注不够，高等教育支出效益无法在绩效评价中得到充分体现。

①② 胡赤弟，闫艳.以绩效评价促进质量保障：高等教育质量保障体系建设的宁波实践[J].中国高教研究，2017（12）：67-70.

第三节 树立系统观念、强调预算绩效：江西省省属重点高校整体支出评价改革

2023年8月，为推动教育领域进一步加强预算绩效管理，切实提高省属重点高校资金使用效益，江西省财政厅制定了省属重点高校整体支出评价指标体系，并发布《江西省省属重点高校整体支出评价指标体系（试行）》，为开展省属重点高校整体支出评价编制了一份“说明书”。

一、立足实际收集论证评价指标

为切实提高指标设定科学性、合理性，江西省财政厅立足实际，通过分类收集和专业论证建立指标体系。一是将学校自身历史数据作为参照体系，从预算编制与执行、绩效管理、人才培养、科学研究等多个角度进行比较，反映学校各方面工作的改进情况与发展态势。二是结合教育主管部门针对高等教育改革发展的有关要求，充分吸收借鉴部门评估、评价及社会机构评价所使用的指标内容，合理参考其评价要点与标准，使用教育领域专业语言表述财政绩效管理要求。三是通过收集相关基础数据，明确指标值评价确定依据，并结合年度预算安排等情况，确定绩效指标的具体权重。在考虑可实现性的基础上，遵循科学、合理、可衡量和重点突出的原则，使评价指标适用于不同类型、不同层次的省属高校①。

二、坚持系统观念构建整体支出评价指标体系

江西省财政厅坚持系统观念，从高校教育经费整体收支情况出发，围绕高校基

① 黄佳.江西构建省属重点高校整体评价指标体系［N］.中国财经报，2023-09-23（007）.

本职能，根据高校发展规划、重点工作、项目特点和任务目标逐项分解一级指标，形成具有代表性的13个二级指标和53个三级指标，每一级指标既是对上一级指标的支撑，也是进一步细化。

该整体支出评价指标体系框架包括决策、管理、产出、满意度4个一级指标（见表3-3），分别按照5%、38%、54%和3%的权重进行分配。决策指标含部门规划、预算编制2个二级指标。其中，部门规划下设2个三级指标，预算编制下设2个三级指标。管理指标含绩效管理、预算资金管理、财务风险管理、政府采购管理、资产管理、内控管理6个二级指标。其中，绩效管理下设3个三级指标，资金管理下设6个三级指标，财务风险管理下设1个三级指标，政府采购管理下设1个三级指标，资产管理下设2个三级指标，内控管理下设1个三级指标。产出指标含人才培养、学科专业建设、科学研究、社会服务4个二级指标。其中，人才培养下设15个三级指标，学科专业建设下设8个三级指标，社会服务下设4个三级指标；满意度指标包含学生满意度、教师满意度、政府及企业等社会公众满意度3个三级指标。

表3-3　　江西省省属重点高校整体支出评价指标体系（试行）

一级指标	二级指标	三级指标	分值
决策（5）	部门规划（2）	学校中长期规划明确性	1
		年度工作计划明确性	1
	预算编制（3）	预算编制科学性	1.5
		资金分配的合理性	1.5
管理（38）	绩效管理（12）	绩效管理制度	1
		绩效指标体系及绩效目标编制	5
		绩效管理相关工作	6
	预算资金管理（15）	管理制度健全性	1
		预算执行率和结余结转率	3
		年初预算调整调剂率	2
		资金使用合规性	5
		政府债券还本付息和使用情况	2
		预决算信息公开情况	2
	财务风险管理（2）	债务风险率	2
	政府采购管理（2）	政府采购执行率	2
	资产管理（5）	资产管理规范性	3
		固定资产利用率	2
	内控管理（2）	内部控制	2

续表

一级指标	二级指标	三级指标	分值
产出（54）	人才培养（15）	高层次人才引进数量	1
		已获得博士学位专任教师情况	1
		获省级及以上荣誉教师数	1
		思想政治理论高质量发展	2
		生均国家奖励数量	1
		生均学科竞赛获奖数	1
		高水平教学平台建设数	1
		师均教学创新大赛获奖数	1
		师均省级及以上教学改革项目数	1
		师均省级及以上教学成果奖励数	1
		国际交流学生数占比	1
		研究生优秀毕业论文数	1
		毕业生去向落实率	1
		创新创业和人才政策落实	1
	学科专业建设（18）	学科评估结果	6
		省级及以上“双一流”学科建设数	2
		一流专业数占比	3
		一流课程数	3
		一级学科专业学位硕士点数	3
		一级学科专业学位博士点数	1
	科学研究（16）	省部级及以上科研创新平台数	2
		师均省部级及以上科研成果奖数	2
		师均纵向科研经费到账金额	3
		师均高层次科研项目数	2
		科研项目结题率	2
		师均高水平论文数	2
		咨询报告获省部级领导批示情况	1
		师均签订技术合同和专利转化额	2
	社会服务（5）	师均决策咨询成果应用	1
		师均横向课题经费到账金额	2
		社会捐赠资金总额	1
		开展高层次文化交流活动场次	1

续表

一级指标	二级指标	三级指标	分值
满意度（3）	满意度（3）	学生满意度	1
		教师满意度	1
		政府及企业等社会公众满意度	1
加减分项指标	加分项	获得党中央、国务院表彰奖励	每条加5分，最多加10分。
加减分项指标	减分项	国家层面发现挤占、截留、挪用、浪费等违反财政法规方面的问题	每发现一条扣5分，最多扣10分。

资料来源：根据相关资料整理。

此外，为更好地发挥激励约束作用，江西省省属重点高校整体支出评价指标体系在一级指标的基础上设置加减分指标。其中，加分指标设置为“获得党中央、国务院表彰奖励”，减分指标设置为“国家层面发现挤占、截留、挪用、浪费等违反财政法规方面的问题”。

指标体系由财政部门与教育部门共同建设，并根据宏观政策方向、教育发展规划、基本公共服务标准等调整变化，及时修正和更新，实行动态管理。

三、聚焦重点任务设置指标权重

由于从当前江西省属重点高校整体收支情况看，预算编制存在质量不高、预算执行进度慢、全过程预算绩效管理基础薄弱等方面的问题，形成大量沉淀资金，导致财政资源严重浪费。为帮助高校夯实预算绩效管理基础，江西省省属重点高校整体支出绩效评价指标体系围绕预算管理源头问题设置了预算编制、绩效管理、预算资金管理、财务风险管理、政府采购管理、资产管理、内控管理等二级指标，占比达41%。

此外，江西省省属重点高校整体支出绩效评价指标体系重点聚焦高校根本任务，围绕高校人才培养、科学研究、学科专业建设、社会服务等基本职能设置二级指标，权重达到53%，重点考察教育经费投入后高校根本任务的完成情况。同时，结合“十四五”期间省属高校“双一流”建设财政资金使用情况，将“双一流”建设相关指标作为三级指标编入，以推动高校落实主体责任，提高全省“双一流”建设水平。

四、不断完善评价管理机制

根据江西省财政厅、教育厅关于印发《江西省省属重点高校整体支出评价指标体系（试行）》通知要求，江西省各高校首先要结合资金使用管理要求和自身职责，健全完善内部工作机制，制定本校绩效管理实施细则，强化内部考核，加强财务和业务工作的紧密衔接，优化预算绩效管理流程，明确预算绩效管理各环节责任分工，实现预算绩效管理工作制度化、规范化。各高校是开展整体支出绩效评价的责任主体，在制定好实施细则后，需对照《指标体系》做好绩效自评工作，相关自评材料及自评报告经省教育厅审核后，于每年3月底前报送省财政厅教育处。同时还需积极配合省财政厅开展整体支出财政评价，明确专人负责，及时、高效、精准提供评价所需资料，确保资料内容完整、真实可靠。

五、切实加强评价结果应用

江西省财政厅要求，整体支出评价指标体系应全面应用于预算管理和绩效全过程，推进绩效目标编报规范化，稳步提升绩效管理质量和效能。要将高校整体支出评价结果作为申请及分配预算资金、调整完善政策和改进管理的重要依据，评价结果为“中”和“差”的，原则上按照相关规定压减资金。各高校要针对评价反映的突出问题和薄弱环节，制定整改措施，抓好整改落实，要举一反三，建立长效机制，进一步强化绩效管理，切实提升整体教育质量和水平。

整体来看，江西省省属重点高校整体支出评价指标体系坚持系统观念，以高校教育经费整体收支情况为主线，围绕高校基本职能，从决策、管理、产出、满意度四个方面衡量高校整体支出使用效益和核心业务实施效果，是推进高等教育学校预算绩效管理的有益实践。

第四节 实施分类考核、强化绩效导向：辽宁省省属高校绩效管理改革

为提高辽宁省高等教育质量，推进辽宁省高等教育供给侧结构性改革，发挥绩效管理在推动公立高校内涵发展的导向作用，全面提升公立高校办学质量和水平，增强服务辽宁振兴发展能力，提升公立高校对辽宁经济社会发展的贡献度，辽宁省政府2016年发布相关文件，要求对辽宁省所属高等学校进行绩效考核和评估[①]。

一、实施背景

根据《中华人民共和国高等教育法》，结合辽宁省实际，2016年，辽宁省教育厅发布《辽宁省高等学校绩效管理暂行办法》，规定公立高校绩效管理按照制订绩效计划、实施绩效监控、开展绩效管理和考核结果应用的程序进行。2017年1月，辽宁省人民政府印发《辽宁省统筹推进世界一流大学和一流学科建设实施方案》，要求坚持绩效激励，创新激励约束机制，建立并完善一流大学和一流学科的评价体系。通过构建和完善绩效评价、能进弱退、存量调控、奖优罚劣等动态管理制度，充分激发高校的内生动力和发展活力，调动一流大学和一流学科的建设热情，加速提升办学水平。2017年3月，辽宁省人民政府办公厅发布了《关于改革省属公立高校财政拨款制度 促进人才科技供需协调发展的意见》，指出要建立更加清晰的政策和激励导向，通过分类指导、分类管理和绩效管理相结合的高等学校监督评价体系，推动高等学校财政拨款逐步从“投入型”向“绩效型”转变。

在绩效导向、服务振兴，分类指导、特色发展，尊重规律、提升质量，鼓励竞争、择优支持等原则的指导下，辽宁省每年积极推进高校预算绩效管理工作。

① 刘美彤.政府主导的公立高校绩效管理问题研究［D］.沈阳：沈阳师范大学，2019.

二、具体做法

（一）确定绩效管理组织机构

辽宁省教育厅成立高等学校绩效管理领导小组，辽宁省教育厅（省委公立高校工委）主要负责人任组长，相关厅委领导为领导小组成员。领导小组负责指导和协调全省公立高校绩效管理工作。领导小组下设公立高校绩效管理办公室，设在辽宁省教育厅专责处室，主任由专责处室处长担任，有关处室负责人为成员。绩效办具体负责全省公立高校绩效管理的组织实施，承担领导小组的日常工作。绩效办负责组织成立公立高校绩效管理考核与评审委员会，负责公立高校绩效管理的年度考核与评审，负责出具考核结果和考评报告。考评委员会日常工作由绩效办负责。

（二）实施分类管理和考核

根据《辽宁省高等学校分类指导意见》对辽宁省内高等学校进行分类：按照对接产业类别的不同，将高等学校分为农林医药业类、工业类、现代服务业类、社会事业类，明确其主要服务面向，实行分类管理；按照人才培养主体功能和办学层次水平等差异性，将高等学校分为研究型、研究应用型、应用型和技术技能型（高职院校），实行分类指导；按照高校主干学科门类（或专业大类）属性的不同，为四类不同产业类别所对应的高校（本、专科分别）制定不同的考核标准：即文科为主、理科为主和单科三套绩效考核指标体系，实行分类考核。对于工业和农林医药业类高校，按照理科为主类指标体系进行考核；对于现代服务业和社会事业所对应的高校，按照文科为主类指标体系进行考核；对于艺术、体育、公安等高校，按照单科类指标体系进行考核。

（三）构建绩效管理指标体系

辽宁省高校绩效管理考核指标体系采用四级体系结构，包括一级指标、二级指标、三级指标和主要观测点。原则上，同类院校指标相同，不同院校指标可以不同；同型院校指标权重相同，不同院校指标权重不同。绩效考核指标体系分为管理能力指标和办学水平指标两部分，总分为1000分，其中管理能力指标满分200分，办学水平指标满分800分。

其中，针对辽宁省普通本科公立高校的绩效管理考核（管理能力指标）如表3-4所示，主要包含四大部分。其中“党的建设”指标所占比例最高，达40%，且将其具化为6项二级指标；而“内部治理”指标以及“办学经费”指标则较为平衡，两者占比各30%，且其下属指标均具化为3个维度；除此之外，另设有荣誉奖励、重点工作奖惩等“附加分”考核项，占10分。

表3-4　　辽宁省普通本科高校绩效管理考核（管理能力指标）

一级指标	二级指标	三级指标	主要观测点及内涵说明	赋分标准
1.党的建设	1.1领导班子建设	1.1.1坚持和完善党委领导下的校长负责制	·坚持党委领导下的校长负责制（民办高校党委书记进入董（理）事会参与决策，积极推进“双向进入、交叉任职”） ·高校党委全面领导学校工作，履行管党治党、办学治校主体责任，把方向、管大局、作决策、抓班子、带队伍、保落实 ·党委支持校长依法充分行使职权，校长组织实施学校党委有关决议，建立和实行党委书记与校长定期沟通制度	专家组依据评分标准按A、B、C三个等级评价赋分
		1.1.2坚持民主集中制	·党委全委会、党委常委会、校长办公会等议事决策制度健全，有完善的“三重一大”决策制度 ·议事决策程序规范，按照“集体领导、民主集中、个别酝酿、会议决定”原则决定学校重大事项和重要问题 ·党委会和校长办公会议定事项执行顺畅，落实有力 （◆党委议事决策程序不规范，没有集体讨论决定“三重一大”事项的，此项计0分）	专家组依据评分标准按A、B、C三个等级评价赋分
	1.2基层党组织建设	1.2.1落实党建工作责任制	·落实学校各级党组织党建工作主体责任，按要求及时向上级党组织报告党建工作，为党建工作开展提供必要的经费、场所等基础保障 ·落实各级党组织书记抓党建工作第一责任，按要求参加述职评议考核并认真整改 ·学校各级领导班子成员在工作中落实党建工作“一岗双责”	专家组依据评分标准按A、B、C三个等级评价赋分
		1.2.2加强党的基层组织建设	·建立健全二级院（系）党组织会议和党政联席会议制度，完善议事决策规则，强化政治功能，履行政治责任 ·开展新时代高校党建“对标联创”活动，党的基层组织体系健全，活动方式创新，实现党的基层组织和工作全覆盖 ·加强党支部标准化、规范化建设，严格党的组织生活，坚持政治功能与服务功能有机统一，充分发挥战斗堡垒作用 ·党的基层组织设立的委员会任期届满应当按期进行换届选举 （◆未实现党的基层组织和党的工作全覆盖的，该项计0分）	专家组依据评分标准按A、B、C三个等级评价赋分

续表

一级指标	二级指标	三级指标	主要观测点及内涵说明	赋分标准
1.党的建设	1.2基层党组织建设	1.2.3加强党员队伍建设	·加强党员队伍建设，始终把政治标准放在首位，加强在高层次人才、优秀青年教师和优秀学生中发展党员工作，不断优化党员队伍结构 ·强化理论武装，构建多层次、多渠道的党员经常性学习教育体系，坚持教育、管理、监督、服务相结合，推进“两学一做”学习教育常态化制度化 ·做好党费的缴纳、使用和管理工作，核查年度党费收缴、使用和管理情况，并将其作为党务公开的一项重要内容 ·深入实施“校园先锋工程”，充分发挥党员先锋模范作用	专家组依据评分标准按A、B、C三个等级评价赋分
		1.2.4加强党务工作队伍建设	·按照中央和省委的规定比例配齐配强党务工作队伍，每个院（系）至少配备1至2名专职组织员 ·实施教师党支部书记“双带头人”培育工程，实现“双带头人”支部书记选拔方式全覆盖，使教师党支部书记普遍成为“双带头人” ·加强党务工作队伍培训，按要求对基层党组织书记进行全员轮训 ·落实高校党务工作队伍教师和管理干部“双重身份”、职务和职级“双线晋升”、职称评聘“三个单独”政策，推进党务工作队伍专业化职业化建设	专家组依据评分标准按A、B、C三个等级评价赋分
	1.3党风廉政建设	1.3.1党委的主体责任	·认真履行全面从严治党主体责任措施扎实，领导班子集体责任、班子主要负责人责任、班子成员“一岗双责”履行到位，责任层层压实 ·严明党的政治纪律，坚决维护习近平总书记在党中央的核心、全党的核心地位，坚决维护党中央权威和集中统一领导，认真贯彻执行中央和省委的决策部署，做到政令畅通、令行禁止 ·落实中央八项规定和省委实施细则，紧盯“四风”问题开展自查或检查，形成常态化、长效机制 ·严格执行《党政领导干部选拔任用工作条例》，认真落实选人用人相关规定和程序，选好用好干部 ·全力支持和保障执纪办案，加大案件查办力度，做到有案必查、有腐必惩，保持严惩腐败的高压态势 （◆领导班子、班子成员严重违纪被查处或被上级查处违反政治纪律，该项计0分）	专家组依据评分标准按A、B、C三个等级评价赋分

续表

一级指标	二级指标	三级指标	主要观测点及内涵说明	赋分标准
1. 党的建设	1.3 党风廉政建设	1.3.2 纪委的监督责任	· 监督工作。协助并督促党委加强党风廉政建设，督促党委落实全面从严治党的主体责任，督促学校贯彻执行中央和省委决策部署，监督落实中央八项规定和省委实施细则，加强廉政风险防控 · 执纪工作。按规范要求对信访举报及时受理办理，对问题线索及时处置；加大执纪审查、执纪监督力度，有效运用监督执纪“四种形态”，取得良好政治、纪律和社会效果；严格按照《监督执纪工作规则》办理立案审查 · 问责工作。严格执行“一案双查”；强化追责问责，对贯彻中央及省委、省政府精神工作落实不到位、执行政策有偏差、弄虚作假导致严重后果的要严肃问责；对群众身边的不正之风和腐败问题不整治的要严肃问责；对侵吞挪用扶贫资金、有违反优化营商环境条例行为的要严肃问责 （◆有下列情形之一者，该项计0分：廉政风险防控发生系统性行业性问题；未实现新增问题线索动态处置清零；对校领导班子和省管干部构成问责情形未提出责任追究的建议；对校管领导班子和校管干部构成问题情形未进行问责的）	专家组依据评分标准按A、B、C三个等级评价赋分
		1.3.3 问题整改及处置	· 敢于主动发现并坚决纠正问题；积极创新工作方式方法，高标准推进党风廉政工作 · 针对上级专项检查、巡视、线索核察中提出的反馈意见，及时制定整改措施，大力推进整改落实 （◆应发现问题未发现或发现问题未及时查处纠正，被上级发现、查处或督办的，该项计0分）	专家组依据评分标准按A、B、C三个等级评价赋分
	1.4 思想政治工作	1.4.1 意识形态工作	· 加强宣传思想教育工作，提高舆论引导能力，牢牢掌握高校意识形态工作话语权 · 加强制度建设，建立健全意识形态工作体制机制，落实意识形态工作责任制 · 加强意识形态阵地建设，及时掌握和处置意识形态工作突发事件，抵御和防范意识形态渗透	专家组依据评分标准按A、B、C三个等级评价赋分

续表

一级指标	二级指标	三级指标	主要观测点及内涵说明	赋分标准
1.党的建设	1.4思想政治工作	1.4.2学生思想政治工作	·加强学生思想政治工作队伍建设 ·认真抓好学生思想政治理论课教学 ·认真做好学生日常思想政治教育工作 ·制定实施加强和改进高校思想政治工作的政策措施，切实加强对思想政治工作的组织领导 ·凝练和培育大学精神，建设优质校园文化，推进文化育人	专家组依据评分标准按A、B、C三个等级评价赋分
		1.4.3教职工思想政治工作	·认真贯彻中发〔2018〕4号文件和教师〔2020〕10号文件精神，深化新时代教师队伍建设 ·积极开展师德师风培育活动，完善师德建设长效机制 ·健全高等学校预防与处理学术不端行为的体制和机制 （◆对于出现学术不端或师德问题的，该项计0分）	专家组依据评分标准按A、B、C三个等级评价赋分
	1.5统战和群团工作	1.5.1统战工作	·成立统一战线工作领导小组，形成党委统一领导、统战部门牵头协调、有关方面各负其责的大统战工作格局 ·加强统战工作力量建设，设有专门部门、配备专职人员、开展专门培训，工作机制健全、制度完善、运行有效 ·夯实抵御渗透的责任，把握当前校园渗透的表现形式和主要特点，阻断渗透渠道，加强教育引导工作，建立健全抵御和防范校园渗透机制 ·完善党外知识分子思想引领和作用发挥机制，发挥高等学校在党外知识分子工作中的重要阵地作用，加强党外代表人士队伍建设 ·建立健全统一战线领域防范化解风险隐患工作机制，有效维护校园安全稳定 （◆对抵御和防范校园渗透工作发现不及时、处置不得当、造成恶劣影响的，该项计0分）	专家组依据评分标准按A、B、C三个等级评价赋分
		1.5.2群团工作	·群团工作组织健全、制度完善、管理规范 ·群团活动内容丰富、师生认可、作用明显 ·把群团建设纳入党建工作总体部署和学校党委巡查内容（校巡查办对下一级党组织）	专家组依据评分标准按A、B、C三个等级评价赋分

续表

一级指标	二级指标	三级指标	主要观测点及内涵说明	赋分标准
1.党的建设	1.6党建专项重点工作（1.推进学习贯彻习近平新时代中国特色社会主义思想主题教育；2.推进党纪学习教育；3.落实“强党建 优教育 育人才”专项行动重点任务）	1.6.1组织实施	·建立健全工作机制，制定实施方案，精心部署安排 ·一体推进理论学习、调查研究、推动发展、检视整改、建章立制 ·巩固拓展主题教育成果，建立健全以学铸魂、以学增智、以学正风、以学促干的长效机制	专家组依据评分标准按A、B、C三个等级评价赋分
		1.6.2组织实施	·落实领导责任，建立健全工作机制 ·制定工作方案，精心组织实施 ·坚持原原本本学习《中国共产党纪律处分条例》，加强警示教育，推动党纪学习教育走深走实	专家组依据评分标准按A、B、C三个等级评价赋分
		1.6.3任务落实	·纳入整体部署，统筹协调推进 ·推动重点任务贯彻落实，进展成效明显 ·推动党建工作与学校事业发展深度融合，以高质量党建引领高质量发展	专家组依据评分标准按A、B、C三个等级评价赋分
2.内部治理	2.1办学方略	2.1.1办学定位	·学校办学定位的确定（修订）依据科学合理 ·比较优势、办学特色等在学校事业发展规划中的体现	专家组依据评分标准按A、B、C三个等级评价赋分
		2.1.2规模控制	·学校总体办学规模控制成效 ·研究生占全日制在校生比例 ·学术型研究生与专业学位研究生比例	专家组依据评分标准按A、B、C三个等级评价赋分
		2.1.3结构布局	·适应战略性新兴产业、传统产业转型升级、现代服务业发展需求，根据经济社会发展需要，结合学校办学定位和特色，主动优化学科与专业结构布局	专家组依据评分标准按A、B、C三个等级评价赋分
	2.2治理体系	2.2.1制度保障	·学校章程、规章制度的制定与执行情况	专家组依据评分标准按A、B、C三个等级评价赋分

续表

一级指标	二级指标	三级指标	主要观测点及内涵说明	赋分标准
2. 内部治理	2.2 治理体系	2.2.2 运行机制	· 形成完善的党委领导、校长负责、教授治学、民主管理、社会参与的内部治理结构 · 构建决策权、执行权和监督权既相互制约又相互协调的运行机制	专家组依据评分标准按A、B、C三个等级评价赋分
		2.2.3 监督机制	· 发挥教职工代表大会作用，保障教职工参与学校民主管理和监督 · 认真贯彻落实教育部《高等学校信息公开办法》	专家组依据评分标准按A、B、C三个等级评价赋分
	2.3 安全稳定	2.3.1 校园安全	· 健全、完善、落实校园安全管理各项规章制度 · 开展安全教育，加强投入保证，落实安防措施，编制应急预案，定期组织演练，排查整治隐患，确保师生生命财产安全，维护校园安全稳定	专家组依据评分标准按A、B、C三个等级评价赋分
		2.3.2 稳定工作	· 学校政治稳定，不发生危害国家安全和稳定的政治事件 · 有效防范校内暴力恐怖事件、重大群体性事件、恶性刑事案件 · 有效化解信访积案，不发生大规模聚集、不发生涉访个人极端行为、不发生因信访问题引发的负面炒作	专家组依据评分标准按A、B、C三个等级评价赋分
3. 办学经费	3.1 财务状况	3.1.1 决算执行情况	· 决算支出执行率（n）	（n/最高值）×100%
		3.1.2 负债情况	· 资产负债率（n1） · 负债化债率（n2）	（最低值/n1）×50%+（n2/最高值）×50% 其中，n2无负债赋值为满分，n2为负值直接赋值0分
	3.2 经费来源	3.2.1 自筹经费收入	· 自筹经费收入占比（n）	（n/最高值）×100%
		3.2.2 自筹经费增长	· 自筹经费年增长率（n）	（n/最高值）×100%

续表

一级指标	二级指标	三级指标	主要观测点及内涵说明	赋分标准
3.办学经费	3.3经费支出	3.3.1教育事业支出	·教育事业支出占比（n1） ·教育事业支出年增长率（n2）	（n1/最高值1）×50%+（n2/最高值2）×50%
		3.3.2科研事业支出	·科研事业支出占比（n1） ·科研事业支出年增长率（n2）	（n1/最高值1）×50%+（n2/最高值2）×50%
		3.3.3工资福利支出	工资福利支出占比（n）	（最低值/n）×100%
		3.3.4自筹资金教、科研投入	·自筹资金教学、科研投入占比（n）	（n/最高值）×100%
		3.3.5计提学生资助经费	计提学生资助经费占比（n1） 计提学生资助经费支出占比（n2）	n1≥5%计满分，否则计0分 n2=100%计满分，否则计0份
4.附加分（10分）	4.1加分项	4.1.1荣誉加分	·受到党中央、国务院综合性表彰奖励 ·受到教育部和省委、省政府（含教育厅）综合性表彰奖励 （◆受到党中央、国务院综合性表彰奖励，每次加10分；◆受到教育部和省委、省政府（含教育厅）综合性表彰奖励，每次加5分）	◆受到党中央、国务院综合性表彰奖励，每次加10分 ◆受到教育部和省委、省政府（含教育厅）综合性表彰奖励，每次加5分
		4.1.2创新加分	·在办学中取得重大创新突破、产生显著办学效益或较大社会影响 （◆在办学中取得重大创新突破、产生显著办学效益或较大社会影响，每项加5分）	◆在办学中取得重大创新突破、产生显著办学效益或较大社会影响，每项加5分

续表

一级指标	二级指标	三级指标	主要观测点及内涵说明	赋分标准
4.附加分（10分）	4.1加分项	4.1.3重点工作加分	·大学生征兵工作机制健全，激励政策制度完善，完成指标任务 （◆本校网上应征报名人数和预征人数达标，加1分；◆本校征集指导任务达标，加4分）	◆本校网上应征报名人数和预征人数达标，加1分 ◆本校征集指导任务达标，加4分
	4.2减分项	4.2.1通报批评减分	·受到党中央、国务院通报批评 ·受到教育部和省委、省政府（含教育厅）通报批评 （◆受到党中央、国务院通报批评，每次减10分；◆受到教育部和省委、省政府（含教育厅）通报批评，每次减5分）	◆受到党中央、国务院通报批评，每次减10分 ◆受到教育部和省委、省政府（含教育厅）通报批评，每次减5分
		4.2.2工作失误减分	·工作中出现重大安全事故、群体性上访等突发事件 ·工作出现重大失误造成严重后果或产生恶劣社会影响 （◆校内发生网络安全事故、交通事故、火灾、暴力伤害、自杀等伤亡事故的，以及不按规定报送事故信息的，每次减5分 ◆信访积案化解不力，发生进京上访、参与来省集体上访、敏感时段或敏感地点发生缠访闹访行为、存在暴力倾向造成人员伤亡，以及因信访问题引发负面炒作的，每次减5分）	◆校内发生网络安全事故、交通事故、火灾、暴力伤害、自杀等伤亡事故的，以及不按规定报送事故信息的，每次减5分 ◆信访积案化解不力，发生进京上访、参与来省集体上访、敏感时段或敏感地点发生缠访闹访行为、存在暴力倾向造成人员伤亡，以及因信访问题引发负面炒作的，每次减5分

续表

一级指标	二级指标	三级指标	主要观测点及内涵说明	赋分标准
4.附加分（10分）	4.2减分项	4.2.3重点工作减分	·大学生征兵工作任务未达标 ·受到廉洁征兵问题通报批评 （◆本校网上应征报名人数和预征兵人数未达标，减1分；◆受到廉洁征兵问题通报批评，减1分；◆本校征集指导任务未达标，减3分）	◆本校网上应征报名人数和预征兵人数未达标，减1分 ◆受到廉洁征兵问题通报批评，减1分 ◆本校征集指导任务未达标，减3分

资料来源：关于开展2024年辽宁省高校绩效管理考核工作的通知，https://www.syuct.edu.cn/zjb/info/1064/1268.htm.。

针对辽宁省普通本科公立高校的绩效管理考核（办学水平指标）如表3-5所示，办学水平指标被划分为六大维度，包括人才培养、学术研究、师资队伍、社会服务以及就业创业、社会声誉。其中人才培养被细化为专业建设、教学研究与成果、教学基地建设等六项指标；学术研究则被具化为学科建设、科研平台与团队等五项指标；师资队伍和社会服务则被细分为三项指标；就业创业及社会声誉的下属指标则仅有两项。

表3-5　　辽宁省普通本科高校绩效管理考核（办学水平指标）

一级指标	二级指标	三级指标	主要观测点	赋分标准
1.人才培养	1.1专业建设	1.1.1专业建设质量	·累计获批的国家级一流专业建设点数量（n1） ·累计获批的省级一流专业建设点数量（n2）	（n1/最高值1）×70%+（n2/最高值2）×30% 注：新增一个国家级，本层次加20%；新增一个省级，本层次加10%
		1.1.2专业认证	·累计通过国际化试点专业占比（n1） ·累计通过专业认证专业占比（n2）	（n1/最高值1）×20%+（n2/最高值2）×80%
	1.2教学研究与成果	1.2.1教学研究项目	·当年每百名教师主持省级及以上教育教学改革研究项目数（n1） ·当年新增国家级教育教学改革研究项目数（n2）	（n1/最高值1）×80%+（n2/最高值2）×20%
		1.2.2教学成果获奖	·近一届获批国家级教学成果奖数（n1） ·近一届每百名专任教师获批省级教学成果一等奖数（n2）	（n1/最高值1）×80%+（n2/最高值2）×20% 注：新增国家级特等奖，该项按100%计

续表

一级指标	二级指标	三级指标	主要观测点	赋分标准
1.人才培养	1.2教学研究与成果	1.2.3课程建设与共享	·近五年获批国家级一流本科课程和课程思政示范课程数（n1） ·近五年每百名专任教师获批省级一流本科课程和课程思政示范课程数（n2） ·当年辽宁省大学生在线学习跨校修读学分课程：建设课程和使用课程数（n3）	（n1/最高值1）×50%+（n2/最高值2）×30%+（n3/最高值3）×20% 注：新增一个n1，本层次加20%；新增一个n2，本层次加10%
		1.2.4教材建设成果	·“十三五”以来获批国家级优秀教材数（n1） ·“十三五”以来获批省级优秀教材数（n2）	（n1/最高值1）×80%+（n2/最高值2）×20%
	1.3教学基地建设	1.3.1实验教学中心和虚拟教研室	·累计获批国家级实验教学示范中心数（n1） ·累计获批省级实验教学示范中心数（n2） ·当年省级及以上实验教学示范中心接纳学生人数占比（n3） ·累计获批的国家级和省级虚拟教研室数（n4）	（n1/最高值1）×50%+（n2/最高值2）×30%+（n3/最高值3）×5%+（n4/最高值4）×15% 注：新增一个n1，本层次加40%；新增一个n2，本层次加10%
		1.3.2实践教学基地	·累计获批国家级校外实践教育基地数（n1） ·累计获批省级校外实践教育基地数数（n2） ·当年省级及以上校外实践教学基地接纳学生人数占比（n3）	（n1/最高值1）×60%+（n2/最高值2）×30%+（n3/最高值3）×10% 注：新增一个n1，本层次加40%；新增一个n2，本层次加10%
		1.3.3基础学科拔尖学生培养计划基地	·累计获批的基础学科拔尖学生培养计划2.0基地数量（n）	（n/最高值）×100%
	1.4国际交流	1.4.1中外合作办学规模	·在办的中外合作办学机构（项目）数（n1） ·在办的中外合作办学机构（项目）学历生占比（n2） ·与世界知名大学合作机构（项目）数（n3）	（n1/最高值1）×40%+（n2/最高值2）×40%+（n3/最高值3）×20%
		1.4.2留学生、港澳台学生规模	·国外留学生、港澳台侨学生中学历教育的人数占比（n1） ·国外留学生的国别数（n2）	（n1/最高值1）×80%+（n2/最高值2）×20%
		1.4.3学生交流规模	·当年学生交流人数占比（n）	（n/最高值）×100%

续表

一级指标	二级指标	三级指标	主要观测点	赋分标准
1.人才培养	1.5社会合作	1.5.1社会合作办学	·企事业单位合作办学在校生人数占比（n1） ·合作办学单位接收应届毕业生协议就业的人数比例（n2） ·在办的现代产业学院数（n3）	（n1/最高值1）×60%+（n2/最高值2）×20%+（n3/最高值3）×20%
		1.5.2校际联合培养	·累计获批辽宁省研究生联合培养示范基地的数量（n1） ·示范基地联合培养研究生占比（n2）	（n1/最高值1）×50%+（n2/最高值2）×50%
	1.6人才培养质量	1.6.1学位论文质量	·学士学位论文（设计）抽检合格率（n1） ·硕士学位论文抽检合格率（n2） ·硕士学位论文评审优良率（n3） ·博士学位论文抽检合格率（n4）	（n1/最高值1）×20%+（n2/最高值2）×30%+（n3/最高值3）×20%+（n4/最高值4）×30% 注：无博士、硕士的n1按100%计算；无博士的n2、n3分别按50%、30%计算
		1.6.2学生发表论文	·每百名本科生发表高水平论文平均值（n1） ·每百名硕士生发表高水平论文平均值（n2） ·每百名博士生发表高水平论文平均值（n3）	（n1/最高值1）×20%+（n2/最高值2）×40%+（n3/最高值3）×40% 注：无n2、n3的，n1按100%计算；无n3的，n1、n2按40%、60%计算
		1.6.3学科竞赛获奖	·每百名学生获得国家级学科竞赛奖励数（n1） ·每百名学生获得省级学科竞赛奖励数（n2）	（n1/最高值1）×80%+（n2/最高值2）×20%
		1.6.4学生授权专利	·每百名学生新获授权的专利数（n）	（n/最高值）×100%
		1.6.5学生体质达标率	·当年在校生体质测试优秀率（n1） ·当年在校生体质测试及格率（n2）	（n1/最高值1）×50%+（n2/最高值2）×50%
2.学术研究	2.1学科建设	2.1.1学位点情况	·博士学位授权点建设情况（n1） ·硕士学位授权点建设情况（n2） ·学士学位授权点建设情况（n3） ·专业学位研究生占比（n4）	◆（n1+n2+n3）+（n4/最高值）×100% 注：在学位授权点评估中，“不合格”每个点减20%；“基本合格”每个点减10%；新增一个n1层次加20%，新增一个n2层次加10%
		2.1.2学科建设水平	·省高校“双一流”建设项目所属学科年度绩效考核（优秀、良好等级的数量）(n1)	（n1/最高值）×100%

续表

一级指标	二级指标	三级指标	主要观测点	赋分标准
2.学术研究	2.2科研平台与团队	2.2.1科研平台	· 累计获批的国家级科研平台数（n1） · 累计获批的教育部科研平台数（n2） · 累计获批的其他省部级科研平台数（n3） · 当年新增（或减少）省级及以上科研平台数（n4）	[（2n1+n2+n3）/最高值]×50%+（n4/最高值）×50%
		2.2.2科研团队	· 累计获批的国家级科研团队数（n1） · 累计获批的教育部科研团队数（n2） · 累计获批的其他省部级科研团队数（n3） · 当年新增省级及以上科研团队数（n4）	（n1/最高值）×30%+（n2/最高值）×20%+（n3/最高值）×20%+（n4/最高值）×30%
	2.3科研经费	2.3.1纵向科研经费	· 当年纵向科研经费总额（n1） · 当年教师人均纵向科研经费（n2）	（n1/最高值1）×50%+（n2/最高值2）×50%
		2.3.2横向科研经费	· 当年横向科研经费总额（n1） · 当年教师人均横向科研经费（n2）	（n1/最高值1）×50%+（n2/最高值2）×50%
	2.4科研项目	2.4.1纵向科研项目数	· 当年国家级项目（课题）数（n1） · 当年省部级项目（课题）数（n2） · 当年教师人均省部级及以上科研项目（课题）数（n3）	（n1/最高值1）×50%+（n2/最高值2）×30%+（n3/最高值3）×20%
		2.4.2横向科研项目数	· 当年横向重点科研项目（课题）数（n1） · 当年教师人均重大横向科研项目（课题）数（n2）	（n1/最高值1）×50%+（n2/最高值2）×50%
	2.5科研成果	2.5.1高质量论文	· 当年教师发表高质量论文数（n1） · 当年每百名教师发表高质量论文数（n2）	（n1/最高值1）×50%+（n2/最高值）×50%
		2.5.2科研获奖	· 近五年获批的国家级科研成果奖数（n1） · 近五年获批的省部级科研成果奖数（n2） · 近五年每百名教师获批省部级及以上科研成果奖数（n3）	（n1/最高值1）×50%+（n2/最高值2）×20%+（n3/最高值3）×30% 注：新增国家自然科学奖、技术发明奖、科技进步奖、教育部社会科学研究成果奖一等奖按100%计

续表

一级指标	二级指标	三级指标	主要观测点	赋分标准
2.学术研究	2.5科研成果	2.5.3授权专利	·当年教师新获授权发明专利数（n1） ·当年每百名教师新获授权发明专利数（n2）	（n1/最高值1）×50%+（n2/最高值2）×50%
		2.5.4期刊建设质量	·在办期刊数量（n1） ·在办期刊收录情况（n2）	（n1/最高值1）×50%+（n2/最高值2）×50%
3.师资队伍	3.1数量和结构	3.1.1生师比	·生师比（n）	（最低值/n）×100% 注：n高于教育部限制招生标准的按0计算
		3.1.2人员结构比例	·专任教师占比（n）	（n/最高值）×100%
		3.1.3专任教师结构	·具有博士学位的专任教师占比（n1） ·全校受聘高级职称中的专任教师占比（n2）	（n1/最高值1）×50%+（n2/最高值2）×50%
		3.1.4双师队伍建设	·专任教师中的双师双能型教师占比（n1） ·企事业单位人员在学校兼职教师占比（n2） ·兼职教师年平均授课学时数（n3）	（n1/最高值1）×60%+（n2/最高值2）×20%+（n3/最高值3）×20%
		3.1.5教授为本科生授课	·当年教授为本科生授课的人数比例（n1） ·当年教授为本科生授课的平均学时（n2）	（n1/最高值1）×50%+（n2/最高值2）×50%
	3.2培训与交流	3.2.1教师进修研修	·当年专任教师参加进修、研修的人数占比（n1） ·当年专任教师进修、研修的平均投入资金（n2）	（n1/最高值1）×50%+（n2/最高值2）×50%
		3.2.2国（境）外专家聘请	·聘请国（境）外专家到校工作人数（n）	（n/最高值）×100%
		3.2.3教师实践培训	·当年专任教师参加企、事业单位培训的人数占比 ·当年专任教师企、事业单位培训的平均投入资金	（n1/最高值1）×50%+（n2/最高值2）×50%

续表

一级指标	二级指标	三级指标	主要观测点	赋分标准
3.师资队伍	3.3层次与水平	3.3.1高端人才	·第一层次高端人才数（n1） ·第二层次高端人才数（n2）	（n1/最高值1）×80%+（n2/最高值2）×20% 注：新增一个n1，本层次加30%（新增院士按100%计）；新增一个n2，本层次加10%
		3.3.2优秀师资	·每百名教师中优秀师资人数（n1） ·优秀青年教师占比（n2）	（n1/最高值1）×50%+（n2/最高值2）×50%
		3.3.3优秀教学团队	·近五年获批的教育部优秀教学团队数（n1） ·近五年获批的教育厅优秀教学团队数（n2）	（n1/最高值1）×70%+（n2/最高值2）×30%
4.社会服务	4.1协同创新	4.1.1协同创新中心	·累计获批国家级协同创新中心数（n1） ·累计获批省部共建协同创新中心数（n2） ·协同创新中心年度绩效评估结果（n3）	（n1/最高值1）×60%+（n2/最高值2）×20%+（n3/最高值3）×20%
		4.1.2校企、校地研究院	·高校-城市研究院、高校-企业研究院数（n1） ·当年合作研究院科研经费投入总额（n2）	（n1/最高值1）×30%+（n2/最高值2）×70%
	4.2科技成果转化	4.2.1成果转化总数	·当年科技成果转化总数（n1） ·当年每百名教师科技成果转化数（n2）	（n1/最高值1）×40%+（n2/最高值2）×60%
		4.2.2成果转化总收入	·当年成果转化的资金总收入（n1） ·当年成果转化的平均收益（n2）	（n1/最高值1）×50%+（n2/最高值2）×50%
		4.2.3发明专利转化	·累计发明专利转化总数（n1） ·当年发明专利转化率（n2）	（n1/最高值1）×50%+（n2/最高值2）×50%
		4.2.4成果省内转化	·当年成果省内转化率（n1） ·当年成果省内转化资金收入（n2）	（n1/最高值1）×50%+（n2/最高值2）×50%
		4.2.5成果转化服务平台	·累计获批的国家级技术转移服务机构数（n1） ·累计获批的教育部技术转移服务机构数（n2） ·累计获批的省级技术转移服务机构数（n3） ·当年新增（或减少）省级及以上技术转移服务机构数（n4）	[（2n1+n2+n3）/最高值1]×60%+（n4/最高值2）×40%

续表

一级指标	二级指标	三级指标	主要观测点	赋分标准
4.社会服务	4.3社会事业服务	4.3.1决策服务	·研究成果被国家级、省部级、地市级党委和政府决策采纳数（n）	（n/最高值）×100%
		4.3.2特色与贡献	学校提供围绕自身办学特色，在社会服务方面（包括但不限于以下方面内容）的重要贡献和典型案例（限报一项）：（1）发挥智库作用，为制定政策法规、发展规划、行业标准提供咨询建议并获得采纳；（2）举办重要学术会议，引领学术发展；（3）弘扬优秀文化，促进社会主义精神文明建设和人类文明发展；（4）推进科学普及，承担社会公共服务；（5）组织承办重大赛事，引领体育、卫生、艺术事业发展；（6）助力辽宁全面振兴新突破三年行动的贡献度内容，学校着重阐述针对性强的举措与成果	由专家组按A、B、C三个等级进行定性评价
5.就业创业	5.1毕业生就业	5.1.1本科生就业	·本科生初次毕业去向落实率（n1） ·本科生单位就业率（n2）	（n1/最高值1）×60%+（n2/最高值2）×40%
		5.1.2研究生就业	·研究生初次毕业去向落实率（n1） ·研究生单位就业率（n2）	（n1/最高值1）×40%+（n2/最高值2）×60%
	5.2创新创业	5.2.1创新创业基地	·累计获批国家级大学生创新创业基地和创新创业学院数（n1） ·累计获批省级大学生创新创业基地和创新创业学院数（n2） ·当年创业基地扶持项目数（n3）	（n1/最高值1）×60%+（n2/最高值2）×10%+（n3/最高值3）×30% 注：新增一个n1层次按100%计算
		5.2.2创新创业活动	·每百名学生获得国家级创新创业类竞赛获奖数（n1） ·每百名学生获得省级创新创业类竞赛获奖数（n2）	（n1/最高值1）×80%+（n2/最高值2）×20%
		5.2.3创新创业成果	·扶持在校生及毕业3年内学生自主创业数（n）	（n/最高值）×100%
6.社会声誉	6.1社会认可度	6.1.1本科新生录取情况	·本科新生录取率（n1） ·本科新生报到率（n2） ·本科新生录取平均分（n3）	（n1/最高值1）×25%+（n2/最高值2）×25%+（n3/最高值3）×50%
		6.1.2社会捐赠情况	·当年接受社会捐赠次数（n1） ·当年接受捐赠的资金总额（n2） ·当年接受社会捐赠的平均值（n3）	（n1/最高值1）×20%+（n2/最高值2）×50%+（n3/最高值3）×30%
	6.2社会满意度	6.2.1用人单位满意度	·通过电话、手机短信、实地走访等方式开展问卷调查	按权重系数，直接计算得分

续表

一级指标	二级指标	三级指标	主要观测点	赋分标准
6.社会声誉	6.2社会满意度	6.2.2在校生满意度	·通过电话、手机短信、实地走访等方式开展问卷调查	按权重系数，直接计算得分
		6.2.3毕业生满意度	·通过电话、手机短信、实地走访等方式开展问卷调查	按权重系数，直接计算得分
		6.2.4教职工满意度	·通过电话、手机短信、实地走访等方式开展问卷调查	按权重系数，直接计算得分

资料来源：关于开展2024年辽宁省高校绩效管理考核工作的通知：https://www.syuct.edu.cn/zjb/info/1064/1268.htm.。

（四）明晰绩效管理流程

辽宁省高校绩效管理年度考核以年为考核周期。年度考核期内，绩效办对各公立高校办学情况进行动态监测、检查督导和早期预警，年终组织对公立高校绩效考核。年终考核时间从次年1月开始至次年上半年结束。

绩效办负责委托第三方评价机构对公立高校社会满意度进行问卷调查，同时采集核验公立高校相关数据和佐证材料，并组织在全省公立高校范围内公示一周，无议后，与问卷调查结果一并交由考评委员会。

考评委员会依照绩效管理办法的相关规定，对各公立高校年度绩效进行客观公正的考核评分，并将初步考核结果和考评报告提交绩效办。对数据虚报、填报不实的公立高校，一经查实，年度绩效奖励资金分配资格将会被取消，责令公立高校主要领导必须作出书面检查，并在全省进行通报。

绩效办将初步考核结果反馈给各公立高校，公立高校对初步考核结果有异议的，可在5个工作日内，向绩效办书面提出复核申请，由绩效办提出复核意见，并报请领导小组终审裁定考核结果。绩效办依据有关规定提出公立高校绩效考核结果使用的工作建议，报请领导小组审定实施。考核结果在全省公立高校范围内公布。

（五）科学计算绩效考核结果

辽宁省高校绩效管理考核以综合考核和专项考核两种方式进行。综合考核是应用完整的考核指标体系对高校办学的全面考核。专项考核是在完整的考核指标体系中抽取部分考核指标（根据实际需要也可适当增加新指标），就高校办学的某一方面（如学科、专业、科研等）进行的专门化的考核。

绩效综合考核结果由绩效指标考核分E（Evaluation）、自身比较进步分V（Vertical）、校际比较进步分H（Horizontal）三部分组成（考核起始年度，绩效综合考核结果只按E值计算）。公式如下（以某高校为例）：

E=管理能力考核分（E_A）+办学水平考核分（E_B）

V=E某校本年度－E某校上年度

H=［Emax（上年度同型院校）－E某校上年度］－［Emax（本年度同型院校）－E某校本年度］

其中，当该校E值为同型院校年度最高值时，校际比较进步分（H）按如下公式计算：

H=［E某校本年度－E第二位（本年度同型院校）］－［E某校上年度－E第二位（上年度同型院校）］或

H=［E某校本年度－E第二位（本年度同型院校）］－［E某校上年度－E max（上年度同型院校）］

（六）强化绩效结果应用

辽宁省高校年度绩效考核结果作为省政府相关部门对高校办学规模核定、计划安排、专业调整、经费投入、项目支持、资源配置等决策的重要依据。市属高校年度绩效考核结果则由省教育厅通报有关市政府。

辽宁省财政厅通过实施绩效管理、分类考核，调整优化高校财政投入的分配结构，盘活资金存量，制定差异化拨款机制，引导高校提高供给质量，强化创新驱动，促进分类发展，提升办学成效。每年统筹一定额度资金，分别用于本、专科高校年度绩效奖励，依据年度绩效考核评价结果核定各高校下一年度绩效奖励资金规模，奖励资金分配办法如下：

每年分别将本、专科高校年度绩效奖励资金的25%作为全省高校自身进步奖补资金，按文科为主、理科为主、单科分别安排，只在同类院校中分配；

每年分别将本、专科高校年度绩效奖励资金的25%作为全省高校校际比较奖补资金，按研究型、研究应用型、应用型（专科高校按国家级示范院校、省级示范院校、一般高职院校）分别安排，只在同型院校中分配；

每年分别将本、专科高校年度绩效奖励资金的50%作为全省高校指标考核奖补资金，按不同的类和型分别安排，只在同类、同型院校中分配。

辽宁省将公立高校绩效管理的考核结果应用与绩效考核计划的制订联系起来，通过绩效考核的结果调整公立高校办学方向的定位，从而形成良性循环。

三、取得的成效

辽宁省高校绩效管理改革打破了制度障碍，引导高校以提高人才培养质量为核心，主动适应辽宁省经济社会发展对人才和科技的需求，优化学科专业结构，加强内涵建设，提升高校在服务辽宁新一轮振兴中的能力和贡献度。通过绩效管理，加快了辽宁省高等教育管理体制和管理能力的改革速度，高校人才培养模式得到创新，科研水平得到提高，同时对高校科技成果的转化起到了积极的影响。

四、特色及不足

整体而言，辽宁省高校绩效管理主要以关注办学绩效为主，其分类管理、分类指导与分类考核，强化绩效监控，注重考核的纵横对比等做法值得借鉴。但是辽宁省高校绩效管理对投入产出效率方面关注还不够，高等教育支出效益无法在绩效评价中得以体现。管理能力考核指标虽然涵盖层面较为全面，但并未与高校绩效管理考核的特殊性形成高度相关性，高校内部治理质量的考核也并未受到应有的重视和保障。另外，绩效考核指标针对性还有待进一步加强，绩效考核周期还需根据指标特征进一步优化。

第四章
高等教育学校支出绩效管理的国际经验借鉴与启示

内容提要

20 世纪 80 年代以来，随着新公共管理理论的盛行和高等教育成本的不断攀升，社会公众对高等教育效率和质量问责的呼声越来越高。各国逐步建立起高等教育质量保障和评估体系，以鼓励高校有效利用教育资源，提高教学质量，回应社会公众需求。

本章从高校预算绩效管理主体、对象、指标、过程、结果应用等方面，对美国、英国、澳大利亚和日本等国家高校预算绩效管理开展研究，以资借鉴。

▶ 第一节　美国高校支出绩效管理实践

美国公立高等教育的管理权在州政府，由州政府提供公立高等教育基本经费，对公立高等教育学校实施直接管理，州与地方政府的财政投入约占公立高等教育学校经费来源的2/3。而美国联邦政府主要通过宏观政策和法案的制定对公立高等教育学校进行调控和干预，提供的经费主要用于补给公立高校经费不足，联邦政府的财政拨款约占公立高等教育学校经费来源的1/3。总体来看，对于美国公立高等教育学校来说，最主要的经费来源依然是政府财政拨款。

在这种情况下，州政府成为美国对公立高等教育学校进行预算绩效管理的主体。州高等教育绩效评价也成为美国政府对公立高等教育学校开展预算绩效管理最主要的方法。美国州高等教育绩效评价由州高等教育委员会（或类似的高等教育协调机构）按照州政府制定的教育政策目标和院校考核绩效指标开展，采用定量和定性的评价方法，对州内公立高等教育学校实现州政府确定的教育政策目标、学校教育成果以及学校社会效益等方面进行评价，在对各高等院校绩效评价结果比较之后，将评价结果与州政府教育经费拨款挂钩，以促进学校提高教育质量及社会服务效益。美国高等教育学校的绩效评价信息向社会全面公开①。

作为美国最早实施公立高等教育学校绩效评价的州，也是实施这一政策最为成功的一个州，美国田纳西州于1979年在州高等教育委员会的推动下，率先试点高等教育学校绩效评价，并取得了不俗的成绩。

1979年，田纳西州高等教育学校绩效评价正式启动，并将“绩效”这一因子引入等高等教育拨款之中，改变了以往主要以注册学生人数为依据的拨款方式。具体来说，就是由田纳西州高等教育委员会设定一系列共性的评价指标，据此对本州的公立高校进行绩效评价，表现好的高校可获得额外的预算经费。这一政策主要是为了激励高校在实现各自使命的同时，提高教学质量和学生的学习成效。该项政策既是一种激励方式，对绩效表现较好的高校进行奖励，同时也是一种评估方法，用来衡量公立高校绩效改革推进情况。

---

① Performance-Base dFunding of Higher Education，https：//www.americanprogress.org/article/performance-based-funding-of-higher-education/.

一、评价主体

美国田纳西州的公立高等教育分为两大系统，即田纳西大学系统（University of Tennessee）和州立大学、社区学院及技术中心（Technology Center）系统，前者由田纳西大学董事会（University of Tennessee Board of Trustees）管理，后者由田纳西理事会（Tennessee Board of Regents）管理。田纳西州高等教育委员会（Tennessee Higher Education Commission，THEC）作为这两大系统和州政府之间的协调者，是州高校绩效管理的组织实施者，该机构创建于1967年，是一个具有协调作用的组织，主要承担有关规划、控制和提出建议等方面的职责，包括学校的预算和课程的协调。一方面，田纳西州高等教育委员会是高等教育的代言人，在与政府协商沟通时反映大学的呼声；另一方面，又是政府的助手，帮助政府通过适当形式将改革要求传递给高等学校。田纳西州高等教育委员会的这一角色有利于在保证高校办学自主权的同时，确保政府拨款的有效利用，促使高校恰当地履行其职责。

具体来说，田纳西州高等教育委员会以政府的政策目标为导向，与政府部门和高校共同制定绩效评价指标、权重、标准等，以高校提供的自评价及其相关数据为基础，同时利用全国或专业组织统一的测验（如CCTST，CAAP）结果或调查结果（如NSSE），对高校的绩效表现进行评价，完成本州的高等教育报告，并向立法机构和公众提供问责报告。

田纳西州高等教育委员会下设咨询委员会（Advisory Committee）和计分委员会（Scoring Sub Committee）。其中，咨询委员会负责制定绩效评价标准和经费资助额度，成员共16人，主要由公立高校（包括大学和社区学院）主管学术事务的副校长或教务长，以及田纳西州理事会的工作人员组成，具体包括2名校长、11名副校长、2名院长和1名副教务长。计分委员会负责制定计分标准和评价机制，成员共6人，主要由来自各高校负责院校研究与院校发展规划、主管学术事务的副校长或者主任组成。

二、评价标准及指标

自实施以来，田纳西州高校绩效评价已经开展了近10期（含试评期），5年为一个评估周期（除1997—2000年小周期外），每个周期的计划、标准得分提案等都由高等教育委员会、州大学和学院共同制定。在每一个5年周期结束之后，为了使指标更具有时代性和可操作性，更好地指导下一个周期的评价活动，绩效评价指标体系都会重新修订，对评价指标的内容、数量、权重、评价标准等进行修订。因此，田纳西州绩效拨款每一周期的评估指标体系与上一个周期相比都有不同之处，而这些变化也体现着高等教育绩效改革的新动向。

总体来看，经过40多年的发展，美国田纳西州高校绩效评价指标体系大致经历了初探期、发展期、成熟期、变革期四个阶段（见表4–1）。

（一）初探期（1978—1987年）

1.1978—1982年：第一轮绩效评价

在这一时期，田纳西州高校绩效评价指标体系主要包括：通识教育、专业教育、专业认证、学生满意度、质量提升举措五个核心指标，其中通识教育和专业教育主要考核学生的综合能力，通过对毕业生的学习成果抽样检查进行评估，并以全国性评分为基础进行评价；专业认证①被称作促进高校发展最有效的标准，评分基础为高校合格专业的百分比，专业认证指标也成为后来历次评估体系的核心指标；学生满意度主要针对学生、校友、教师、雇主的满意度调查，各高校都很看重雇主对学校专业质量的满意程度，得到的反馈越具体越有助于帮助学校出台提升教学质量的措施。同时，由于调查时间短、效果好、易操作，获得了广泛认可；质量提升措施主要用于督促各高校根据评价结果有针对性地采取措施解决问题、完善教学与管理。

田纳西州评价指标侧重以量化的数据为基础，评价主要由第三方专业评估机构完成，结果相对客观，可比较性强，区分度明显，能较好体现高校的产出与成果，同时，极大地减轻了州政府、高校、评价组织小组和各高校的评价负担。在这一时期，针对两年制与四年制的高校，采用的绩效评价指标体系完全一样。

2.1982—1987年：第二轮绩效评价

在进行第二轮绩效评价时，田纳西州高等教育委员会在总结首轮评价经验的基础上对绩效评价指标体系进行了修订。首先，强化绩效评价指标体系的针对性，分设了四年制高校和两年制高校绩效评价指标体系，两年制高校的绩效评价指标添加了就业情况，这一指标一直保留至今，且分值权重趋于稳定。其次，部分指标权重发生了明显的变化，例如专业教育指标权重由20分增至30分，通识教育指标权重由20分增至25分，专业认证指标的权重由20分增至25分，这一变化表明田纳西州政府对高校的专业教育质量提出了更高期望和要求，相应地，质量提升措施和学生满意度指标的权重由20%降到10%，说明针对高校的绩效评价更加注重利用既有的评价结果与量化考核。

---

① 各高校开设的所有授予证书或者学位的专业必须由高等教育委员会进行认证。

表4-1

田纳西州高校绩效评价指标体系变化一览表

周期 / 类别 / 指标	PBF1.0														PBF2.0					
	初探期				发展期						成熟期				变革期					
	1978—1982年		1982—1987年		1987—1992年		1992—1997年		1997—2000年		2000—2005年		2005—2010年		2010—2015年		2015—2020年		2020—2025年	
	四年制	两年制	四年制	两年制	四年制	两年制	四年制	两年制	四年制	两年制	四年制	两年制	四年制	两年制	四年制	两年制	四年制	两年制	四年制	两年制
1.通识教育测评	20	20	25		20	20	10	10	25	25	20	20	15	15	15	15	15	15	10	10
2.专业教育测评	20	20	30	30	30	30	10	10	15	15	15	15	10	10	15	15	15	15	15	15
3.专业认证	20	20	25	25	20	20	10	10	35	20	15	15	15	10	25	15	5	5	15	15
4.专业检查							10	10			10						20	10	20	10
5.满意度调查	20	20	10	10	15	15	10	10	10	10	10	10	10	10	10	10	10	10	10	10
6.硕士专业检查							10													
7.学生注册							10	10												
8.学生保持情况							10	10	5	5	5	5	15	15						
9.学生转学与交接											5		5							
10.院校战略规划							10	10	5	5	5	5	5	5						
11.州战略规划									5	5	5	5	10	10						
12.就业情况				25				10		15		15		10		10		10		10
13.学生公平性																			10	10
14.质量提升举措	20	20	10	10	15	15	10	10												
15.评估实施情况					10	10					10	10	15	15	10	10				

续表

指标 \ 类别 \ 周期	PBF1.0														PBF2.0					
	初探期				发展期						成熟期				变革期					
	1978—1982年		1982—1987年		1987—1992年		1992—1997年		1997—2000年		2000—2005年		2005—2010年		2010—2015年		2015—2020年		2020—2025年	
	四年制	两年制	四年制	两年制	四年制	两年制	四年制	两年制	四年制	两年制	四年制	两年制	四年制	两年制	四年制	两年制	四年制	两年制	四年制	两年制
16.学生入学及学业质量															25	25	25	25	20	20
17.成人学生学业进展																	10	10		
总分	100	100	100	100	110	110	100	100	100	100	100	100	100	100	100	100	100	100	100	100
指标数量	5	5	5	5	6	6	10	10	7	8	10	9	9	9	7	6	7	6	7	8

注：空白处表示未有该指标。

资料来源：Tennessee Higher Education Commission官网资料整理。

（二）发展期（1987—2000年）

1.1987—1992年：第三轮绩效评价

在第三轮评价周期中，通识教育、专业教育、专业认证、学生满意度4个核心指标依然保留，且占据较大权重。在这一时期中，田纳西州开始关注高校绩效管理工作的开展及绩效评价结果的应用，针对高校开展绩效管理及应用绩效评价结果的指标开始纳入评价指标体系，且平均分值超过10分，这一指标也多次出现在其后的绩效评价中。

2.1992—1997年：第四轮绩效评价

在第四轮评价周期中，针对高校的绩效评价指标由原来的6个扩大到10个，除了原有的通识教育、专业教育、专业认证、学生满意度、质量提升举措5个指标外，针对四年制高校还增加了专业检查、硕士专业检查、学生注册、学生保持情况、院校战略规划5个指标，针对两年制学院则增加了专业检查、学生注册、就业情况、院校战略规划5个指标。专业认证和专业检查这两项指标与美国高等教育的认证制相关。学校里未经认证的专业需要通过同行审议或学术审查的方式进行专业检查，最终通过认证的专业数量和通过检查的专业数量决定高校在该指标上的得分。两者互为补充，构成高校专业教育质量的保障基础。

与此同时，在高校绩效评价指标中增设“硕士专业检查”这一指标，意在体现对硕士研究生培养的重视，但在后期的评价中，由于与其他指标具有重复性，该指标未再出现。学生注册指标旨在鼓励高校招收少数族裔以及与国家战略目标相关的学生。学生保持情况主要评价学生是否能够顺利毕业，鼓励高校确保学生的毕业率和在校率。院校战略规划指标主要指各高校制定评估周期内的战略规划，并提出可供测量的目标来支持学校规划的完成，该指标旨在鼓励高校制定与支持中小学、公共服务、科研、资金筹集或其他与州总体规划相关的目标，以促进高校自主制定符合自身特色的目标，提高高校的参与意识和自我提高意识。

3.1997—2000年：第五轮绩效评价

在第五轮评价周期中，田纳西州高校绩效评价体系得到进一步发展和完善。

第一，通识教育、专业教育、专业认证的指标权重再一次扩大，政府对高校教育质量的重视越加增强；第二，由于专业检查指标主要基于标准化的测试，覆盖面小，不能涵盖所有重要信息，且测试的结果容易泛化，只是简单的通过或不通过，不能准确反映学生的真实水平与努力程度，评价结果不够真实可靠，在此轮绩效评价中被剔除；第三，硕士专业检查和学生注册指标由于和其他指标在具体内容上重合，也从评价指标中剔除；第四，新增“州战略计划”指标，该指标在后期评价中所占比重不断提升，说明田纳西州政府希望增强对高校的控制，强化高校对州教育规划的遵从度，体现了田纳西州政府对高校服务地方发展的期待更加强烈；第五，针对两年制学院学生就业指标的权重进一步提高，希望高校进一步关注并追踪毕业生的就业情况，了解市场需求，更新课程，促使高校与市场之间形成良性循环。

（三）成熟期（2000—2010年）

进入21世纪，田纳西州针对高校的绩效评价进一步完善，并逐步趋于稳定，这一时期高校绩效评价指标体系演变具有如下特点：

一是通识教育、专业教育、专业认证、专业检查、学生满意度5个指标被继续保留。通识教育主要是考核学生的综合能力，通过标准化的测试对本科生进行抽样检查，并与国家平均成绩进行比较，以保证高校通识教育的质量。专业教育是对毕业生的专业水平或者职业资格水平进行测试，将大学的测试成绩与州或全国的平均水平进行比较，以保证高校专业水平或职业培训质量。“专业认证”和“专业检查”两项指标是高等教育的达标性评估指标，经过多年努力，田纳西州各高校绝大部分专业都通过了“专业认证”，各校在该指标方面均已接近或达到满分，使需要进行“专业检查”的专业越来越少，因此，在2005—2010年的第七轮评价周期中，“专业认证”和“专业检查”两项指标合并为一项。

二是田纳西州高等教育委员会重新认识到绩效评价政策实施的重要性，将针对高校绩效工作开展及应用绩效评价结果的指标重新纳入评价指标体系，分值从10分增加到15分。

三是高校服务地方发展的指标权重越来越高，“州战略规划”指标由5分增至10分，反映出地方政府针对高等教育的管控力度不断增强。

四是指标体系紧跟国家教育改革步伐。2000—2010年，美国在全国范围内广泛推行学生在不同高校间自由转学改革，要求学生所修学分可被各所高校承认，因此新增了“学生转学与交接”指标。随着该转学制度的取消，该指标在2010年的评价中被剔除。

（四）变革期（2010年至今）

20世纪，美国因拥有世界上受教育程度最高的公民而获得政治经济快速发展，但2008年美国人口普查结果显示，美国25—34岁年轻人具有高等教育及以上学位的占比已经下降到42%，在发达国家中排名13位，并呈进一步下降态势。

在经济不景气和财政紧缩情况下，高校绩效管理被看成高等教育领域追求更高层次的透明度和责任感的关键举措。由此，在总结1978年后高校绩效评价（被称为高校绩效评价1.0）经验和教训的基础上，2010年，高校绩效管理再一次得到州政府的重视，高校绩效评价进入变革期，高校绩效评价2.0开始实施。与高校绩效评价1.0相比，田纳西州高校绩效评价2.0具有以下特点。

1.与高校基本经费拨款挂钩

田纳西州新的高校绩效评价改变了过去绩效评价结果仅作为预算奖励的模式，将绩效评价结果与高校基本拨款进行整合。把绩效评价作为高校基本拨款的一部分纳入预算编制，并通过立法的形式保证资金的稳定供给。

在高校绩效评价1.0中，田纳西州对高校绩效评价的奖励经费一般不超过基本拨款的5%。相比之下，绩效评价2.0的高校绩效拨款经费规模不断扩大，田纳西州80%的高等教育经费通过绩效评价的方式进行分配。部分州也实施同类政策，如爱荷华州60%的拨款根据入学人数、40%的经费通过高校绩效评价下拨；马萨诸塞州除去一定数量的预留经费，剩下经费中的50%通过绩效评价下拨；俄亥俄州综合大学经费的80%通过高校绩效评价下拨，社区学院拨款的50%通过高校绩效评价下拨。

2.促进高校招生的公平性

为提高弱势群体的入学可能性，田纳西州根据高等教育学校的特点和学生的背景，利用弱势群体入学绝对人数而非相对数来衡量各高校的绩效，如高等教育学校可通过招收低收入家庭的学生而获得额外经费，鼓励高校持续改进教育的公平性。

3.保持绩效评价与宏观高等教育政策取向一致性

在高校绩效评价政策制定过程中，田纳西州将国家战略、政府目标、高校使命和学科特点进行综合考虑，力求兼顾州高等教育政策和高校自身利益的统一，并将其融合到政策之中，使绩效管理能够最大限度被各方所接受，比如社区学院落实州政府政策优先发展领域——改善地方劳动力和经济状况的举措，会被赋予较高的评分权重，以激励高校与国家和地区政策保持一致。

4.统筹考虑阶段性成果

除最终实施结果，美国田纳西州针对高校的绩效评价还充分考虑中间形态的产出，奖励取得长期成就过程中的阶段性进步，例如学位获得过程中年度课程的完成。在2010—2015年评价周期中，指标体系增添了政府定向的“学生入学及学业质量”指标，允许每个学校从指定的11个指标中选择5个进行评价，使指标体系个性化程度大为提高，同时也提升了指标的针对性。

随着美国各州开始实施高校绩效评价2.0，作为最早实施公立高等教育绩效管理的州，田纳西州依然走在新一轮高校绩效改革的前列。2010年6月26日，田纳西州长Phil Bredesen签署《田纳西完整大学法案》，要求田纳西高等教育委员会对全州范围内公共高等教育发展进行总体规划，规划需考虑高等教育利益相关者的投入，增加学位获得，改善经济和劳动力发展，通过使命的差异化促进高校合作。在财政资助方面要求田纳西高等教育委员会拟定系列政策、指导方针和财政拨款计算公式，促进高校公平合理享有财政资金，将基于绩效的拨款制度作为大学一揽子改革计划中的重要组成部分，构建基于绩效评价结果的拨款制度，即州高等教育总资金的80%根据绩效评价结果分配。随着高校绩效评价2.0的到来，田纳西州高校绩效评价指标体系也随之出现了根本性改变。

在2010—2015年第八轮评价周期中，田纳西州绩效评价指标具有如下突出特点：①通识教育、专业教育、专业认证、专业检查、学生满意度5项核心指标被保留，体现了政府和高校对专业质量的关注和控制，强调学生培养质量，并以全国平均水平为标杆，引导高校开展横向比较，增强发展活力。学生满意度成为绩效评价权重固定的常规化指标，反映高校以学生为中心的管理理念。②学生保持情况指标被学生入学及学业质量指标替代。新添“学生入学及学业质量”指标，要求各高校在规定范围内选择五类亚群体学生并提高他们的入学率、保持率和毕业率，其考核方式为学生获得的学分以及获得学位的时间，重点在于帮助更多学生顺利获得学位，以保证田纳西州达到全国学位授予平均水平。与州高等教育规划相匹配的绩效指标体系，在一定程度上成为保证州教育战略目标实现，激励高校关注学位授予水平的“调节器”。③由于在政策制定过程中已将国家战略、政府目标、高校使命和学科特点进行综合考虑，并将州政府层面的高等教育政策和高等教育学校利益相融合，已无需对高校战略规划和州战略规划进行单独评价，这两个指标被剔除。④将绩效评价结果与财政经费拨款紧密结合，同时还将其作为问责体系的一部分，服务于州政府的总体规划。

在2015—2020年第九轮评价周期中，田纳西州高校绩效评价指标体系得到进一步完善。一方面，评估执行情况指标在该周期被剔除。为督促高校针对发展目标开展绩效自评，使学校的预算绩效管理与绩效评价结果能够用于促进高校日常教育质量提升，评估执行情况指标在2000—2015年的三个周期中一直被保留。随着高等教育问责制的推行，以及美国“院校调查运动”的开展，美国高校内部自评价的文化已逐步形成，作为保证高校绩效管理质量提升的辅助性指标——“评估执行情况”开始慢慢淡出绩效评价指标体系，并在2015年被取消。另一方面，成人学生的入学及学业质量成为新兴指标。成人学生入学及学业质量这一指标是在2015年新添的，目的在于促进田纳西州战略目标提出的实现中等教育完成率55%的目标，成人学生是完成该目标的重点关注群体。在田纳西州有90万接受过高等教育，但未能拿到学位或者资格证书的成年人，对于政府来说，这一潜在的巨大空间是实现州政府教育目标的核心要素。为帮助成人学生获得学位，州政府提出：高校要加强针对成人学生的教育服务，提高成人教育质量，改善成人教育的学习条件，通过定量和定性的方式对成人学生的保持率和毕业率进行评估。

2020年7月，美国田纳西州高等教育委员会公布2020—2025年第十轮评价周期绩效评价的标准《Tennessee Higher Education Commission（2020—2025 Quality Assurance Funding standards）》[①]，该标准对每个评价指标的含义、评价方式、打分方式作出详细规定。与2015—2020年相比，田纳西州2020—2025年评价指标增加了学生成绩公平性指标，删除了“成人学习者成功”指标，部分指标的权重也发生了变化。与上一轮绩效评价政策相比，田纳西州2020—2025年的绩效评价具有以下特点：

一是提高了与认证相关的权重。为反映专业计划认证的严肃性，与学术计划标准认证部分相关的指标权重从5分恢复性增长到15分。二是更加关注学生公平性，提高学生公平指标权重，以促进高等教育公平性的提升。在学生入学及学业质量指标中，评价可从低收入、非裔美国人或西班牙裔学生等三个指标中选择一个，以解决中学后教育程度和成功差距最大的人群问题。三是聚焦教育质量的提升，高校绩效评价的最终使命是提高高校向学生提供的教学和服务质量。因此，在评价与学生公平、学生入学及学业质量相关指标时，应根据毕业生占比而不是人数来计算。四是更加关注劳动力结构调整，即在评价过程中重点关注符合州高等教育规划的人群，比如科学技术人才和卫生专业人才培养情况（见表4-2）。

表4-2　田纳西州2015—2025年高校绩效评价指标变化

指标	社区学院		大学	
	2015—2020年	2020—2025年	2015—2020年	2020—2025年
1.通识教育	15	10	15	10
2.专业教育	15	15	15	15
3.认证与检查 ○专业认证 ○方案评估	15 5 10	25 15 10	25 5 20	35 15 20
4.满意度	10	10	10	10
5.学生成绩公平性	—	10	—	10
○成人学习者成功	10	—	10	—
6.就业率	10	10	—	—
7.学生入学及学业质量	25	20	25	20
总分	100	100	100	100

资料来源：Tennessee Higher Education Commission（2020—2025Quality Assurance Funding Standards）。

① 来源：https：//www.northeaststate.edu/uploadedFiles/Faculty_and_Staff/Office_of_Institutional_Effectiveness/THEC_2020-2025%20Quality%20Assurance%20Funding_Guidebook_Dec%207%202020.pdf.

总体来看，从1978年试点开始，田纳西州共开展了10期针对高校的绩效评价，其评价的重心随不同阶段社会环境及现实需求的变化而不断演化与推进。虽然该州绩效评价指标体系经历了数量上由简到繁，又由繁到简的过程，具体指标的权重也有所调整，但其总的导向基本稳定，即高度关注州政府高等教育战略规划的达成，绩效评价指标在内容上越来越重视高等教育的效果和学生的学习成果，强调高等教育的公平和质量①。同时高度关注利益相关方对高校教育管理的感受，通过满意度调查，全面系统了解学生、教师、校友及雇主对学校教育质量的评价。

三、评价过程

美国田纳西州高等教育绩效评价每5年为一周期，每周期开展绩效评价的计划性非常强。以2020—2025年绩效评价为例，田纳西州公立高校须在2020年做好未来5年整体发展和评价规划，此后每一年围绕其中某一项指标开展评价，同时为下一年的评价做好准备。例如，2020年初各高校开始拟定评估计划；2020年6月1日前，各高校提交本学年各学期（夏季、秋季和春季）申请毕业的所有本科生技能测试（CCTST）、计算机辅助测试（CAT）或ETS测试材料；2020年7月1日前向田纳西州高等教育委员会提交所有认证项目材料。2021年春开展学生满意度调查（NSSE/CSSE），提交定性分析报告；2022—2023学年进行校友满意度调查，2023—2024学年再次进行学生满意度调查（NSSE/CSSE）；2025年提交满意度综合研究报告。此外，每年8月提交年度自评价报告。

田纳西州高等教育委员会规定，各公立高校都须严格遵守这一日程安排。周密的评价日程安排有助于分散高校评价压力，使高校能够有条不紊地收集数据，提供可靠的评价材料②。

为确保绩效评价工作质量和评价结果的有效性，田纳西州高等教育委员会不仅制定了周密的评价进度表，还制定了严格的评审程序和评审规定，并对高校在参与绩效评价活动中的表现打分，评价结果占10%的权重。高校每年提交的自评价报告也需要接受同行的评价打分。

在每次评价开始前，田纳西州高等教育委员会需对由校长提名或从治理委员会

① 张松，张国栋，杜朝辉.美国田纳西州高等教育绩效评估体系的历史演变及启示［J］.清华大学教育研究，2014（3）：81-86.

② 王春春，张男星.美国公立高校绩效评价体系内容与特点分析——以田纳西州为例［J］.比较教育研究，2012（1）：23-27.

工作人员中挑选出现的评价人员进行培训，培训的目的是确保评价人员在评价过程中运用的标准一致。

四、评价结果应用

在美国，绩效评价结果是高校财政资金拨款的重要依据。田纳西州政府会和各个高校签订个性化的绩效合同，如果高校达到设定的绩效目标，则保证一定水平的财政拨款。田纳西州用于高等教育绩效拨款的资金，起初仅占州政府高等教育拨款总额的2%，1983年提高至5%，1987年增加至5.45%，此后保持相对稳定。在高校绩效评价2.0实施后，田纳西州80%的高等教育经费都通过绩效拨款的方式分配。与美国其他地方高校绩效拨款制度不同，田纳西州高校绩效拨款具有鲜明的特点：

（1）在拨款的额度上，将几乎全部公共高等教育经费的分配都纳入绩效拨款框架之下，完全摒弃了以入学人数作为财政资金分配基础的传统，以结果和质量作为高等教育拨款的主要依据，同时部分考虑维持和运转费用补偿，设备租赁成本补偿和设备更新补偿等既有因素。

田纳西州高等教育绩效拨款方案非常独特，高等教育委员会在向立法机关提交高等教育预算报告前，已经将绩效拨款及其他因素项目拨款纳入每一所高校的整体预算方案之中，使绩效拨款与州经济状况相对独立，也使高等教育经费免受地方经济影响，保持了相对稳定和独立。在20世纪80—90年代避免了其他很多州面临的预算问题，甚至在2001—2003财年田纳西州财政收入降低5.40%的情况下，州高等教育委员会依然成功地使高校绩效拨款提高了14.93%。

（2）在拨款公式的设计上，充分体现并融合了不同高校的特色与使命，州政府发展规划所关切的优先目标，以及对于成人教育和低收入学生的额外补偿，较好地兼顾了效率和公平。

（3）田纳西州高校绩效拨款过程具有很高的透明度。高校绩效评价的结果、绩效拨款的法律依据、绩效拨款的政策制定过程，绩效拨款的最终结果都在相关网站上公示。这种运行机制在保证公正性的同时，更重要的是促进高等教育学校持续进步，促进政府宏观调控目标实现。

此外，作为激励高校的重要手段，田纳西州还将高等教育财政资金拨款的一部分用于绩效奖励，高校可通过达到或超过某些目标来争取绩效奖励资金。

▶ 第二节 英国高校支出绩效管理实践

作为全球高等教育最发达的国家之一，英国在长期实践中逐渐探索出一套成熟的高等教育运行机制。随着英国各地政府对高等教育财政资金拨付的规模逐年加大，政府、支出机构、公众以及其他利益相关者对高等教育学校经费使用绩效的关注也日益增强。由此，英国逐步建立并完善了高校绩效管理与评价机制。

一、评价主体

英国政府通过成立相对独立的高校绩效评价专门组织，对高等教育学校的绩效开展评价。从工作实践来看，尽管英国高等教育统计局负责发布绩效评价体系并提供绩效评价所需信息，但从绩效评价指标体系的设计以及具体的绩效评价工作来看，都是由“英国绩效指标督导组”（Performance Indicator Steering Group，PISG）以及为其提供技术支持的下属组织“绩效指标技术组”（Performance Indicator Technical Group，PITG）负责的。

英国绩效指标督导组成立于1998年，是相对独立和自治的机构，起初的职责是为英国高等教育调查委员会提供建议，并为国家教育与就业局等类似机构拟定绩效评价指标和标准。目前，英国针对高等教育学校的绩效评价由英国绩效指标督导组负责实施，政府部门通过会议的方式参与绩效评价相关政策和技术议题的讨论，不干预绩效指标督导组的具体工作。

英国绩效指标督导组和绩效指标技术组的成员都具有多元化特征，主要来自政府部门（英国高等教育统计局、苏格兰政府、威尔士政府、威尔士高等教育局和英国商业创新与技能部）、基金委员会（英格兰高等教育拨款委员会、苏格兰拨款委员会、威尔士高等教育拨款委员会）和其他利益相关组织（全国大学生联合会、英国大学、威尔士大学、大学和学院招生服务中心）。

英国绩效指标督导组每年召开2—3次全体会议，确保高等教育学校预算绩效评价指标在政策层面和技术层面的可行性。为获得必要的技术支持，英国绩效指标督导组设立了专门的技术机构——绩效指标技术组。技术组每年至少召开两次全体会议，负责解决督导组在信息收集与数据分析过程中遇到的技术问题。以2015年为例，英国绩效指标督导组决定扩大高等教育学校预算绩效评价的适用范围，将继续教育机构纳入评价范围，技术组便积极推进与此相关的程序开发及信息整合工作。

在综合考虑高等教育学校涉及面广、变革频繁以及地区政策差异的基础上，英国绩效指标督导组对高校绩效评价指标的依据和目标、政策契合度、适用对象和使用方法进行全面审核。参与指标审核的人员来自高校及其他相关机构。在审核初期，由高校首先就指标体系的修订和扩展提出建议，此后通过以下流程开展：（1）对相关文献进行回顾；（2）与拨款机构及其他重要利益方进行访谈；（3）与高校代表进行深度访谈；（4）开展面向更多相关机构与个人的在线咨询；（5）审议小组针对修订后的指标体系进行讨论与投票表决。审核结束后，审核人员向督导组提交详细的审核报告，作为开展后续工作的参考。

二、评价指标

英国高校预算绩效评价指标体系主要由政府主导形成。早在1985年，英国政府就委托亚历克斯·贾勒特勋爵领导的“效率研究筹划委员会”对英国高等教育学校开展绩效评价。在绩效评价工作中，“效率研究筹划委员会”将绩效指标分为内部指标、外部指标和运行指标三部分，其中，内部指标主要反映高校的教学质量、师资队伍、科研成果和毕业生就业率等情况，外部指标主要反映高校的学科和专业设置适应社会的情况，运行指标主要反映高校内部的运行管理情况，包括单位成本、教职工的工作量、场馆设备的利用率等。

1986年，英国开始由大学校长委员会与大学拨款委员会拟定高校预算绩效评价指标体系。此时，英国开展高校预算绩效评价的目的转变为：为英国高等教育学校提供绩效评价的政策依据与信息来源，为同类高校进行比较提供可能，使高校能够通过评价结果了解自己的绩效水平，同时也便于公众对高校进行监督和问责。

英国大学校长委员会和大学拨款委员会认为，绩效指标应体现高校为达到目标而使用的资源，以及资源使用与取得成绩之间的关系，绩效指标应尽可能可测量。为此，英国大学校长委员会制定了绩效评价指标设计原则：（1）绩效指标应与高等教育学校的目标密切相关；（2）绩效指标应易于测量和比较；（3）绩效指标应简明扼要、通俗易懂；（4）绩效指标应易于理解、可信度较高；（5）绩效指标应能反映高等教育学校具体运作情况；（6）绩效指标应能系统全面反映高校的“投入—活动—产出”全过程。

根据这一原则，英国大学校长委员会和大学拨款委员会于1986年联合编制了英国第一套大学绩效评价指标体系，1990年对其进行了修订，随后颁布《大学绩效评价指标体系和财务管理健康指标》，这一指标体系沿用至1997年。

在英国高等教育结构从二元制变为一元制后[①]，原来的高等教育学校绩效指标体系已不再适应新的情况，在国家高等教育调查委员会（NCIHE）的推动下，英国于1998年提出，拨款机构应制定一套新的适合高等教育学校预算绩效管理的评价指标体系，在考虑高校多样性和社会需求多样性的前提下设定指标和标准值，并委任绩效指标督导组制定新的针对高校预算绩效管理的统一评价指标体系。

1999年12月，英格兰高等教育基金管理委员会（HEFCE）根据绩效指标督导组制定的指标体系，发布了第一套高校预算绩效评价指标体系，并随高校预算绩效评价范围的扩展逐年修订。

自2004年起，由英国高等教育统计局（HESA）负责发布高校预算绩效评价指标体系，该指标体系包括三个方面：投入指标、过程指标和产出指标，是比较典型的依据逻辑模型设计的预算绩效评价指标体系。该指标体系根据英国高等教育的实际情况，每年进行适当调整，但总体变化不大，保证了对高校预算绩效评价的连续性和稳定性（见表4–3）。

表4–3　　　　英国高校预算绩效评价指标体系

序号	指标名称	评价内容
1	入学指标（1）	不同类别高校学生占适龄人口的比例，特别是高校入学率长期偏低的地区和社会阶层
2	入学指标（2）	接受残疾补贴者的高校入学率
3	辍学指标	尚未毕业的学生放弃学业的比例
4	学习模块完成指标	高等教育学校非全日制学生的模块考试通过率
5	科研指标	从四个方面评价高等教育学校年度科研绩效
6	就业指标	学生离开高校院所之后的就业去向
7	资产指标	高校院所的资产管理、利用以及环保情况
8	财务指标	高校院所的财务收支、透明度及可持续性

资料来源：HESA，UK Performance Indicators，https：//www.hesa.ac.uk/data-and-analysis/performance-indicators。

① 英国高等教育的“二元制”是指在20世纪60年代末至1992年，由“自治”的大学和“公共控制”的非大学两部分构成的高等教育体制。1991年5月，议会和下议院颁布的《高等教育：一个新框架》建议废除二元制，建立一个单一的高等教育框架。1992年，议会通过了《继续教育和高等教育法》，建议成立“高等教育基金委员会”（HEFC）法人团体。这两个法案构成了英国高等教育体制结构变革的分水岭。最后，英国34所多科技术学院以及部分其他学院被改称为大学，一个统一的高等教育体制取代了运行20多年的二元制，实现了英国高等教育体制的新融合，从而完成了由二元制到一元制的变迁。这场变迁被称作“英国高等教育史上从未有过的结构改革”。

英国高校绩效评价指标涵盖了预算资金管理“投入—过程—产出”的全过程，即从学生资质与入学情况、就业去向、财务状况、校企合作、资产管理等方面对高校进行绩效评价，同时在各个一级指标下设置二级指标，并对二级指标进行定义和说明，以便客观判断高校预算支出使用效率和使用效果。

根据这些指标开展的绩效评价能够为高校提供可靠的信息，不仅可为同类高校之间进行横向比较提供基础，还可为政府及高校管理层提供包括资金分配在内的决策依据，有利于督促高校履行其公共责任。

总体而言，英国高等教育学校预算绩效评价指标体系具有以下几个方面的特征①。

（一）评价内容全面化

该指标体系以公共资金支持的高校为评价对象，全方位考察高等教育经费的使用效果。实施初期，指标包括入学情况、辍学情况、学习模块完成情况、科研情况以及就业情况。随着评价机制的完善，资产指标和财务指标也逐步纳入评价体系。

入学指标主要考察不同类别高校学生占适龄人口的比例；辍学指标考察尚未毕业的学生放弃学业的比例；学习模块完成指标考察高等教育学校非全日制学生的模块考试通过率；科研指标考察高校年度科研绩效；就业指标考察学生离开高校后的就业去向；资产指标考察高校的资产管理、利用以及环保情况；财务指标考察高校的财务收支、透明度及可持续性。

随着高校预算绩效评价的开展，上述评价视角也在不断扩展，以科研经费使用绩效为例，早期评价指标主要包含论文数量和发表层次等。但实践表明，片面强调数量和层次可能导致高校陷入“唯论文”论，忽视其他更为重要的教育质量指标。在2014年绩效评价指标审核中，英国绩效指标督导组以科研经费使用绩效（即弱化大学科研成果数量，强化科研产出成效，更加注重科研成果的影响力）指标取而代之。

（二）注重相对公平

在英国高等教育学校预算绩效评价指标体系中，每个一级指标均包含多个二级指标，甚至三级指标，以适应“分门别类”评价的需要，并在综合权衡的基础上确定每个指标的标准值。以入学指标为例，该指标不但计算大学在校学生占适龄人口的比例，而且重点考察以往入学率偏低的群体接受高等教育比例的变化情况。

在高校绩效评价指标颁布之初，就有舆论判断，这套指标体系可能会导致公众直接根据评价得分对高等教育学校进行排序。但事实上，不同高校之间存在的差异

① 刘恩峰，刘红梅.英国高教经费绩效评价机制研究［J］.高教探索，2016（4）：54-58.

是较为显著的，直接用绩效评价得分进行比较，缺乏合理性和科学性。为解决这一问题，英国主管部门规定，评价得出的绩效评价总分和各项指标得分仅作为参照依据，还应在所处区域、学生类型以及院校类型等分类基础上，对各项指标重新赋予权重，计算出各高校最终绩效评价总分及指标得分。亦即，一所高校最终的绩效评价得分是在与同类高校基准值进行比对调整后的分数，不仅可更加准确地反映高校在同类高校序列中的相对位置及发展状况，还可使绩效评价结果更加公平合理。

（三）关注可持续发展

绩效评价指标充分考虑了高等教育市场化、多样化、动态化发展趋势，在充分利用信息时代收集数据工作便利性和广泛性的基础上，本着可持续发展原则对指标体系进行完善。2013年相关部门提交的指标审核报告指出，包括地产股票及其使用、基础设施（含人员配备）利用、环境可持续性与碳排放、学生素养与学习成绩、威尔士语言准备（仅适用威尔士高等教育学校）、财务可持续性与行政效率、教学科研质量及学生实习情况等八项事宜应考虑纳入绩效评价范围。

上述高校绩效评价指标重点考察高校教学基础设施配备是否充足、教学科研场所是否充分利用、在运行过程中是否注意减少碳排放量、高等教育学校与产业部门的合作情况、在国家战略学科开展高质量教学的能力、教与学的可持续性、财务透明度以及高校实际运行成本等。

（四）坚持动态化调整

英国高校绩效评价体系遵循“信息透明—征求意见—全面审核—及时修订—自我完善”的原则进行设计，高等教育经费从分配到使用，再到绩效评价都体现出高度透明的特征。正是这样透明的做法使有关各方能够很容易地获取想要了解的数据和其他资料。对高校绩效及其评价指标体系感兴趣的机构和个人，均可通过多种途径传递其意见和建议。在此基础上，督导组会及时组织人员对绩效指标体系进行全面审核，参考审核报告对指标体系进行修订。

三、评价过程

英国高校绩效评价流程包括：收集绩效评价相关数据、评价高校绩效、发布绩效评价报告三个环节[①]。

① 高明.英国政府对高校的绩效管理及启示［J］.世界教育信息，2016（3）：23-27.

（一）收集绩效评价相关数据

英国高校预算绩效评价指标体系虽然包含多个指标，但主管部门在收集数据时遵循信息化和便利化原则，使高校能够迅速了解评价结果。英国高校预算绩效评价的数据收集由绩效指标督导组负责，为不增加绩效评估给高校带来的负担，绩效指标督导组主要从英国高等教育管理的相关机构收集数据。

2004年以前，绩效指标督导组从高等教育管理统计组（Higher Education Management Statistics Group，HEMS）提供的信息中抽取所需信息。自2004年开始，绩效指标督导组主要从英国高等教育的统计部门（HESA）获取相关数据，主要包括三个步骤：（1）高等教育统计局组织高等教育学校相关工作人员进行培训，提供电子教程，确保高校数据录入人员了解所使用的信息系统；（2）各高等教育学校负责数据录入的人员获取信息系统的登录授权；（3）在学年结束后按规定时间录入数据。由于各项指标的计算公式已经包含在信息系统内，在提交详细数据后，系统会自动生成各项指标值，并提供相应的参照基准值。通过与基准值的对比，各高校能够迅速、全面了解本校在同类高校中所处位置。

高等教育管理统计组每年都会发布有关高校预算绩效管理的统计数据，主要包括高校的财务状况、收支状况、科研状况、学生数量、入学率与毕业率等。这些数据为评价高校绩效提供了丰富信息。绩效指标督导组依据高等教育管理统计组发布的绩效评价指标，对数据进行筛选，开展绩效评价。

在收集数据的过程中，绩效指标督导组坚持以下原则：（1）绩效评价数据的收集必须依据高等教育管理统计组发布的绩效指标体系；（2）收集数据时应最大限度使用已有数据，如果需要在现有数据的基础上收集更为详尽的信息，必须提出充分的理由并测算所需成本；（3）在未根据高等院校的实际情况对数据进行修正之前，绩效指标督导组不能对高校的绩效作出判断。

（二）评价高校绩效

英国高等教育系统是由不同层次和不同类型的高校构成的复杂系统，各高校在学科和专业设置、科研水平、师资条件、学生入学要求，以及生源地区等方面都存在较大差异。绩效指标督导组通过设置基准值的方式对各高校的绩效进行评价。基准值是英国高校绩效评价的基准，可帮助各高校了解自身绩效在系统中所处位置，同时也决定两所高校的绩效是否具有可比性。基准值应具备以下特征：（1）与测量的绩效密切相关；（2）基准值在不同类型高校间差异显著；（3）基准值不受高校的控制和影响。

除此之外，英国在通用基准值基础上还设立了区域调整基准值（Locationadjusted Benchmarks），以测量不同的区域位置对高校入学率的影响。如果高校的绩效与区域调整基准值之间的差异为1%—2%，表明区域因素对入学率不产生影响；如果两者间的差异大于2%，表明高校的入学率受所处地区的影响较大。

在具体的使用过程中，“+”表示高校的绩效指标高于基准值，“-”表示高校的绩效指标低于基准值。如果是空格的话，表示高校的绩效指标与基准值的偏离程度在给定的波动范围内，或者与基准值的偏差不超过3%。

此外，在对比两所高校的绩效时，只有当两所高校的性质相似，才能对他们的绩效指标进行比较。如果两所高校采用的基准值不一样或差异较大，那么，绩效指标间的差异应归因于两所高校情况的不同，而不能得出两所高校绩效高低的结论。

（三）发布绩效评价报告

在对高校的绩效进行评价后，英国每年都会发布绩效评价报告。1999—2003年，由英国高等教育基金会发布绩效评价报告。从2004年至今，由英国高等教育统计局负责发布绩效评价报告。绩效评价报告主要包括三个部分：第一部分是绪论，介绍绩效指标的设置背景，以及对指标、基准值、标准差和各种表格的描述与说明；第二部分是正文，由表现英国各高等教育学校绩效评价指标的表格与数据组成，用以说明英国各高等教育学校的绩效情况；第三部分是附录，主要是对正文中涉及的概念、基准值、标准差的计算方法的解释和说明，以及对绩效评价指标、基准值的补充说明。

四、评价结果应用

在英国发布高校绩效评价指标体系之初，评价对象仅限于英格兰高等教育基金会、威尔士高等教育基金会和北爱尔兰就业与学习部拨款支持的高等教育学校。2000年，苏格兰高等教育基金会拨款支持的高校院所也被纳入评价范围。自此，英国高校预算绩效评价的范围涵盖了英国四大地区所有接受财政拨款的高校。目前，英国80%以上的高等教育学校采用预算绩效评价指标中的一个或多个指标作为制定发展战略和具体措施的依据。

英国高等教育统计局获取的所有数据均会提交给政府有关部门和基金委员会，为其提供决策参考。除高等教育学校，英国高等教育统计局的评价结果还被董事会、规划、注册以及财务管理人员、专项课题研究者、新闻媒体、银行、地方社团以及学生泛使用。上述统计数据可以免费在线查询，或通过出版书籍等形式公开发布。学术机构、商业部门及其他人员可以通过定制数据服务获取所需信息。

对公共管理部门而言，高校预算绩效评价结果从整体上反映了高校存在的意义与价值。管理部门通常结合其他测评、数据与信息反馈，作为对特定高校进行规制或扶持的依据，包括教学资金分配、学生支持措施等。

对媒体而言，高校绩效评价结果每年都会提供大量素材，例如，入学指标经常会引发媒体关于英国人口社会流动性的广泛报道，传统低入学率地区的学生很多来自弱势群体，并且在对学生有诸多资质要求的高校中所占比例显著偏低，公平与效率长期以来都是媒体关注的焦点。

对于高校本身而言，绩效数据的公开有利于同行及社会公众对高校的客观评价，影响其声誉，会促使高校实行整改。调查结果表明，高校在制定战略、分配资源以及颁布政策措施时，通常会直接或间接参考绩效评价结果及其与基准值的差距。在诸多指标之间，高校通常根据其发展理念、长期战略与短期目标来确定对哪些指标予以重点关注。

对学生而言，绩效评价结果可以帮助其了解高校特定学科和专业的发展概况及相对位置，并从媒体报道和公众问询中了解意向高校实行的专业教育与劳动力市场的对接情况。

▶ 第三节 澳大利亚高校支出绩效管理实践

澳大利亚高校预算绩效管理制度改革起始于20世纪70年代的高等教育质量保障工作，经过40余年的发展，已基本形成一套较为成熟的预算绩效管理体系。总体来看，以质量保障为核心的澳大利亚高校预算绩效管理工作大致经历了四个历史阶段①。

第一阶段从20世纪70年代到80年代，是澳大利亚高校预算绩效管理的起步阶段。在这一时期，联邦政府开始对高校发展进行大量资助，同时，也开始关注高等教育的预算绩效管理问题。

第二阶段是20世纪90年代前期。在这一历史时期，澳大利亚的高等教育实现了快速增长，高校规模和招生人数不断扩张，高等教育普及趋势越发明显。

第三阶段是20世纪90年代末期。1998年，澳大利亚高等教育质量保障委员会撤销，其权利和职责移交给澳大利亚教育就业培训和青年事务部。该部门要求各高校每年提交绩效报告和改进计划，并整理上交联邦政府，同时，通过制定一定的评价标准和制度，对高等教育学校进行评估。而联邦政府则依据该部门提交的年度计划和其他指标综合分配教育经费。在这一阶段，澳大利亚高校的预算绩效评价工作有了更多的量化指标。

第四阶段是21世纪初至今。2000年澳大利亚联邦政府发布报告《创新——开启未来之门》，从创造新思想产生的文化、促进新思想的产生和将新思想变为行动三个方面提出具体的行动方案，确保高校为国家创新体系以及研究人才培养作出贡献。在这一阶段，澳大利亚联邦政府开始着手设立第三方绩效评价机构，以减少政府对高等教育学校的过多干预和束缚，并最终于2000年5月成立澳大利亚大学质量保障署（AUQA）。该机构在2011年被高等教育质量管理与标准署（TEQSA）取代。在该阶段，澳大利亚形成了以联邦政府、州和领地政府、高等教育学校、学术团体（澳大利亚学历资格评定框架署）以及第三方质量监管机构为主体的高等教育质量保障体系。各个主体既分工又合作，具体职责各不相同。澳大利亚高等教育质量管理与标准署（Tertiary Education Quality and Standards Agency）的建立是澳大利亚政

① 刘岩，李娜.澳大利亚高等教育问责：政策和实践［J］.高教探索，2020（12）：59-64.

府提高高等教育质量、适应未来发展需求的战略性决策。

实施问责制也是澳大利亚高校绩效管理改革的核心内容。从20世纪80年代开始，澳大利亚在高等教育领域开始引入问责制，主要是通过督促大学向政府提交“年度教育情况报告”（The Annual Educational Profiles）的形式来实现的。2004年，澳大利亚政府废除“年度教育情况报告”制度，确立了新的高等教育问责框架（A New Accountability Framework）。新的高等教育问责框架开宗明义地指出高等教育问责的必要性，即问责是公共管理的基本组成部分，因为来自纳税人的大量经费都投入高等教育领域，政府有义务确保经费的有效使用，并要求接受资助者对此负责。新框架在巩固和加强高等教育问责制的同时，也希望能减少高等教育学校向政府提交报告的数量。

风险评估是澳大利亚实施高等教育学校问责制的主要途径。对高等教育学校实施问责的主体是2000年由澳大利亚联邦、州和区教育部长会议倡导成立的澳大利亚大学质量保证署（AUQA）。2011年，高等教育和质量标准署（TEQSA）代替质量保证署，采用“合规性驱动（Compliance-driven）”方法评价高校的预算绩效。与质量保证署不同，高等教育和质量标准署有权对未达到门槛标准的高校进行制裁。

一、评价主体

随着澳大利亚高等教育的不断发展以及教育全球化趋势的加剧，澳大利亚高等教育的战略地位得到了人们的普遍认同，但澳大利亚高等教育本身也面临着重大挑战。2008年3月，澳大利亚政府启动了高等教育绩效评价，其目的在于评价高等教育和澳大利亚经济、社会发展的相适应程度，确定澳大利亚高等教育未来的发展和改革方向。该评价由Denise Bradley领导的独立专家小组负责。同年，该小组向澳大利亚政府提交了《Bradley评价报告》，该报告对澳大利亚高等教育面临的挑战进行了总结，基于澳大利亚高等教育的现状与挑战，特别是针对第9条中提到的高等教育管理职责由联邦和州教育部门共同承担，《Bradley评价报告》建议：应在联邦和州政府合作的基础上建立一个独立于联邦和州政府的新的教育机构——高等教育质量保障管理机构，由该机构接管相关教育管理职能，如机构注册、专业认证、质量保障、遵守资金条款，以及关于国际学生、本地学生、海外学生教育条款的各项规定，以及重要数据的收集、分析和传播[①]。

① 陈静，郜娟，林永柏.澳大利亚高等教育质量风险评估内容，特点及启示[J].教育科学，2019（1）：80-85.

《Bradley评价报告》进一步指出，一个独立的机构可满足多方面的需求。该机构将具有重要的管理职能，负责审核所有高等教育学校的质量保障情况，判断教育机构是否符合进入资助体系的必要标准，并依据相关法律公正、透明地作出判断。《Bradley评价报告》作为纲领性文件，为澳大利亚高等教育和质量标准署指明了工作方向。

2009年，澳大利亚政府公布“高等教育改革一揽子计划”，包括扩大澳大利亚高等教育的覆盖面，增加澳大利亚民众接受高等教育、发展专业技能的机会，建立充满活力的管理和质量保障制度。2009—2012年，澳大利亚政府投入总计7000万澳元用以建立高等教育和质量标准署。依据澳大利亚2011年颁布的《2011年高等教育和质量标准署法案》[①]，高等教育和质量标准署于2011年7月成立，2012年7月正式运行。成立后的高等教育和质量标准署全面整合了质量保证署的高等教育质量监督职责，以及州或领地政府的管理职责，协调各部门之间的关系，使高等教育的监督、管理工作更加高效。和质量保证署相比，澳大利亚高等教育和质量标准署的权力明显增强，质量保证署仅有权针对大学教育质量不足之处提出建议，而高等教育和质量标准署不但要确保高等教育学校满足最低准入标准，而且还有诸如注销不合格高等教育学校的行政处罚权。

作为一个依法成立的官方机构，高等教育和质量标准署是澳大利亚独立的高等教育国家级管理机构，隶属于教育部，目的是通过维持学生的高水准为澳大利亚创造一个更具“智慧”的未来。澳大利亚高等教育和质量标准署在其职能行使和权力运用范围内的行为不受任何人的指挥和约束。当然，如果教育部长认为某种行为对保障高等教育的完整性是必须的，教育部长可以对高等教育和质量标准署提出相应的建议，但是，高等教育和质量标准署对于受监督的某个实体实施的管理行为教育部长无权干涉或提出建议。同时，高等教育和质量标准署享有不受联邦政府及王室管控的特权。高等教育和质量标准署在实施监督和管理活动中依照《2011年高等教育和质量标准署法案》和《2000年海外学生教育服务法》中的规定执行。

澳大利亚高等教育和质量标准署的管理机构由一个委员会和一个支持委员会工作的高级管理团队组成。委员会由一位主任委员，两位全职委员和两位兼职委员组成，委员由教育部长委任，分别负责高等教育、技术、科学和研究。主任委员、全职委员和兼职委员均由教育部长以书面文件的形式任命，任期一般不超过5年。在向高等教育部门宣传高等教育和质量标准署的工作和在澳大利亚政府管理制度下的高等教育学校的职责方面，委员会发挥着重要作用。高等教育和质量标准署委员会下辖由主管委员、常务董事、财务执行官和首席律师组成的高级管理团队，专门负

① Tertiary Education Quality and Standards Agency Act 2011，https：//www.legislation.gov.au/Details/C2020C00274.

责高等教育和质量标准署的管理实务、合作程序管理和人员管理①。

高等教育和质量标准署的机构组成如图4-1所示。

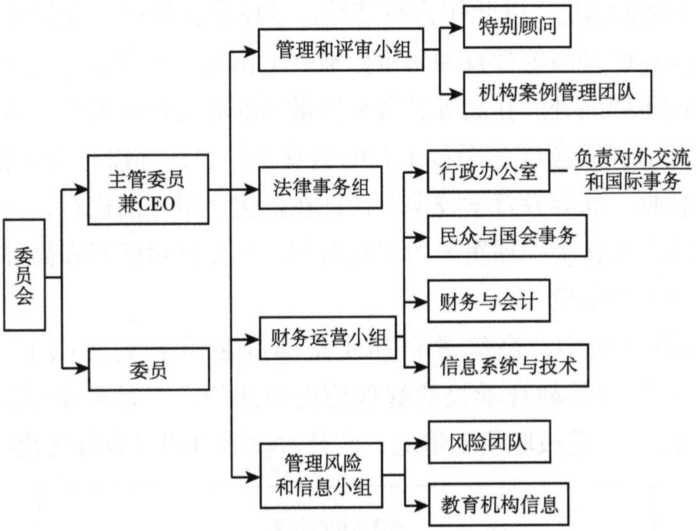

图4-1 澳大利亚高等教育和质量标准署机构组成示意图

资料来源：《TEQSA Annual Report 2020-2021》，https：//www.teqsa.gov.au/latest-news/publications/teqsa-annual-report-2020-2021。

高等教育和质量标准署规范和确保了澳大利亚规模巨大、形式多样且结构复杂的高等教育体系的质量，其工作目标主要包括五个方面：（1）建立一个标准的质量框架体系，利用三条管理原则（管理必要性、管理风险性和适当管理原则）确保全国高等教育管理一致性；（2）保护和扩大澳大利亚高等教育的杰出性、创新性和多样性；（3）保障学生接受高等教育的权利；（4）确保学生能够公开、透明地了解高等教育相关信息；（5）鼓励和促进高等教育与澳大利亚经济、社会发展需求相适应。

二、评价内容和指标

作为高等教育质量监管与评价的组织机构，澳大利亚高等教育和质量标准署主要通过对无自主认证权的高校进行课程认证、实施高等教育学校登记注册、开展高等教育学校风险监管以及提供咨询建议、信息发布、培训等工作来实现对高等教育的质量监管。高等教育和质量标准署致力于通过这些质量监管工作，保障并提高澳

① TEQSA Annual Report 2020-2021，https：//www.teqsa.gov.au/latest-news/publications/teqsa-annual-report-2020-2021.

大利亚高等教育质量。

值得关注的是，为加强全国高等教育的统一性，澳大利亚联邦政府制定了统一的《高等教育标准框架》，以此作为高等教育学校课程认证、登记注册以及风险监管的根本依据。这既是高等教育和质量标准署工作的一大亮点，也是与之前的质量保障体系最大的不同之处。在高等教育和质量标准署所负责的高等教育学校的课程认证、登记注册和风险监管三项最主要的监管工作中，都以《高等教育标准框架》为指导和基本依据。高等教育学校课程认证在机构注册之前进行，而高等教育和质量标准署的风险监管作为一项重要的问责机制，主要针对所有在高等教育和质量标准署注册的高等教育学校。

在整个风险评估中，高等教育和质量标准署重点关注以下四个关键领域（见图4–2）：一是高等教育学校的管理历史和地位；二是学生情况（学生人数、经验和学习结果）；三是教职员工情况；四是财政活力和财务可持续性。

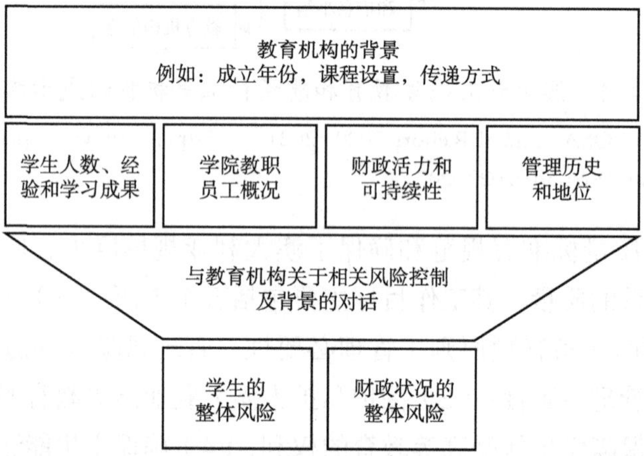

图4–2　澳大利亚高等教育质量风险评估的主要领域

这些领域基本覆盖了澳大利亚高等教育学校运营的关键方面，同时能够呈现高等教育学校学术水平的潜在风险和发展趋势。风险评估指标主要涵盖能够反映高等教育学校运行中的潜在风险的关键因素，包括学生（学生人数、学生学习经历和学习成果）、毕业生（完成率、毕业生去向和毕业生满意度）、教师（学术带头人、专兼职教师、生师比）和财务（财务活力和可持续性）。风险评估还涵盖“监管历史”，即通过对已有的监管过程和结果进行梳理，发现潜在的风险。例如以往课程认证中学生入学服务方面的问题，成为风险评估中分析学生学习是否存在潜在风险的依据。风险评估指标也具有很强的可获得性，这些数据能够比较容易地从教育和培训部（EDT）、教育机构信息调查（PIR）、高等教育信息管理系统（HEIMS）和学习与教学质量指数（QILT）等渠道获取。具体指标如表4–4所示。

表4-4　　　　　　　　澳大利亚高校绩效评价主要指标

总体风险指标	具体风险指标
高校管理历史和地位	相关的确定性风险指标。
学生情况	1.合作完成； 2.学生负担； 3.学生退学率； 4.学生升学率； 5.学业完成（学士、硕士研究生课程和更高的学位研究）； 6.毕业生满意度（学士、硕士研究生课程和更高的学位研究）； 7.学生毕业后的目标。
教职员工概况	1.高级学术领导人； 2.学生与教职工的比例； 3.教职员工的临时工作合同。
财政活力和财务可持续性	1.财政灵活性； 2.财务可持续性。

澳大利亚高等教育和质量标准署会对“学生面临的风险”和“财务状况面临的风险”作整体的评价，然后给出高、中、低的评价结论，通常用交通信号灯“红、黄、绿”的方式来表示。一般是专家综合考虑高等教育学校的环境、历史、地位，以及风险指标后作出的定性评判。

三、评价流程

澳大利亚高等教育和质量标准署的风险评估提供了澳大利亚高等教育领域所有机构的概览，有利于优化高等教育和质量标准署的管理重心。正如《高等教育和质量标准署法案》所指出的那样，风险评估可以帮助高等教育和质量标准署更好地履行三大管理原则，即管理必要性原则、反映风险原则、适当管理的原则。在风险评估的过程中，对于低风险的高等教育学校，高等教育和质量标准署会尽可能减少管理程序上的繁文缛节、减轻它们的负担，遵循管理必要性原则。反之，对于高风险的高等教育学校，高等教育和质量标准署奉行适当管理的原则，根据其出现的风险对其进行相应的管理。高等教育和质量标准署三条基本管理原则和《高等教育和质量标准署法案》《准入基础标准》一起构成了高等教育和质量标准署对澳大利亚高等教育质量进行保障的主要依据。

澳大利亚高等教育和质量标准署对注册高校每年开展风险评估，包括风险评估、与高等教育学校对话和后续措施三个主要阶段[①]。

① 肖玲.基于TEQSA的澳大利亚高等教育质量保障路径的研究［D］.长沙：湖南大学，2015.

（一）第一阶段：风险评估阶段

高等教育和质量标准署多渠道收集风险评估所需要的数据信息。这些数据信息来源包括高等教育学校信息调查（PIR），教育部高等教育信息管理系统（HEIMS），国家调查统计以及之前的风险评估报告等渠道。高等教育和质量标准署在综合考虑高等教育学校发展历史、现状、发展模式和之前的风险评估结果（包括正面或负面）等各方面因素后，根据风险指标阈值、趋势和其他相关信息，开展风险指标分析，确定被评价高等教育学校的风险等级，并说明具体风险情况。

（二）第二阶段：与高等教育学校对话阶段

在此阶段，当高等教育和质量标准署检测到潜在风险，就会与高等教育学校进行对话和沟通，提供更多证据，提高风险判断的准确性，并作出适当的调整。当高等教育学校存在着重大风险，高等教育和质量标准署风险评估专家可能会与高等教育学校就潜在的风险进行交流，并提供风险控制建议。

（三）第三阶段：采取后续措施

风险评估结果会为高等教育和质量标准署对高等教育学校的注册和课程认证提供参考。如果高等教育学校确实存在风险，风险评估结果则成为高等教育和质量标准署对高等教育学校其他质量监管措施的重要依据。一般而言，高等教育学校会在7年一轮的机构注册和课程认证前，针对潜在风险采取一些干预措施，以促进质量改进。

通过《风险评估框架》以及风险评估的施行，高等教育和质量标准署希望能够实现以下主要目标：（1）在管理过程中以不同的方法来获取证据资料以及汇报，减少高校评估负担；（2）加强对学生兴趣的保护，以及通过管理注册时期教育机构的行为保护高等教育声誉；（3）通过和教育机构共享有关潜在风险和有益的教育实践活动信息，促进整个高等教育质量的提升（见图4–3）。

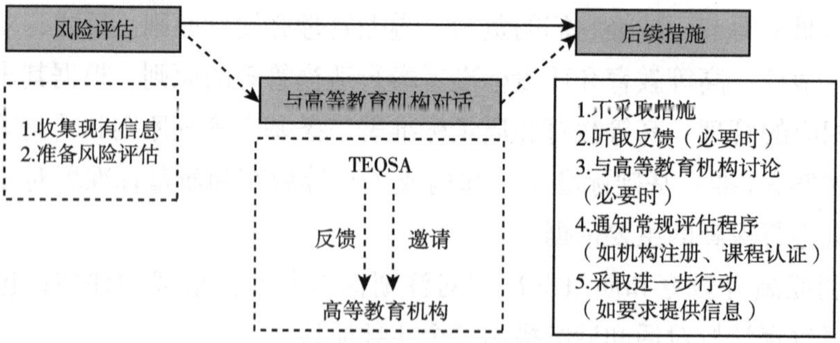

图4–3　澳大利亚高等教育风险评估流程

在整个评价过程中，澳大利亚高等教育和质量标准署致力于降低高等教育学校的管理负担，这一目标的实现有赖于适当利用现有的信息来源，即通过和其他机构数据共享避免不必要的内容重叠。高等教育和质量标准署非常依赖教育领域收集的现有数据，这些数据主要通过教育部主持的国立高等教育数据收集工作，以及澳大利亚毕业生职业协会的调查数据。

同时，高等教育和质量标准署也会利用每年一次的“教育机构信息调查（Provider Information Request，PIR）”的方式，直接从一些教育机构获取一系列关键数据。教育机构信息调查反映了教育领域内不属于国家收集范围内的近1/3的数据。2012年以来，澳大利亚高等教育和质量标准署减少了教育机构信息调查中的年度汇报要求，并和教育部及其他利益相关机构共同合作，继续减少澳大利亚高等教育学校的评价负担。

四、评价结果应用

风险评估结果会促使高等教育和质量标准署采取如表4–5中的回应行动。

表4–5　　高等教育和质量标准署风险评估回应行动

风险评估结果	回应行动
如果风险评估显示无重大风险，高等教育和质量标准署不会对最终风险评估结果采取任何回应行动。	无行动
高等教育和质量标准署可以建议高等教育学校紧密监控被评估出的风险，或者采取适当的风险控制措施或提出提升策略。	建议
高等教育和质量标准署可以认为风险需要进一步考虑才能进行最终认定。这种情况下，高等教育和质量标准署从高等教育学校搜寻更多额外的信息以决定是否有必要采取更深层次的回应行动。	正式信息收集要求
如果高等教育和质量标准署认定到重大的风险，它可以决定有必要在定期评估过程之外采取正式管理行动。这可能会包括进行一项遵从性评估来满足高等教育和质量标准署的要求，也就是说要求高等教育学校继续遵从准入基础标准（Threshold Standards）或者在注册程序上加入强制正式条件。	正式管理行动
如果高等教育学校即将迎来管理评估程序（比如重新登记），TEQSA可以表明在风险评估中认定的风险将会在随后的管理评估程序中进行进一步考量，而不是当时决定采取何种行动。	在定期管理评估中进行考量

在风险评估的过程中，澳大利亚高等教育和质量标准署会保持与高等教育学校的对话，实时交流有效信息。高等教育学校对高等教育和质量标准署年度风险评估

作出解释并予以回应。最终评估结果如果显示某一高等教育学校存在风险，需要高等教育和质量标准署采取进一步的风险控制措施，高等教育和质量标准署会与该机构取得联系，并与其交流采取进一步措施的必要性。

如前所述，澳大利亚高等教育和质量标准署对高等教育的质量保障主要通过风险评估、机构注册、课程认证三种主要形式实现。机构注册和课程认证每7年一次，而风险评估每年一次，三项评估措施互动构成澳大利亚基于风险的高等教育质量保障体系。风险评估结果为高等教育学校注册和课程认证提供了依据，即根据风险评估情况，增加或撤销高校注册和课程认证的条件。如果一所高等教育学校被认定为在学生、财务两个方面总体风险低，且其他标准合格，那么在高校注册申请和课程认证过程中，将去除相关指标。如果高等教育学校在学生、财务两个方面总体风险等级为中或高，那么注册申请和课程认证将会增加相应评估指标。另有一种特殊情况，即使总体风险等级为低，但是如果发现存在部分关键性问题，相应评估指标也会增加。

第四节 日本高校支出绩效管理实践

日本自明治时期起便开始走上高等教育强国之路，但20世纪50年代以来，日本的“大学纷争”逐渐暴露出日本高等教育过快扩张引起的社会问题。日本政府与社会开始关注高等教育质量问题：传统精英教育体制下的高等教育质量评价体系，已不再适应社会对高等教育的要求，经济危机迫使日本公众更加关注公共教育经费的使用情况，也要求大学采取新的绩效管理模式使公共教育经费的使用更加透明化[①]。

自20世纪90年代以来，由于日本经济增长方式的转变和高等教育适龄人口的锐减，提高教育质量、赢得社会高度认可成为日本高校改革的重中之重。日本政府为谋求高等教育资源的合理配置，力图通过构建内部评价和外部评价相结合的多元、客观、透明的双轨绩效评价体系，根据评价结果确定财政资金配置，达到优胜劣汰、提高办学效率和效能的目的。表4-6显示了这个时期日本大学绩效评价变革的主要动向。从中可以看出，日本大学绩效评价发生了重大变化，即大学评价由“事前限制型”向“事后评价型”转变，显示了日本高等教育质量保障体系中“放宽入口”“缩紧出口”的战略性转移。

表4-6 日本高校绩效评价的主要发展过程

时间	发展历程
1991年	大学设置标准的大纲化（自我检查与评价、努力义务化）
1999年	大学设定标准的修订（自我检查与评价以及公布其结果的义务化，积极地接受外部人员对自我检查与评价进行验证）
2000年	大学评价与学位授予机构的建立
2000—2003年	大学评价与学位授予对试点大学的评价的组织实施
2004年	认证评价制度和国立大学法人评价的开始

资料来源：姜华，李漫红，吕光洙.资源与效率：国外高等教育绩效评价研究［M］.北京：科学出版社，2015。

① 吴越.日本高等教育质量评价体系研究——基于评价模式的视角［J］.中国高教研究，2012（4）：41-46.

总体来看，20世纪90年代至今，日本高校绩效评价机制发不断完善，大致经历了三个发展阶段：第一阶段是政府希望大学通过自我检查与评价（Self-evaluation）达成评价目的的时期（1991—1999年）；第二阶段是从内部评价向外部评价过渡时期（2000—2003年）；第三阶段是多元评价时期（2004年至今）。这一时期，国立大学法人绩效评价制度随着日本国立大学法人化，成为日本新型高等教育学校绩效评价的主要形式。

一、实施背景

2004年4月，按照《国立大学法人法》，日本国立大学进行机构重组。重组后的大学具有法人资格，成立法人组织，即理事会，学校的重要事项必须通过理事会决议。从内部管理上看，日本国立大学法人设立教育研究评议会，专门审议有关教学的相关事项。另外，还设立经营协议会，专门审议学校每年的预决算和学校经营相关的各项事务。校长作为法人代表，具有强大的领导权。校长是学校的最高决策者，同时担任经营协议会的议长，领导教育研究评议会。

日本国立大学法人根据《国立大学法人法》确立符合本校经营特色的组织机构。在经营组织方面，各大学以法人组织和大学组织的一体化、校外有识之士的参与为前提，对学校的现有组织进行重组。在新的组织结构下，一方面要明确学校内部审议机构和执行机构的分工和合作；另一方面要积极听取社会各方面的意见，明确大学对社会的责任。为了方便有关人员了解大学情况，大学有责任向社会公布相关信息，如关于学习机会、关于学生的知识能力水平、关于毕业生出路、关于大学研究课题、关于大学的财务状况等方面的信息。

此外，从外部管理形式上看，日本国立大学法人与文部科学省的关系由过去的上下级关系，转变为委托与代理的关系。文部科学省与各个国立大学法人分别签订合同，国立大学法人只有完成合同所规定的具体任务，才能获得委托方文部科学省所提供的运营费交付金（政府拨款）。在规定的合同期内，政府的拨款金额与国立大学法人的合同履行情况直接挂钩，督促代理人——国立大学法人机构按要求完成合同。

同时，政府还通过文部科学省指定的评价机构对国立大学法人开展绩效评价，以此监督大学的运营情况。政府根据大学中期计划列举的事项以及第三方评价机构的绩效评价结果，向各国立大学法人支付运营费交付金，且不限定拨款的用途，由大学自主支配。完成中期目标后所剩余的运营费交付金可划归下期使用。

国立大学法人化后，日本政府和国立大学之间的关系发生了本质变化，国立大学拥有绝对的自主权，不再隶属政府。政府对国立大学法人实行的是目标管理，而国立大学法人的经费拨款与国立大学法人的绩效评价结果挂钩。基于国立大学法人普遍存在的自我检查与评价不完善问题，在进一步充实大学的自我检查与评价的同时，日本政府还正式发文要求所有大学都必须接受第三方评价，并基于客观立场建立评价组织，引入对大学教学科研业绩进行评价的第三方评价机构①。

二、评价主体

日本国立大学法人绩效评价的第三方评价机构为“国立大学法人评价委员会”，该委员会由文部科学大臣任命的来自社会、经济、文化等领域不少于20人的专家组成。国立大学法人评价委员会下设分科会和各部会。委员会根据各国立大学法人提交的事业年度业绩报告，对各年度高校中期计划的进展情况进行确认，并根据结果及各法人的特点对中期目标的整体达成情况进行综合评价。

日本国立大学法人评价委员会不仅对大学进行绩效评价，还负责收集大学的评价信息。通过对评价的调查研究，及时向大学反馈评价结果，以促进大学教学科研活动的质量。日本国立大学法人评价委员会对国立大学法人中期计划和年度计划的执行情况进行评价，并向社会公布评价结果。

日本国立大学法人评价委员会在公布国立大学法人最终的评价结果之前，要通知国立大学法人，给予其申述机会。基于客观、全面的评价，各资源分配机构可进行更为客观、公开的资源分配工作。同时，根据评价结果，文部科学大臣还可以判断国立大学法人或其某些业务内容是否有继续存在的必要，并判断是否应该采取适当的行政干预措施。第三方评价对于日本国立大学的经营和发展起着决定性的作用。

三、评价内容和过程

按照《国立大学法人法》，日本国立大学法人需要拟定明确的教学科研6年目标计划，即“中期目标”方案。文部科学大臣会尊重其中期目标。各国立大学法人的中期目标应能反映其未来发展方向与自身特色。国立大学法人为实现中期目标需制订“中期计划”，还要依照中期计划制订“年度计划”（见表4–7）。

① 王茜.日本国立大学法人研究［D］.厦门：厦门大学，2014.

表4-7　《国立大学法人法》有关中期目标、中期计划、年度计划的规定

中期目标	1.有关提高教学研究质量的事项； 2.有关业务运营的改进及效率化的事项； 3.有关财务内容改进的事项； 4.有关教学研究以及组织和运营的状况，自我检查与评价及提供有相关信息的事项； 5.有关其他业务运营的重要事项。
中期计划	国立大学法人为了达成中期目标，根据中期目标制订中期计划，还需要获取文部科学大臣的认可。中期计划规定了以下几个事项： 1.为达成有关提高教学研究质量的目标应采取的措施； 2.为达成有关改进和效率化的业务运营目标应采取的措施； 3.预算（含人工费的报价）、收入计划及资金计划； 4.短期借款的最高限额； 5.重要财产转让； 6.剩余资金的用途； 7.其他文部科学省令所规定的有关业务运营的事项。
年度计划	国立大学法人在每个事业年度开始前，都会按照中期计划，制定事业年度的业务运营计划（简称“年度计划”），将其计划提交给文部科学大臣的同时，还对外公布。

资料来源：《国立大学法人法》第30条和第31条，https：//elaws.e-gov.go.jp/document？lawid=415AC0000000112.《独立行政法人通则法》第31条，https：//elaws.e-gov.go.jp/document？lawid=411AC0000000 103。

日本国立大学法人绩效评价由文部科学省国立大学法人评价委员会实施，对各国立大学法人中期目标和中期计划的达标情况进行评价（以下简称“中期目标评价”），以及年度计划教学科研活动和经营等方面目标达成情况进行评价（以下简称“年度评价”）。其中，关于教学科研方面中期目标达成情况的评价，由大学评价和学位授予机构实施。

（一）中期目标绩效评价

根据《国立大学法人法》第3条及《独立行政法人通则法》第34条第1项，日本国立大学法人评价委员会对国立大学法人的中期目标执行绩效进行评价。中期目标绩效评价是日本国立大学法人评价委员会以年度评价结果为依据，以大学评价与学位授予机构的教学科研评价结果为基准，对国立大学法人中期目标的实施情况进行绩效评价。评价的焦点在于国立大学法人化改革是否有效促进了国立大学法人的各项水平提升。《国立大学法人法》规定，“文部科学大臣制定六年期间国立大学法人等在业务运营方面所需要实现的目标——中期目标”，这一目标即为中期评价的标准。

日本《国立大学法人法》第30条第2款规定，国立大学法人中期目标评价包含下列内容：①提高教学研究质量相关事宜（大学附属医院、附属研究所/研究中心

等机构的运营现状情况）；②业务运营的改进以及效率提高相关事宜；③财务改进相关事宜；④教学科研部门运营情况评价；⑤其他与业务营运相关重要事宜等。这些事宜由国立大学法人评价委员会进行评价。其中，教学科研相关事宜从专门的角度进行评价，因此，日本国立法人评价委员会在收到大学评价和学位授予机构的材料后分别进行评价。国立法人评价委员会尊重大学评价与学位授予机构的评价结论和每个法人的特点（包括经营方面的问题），对中期国立大学法人的业绩进行综合评价。

（二）年度绩效评价

年度绩效评价是每所国立大学法人为了实现中期目标，在每年度结束时，根据每年度的中期计划实施情况，对自身的业务运营、财务等活动进行的核实和审查。在年度末期，文部科学省会将评价结果通知给各国立大学法人，使这些结果能够应用于各大学的改善。年度评价实施过程如下：

（1）各国立大学法人须在“业绩报告”中披露诸如“业务营运项目的改善及效率化”“财务内容改善”“自我评价及信息提供”“其他业务营运相关的重要事项（设施设备的完善和活用、安全管理等）”4个方面的评价结果及整体进展情况，并说明理由。

（2）根据每个年度计划将事业实施情况依据4个等级进行自评价，即超出计划实施年度计划、充分实施年度计划、未充分实施年度计划、未实施年度计划。国立大学法人评价委员会从每年度的业务是否顺利开展的角度进行审查，对年度计划自评价及计划设定是否妥当进行综合性审查。审查从5个不同等级对年度计划履行中期计划、中期目标的情况进行评定。

（3）国立大学法人评价委员会基于核实情况，结合“特记事项”和每个国立大学法人的特点，依据中期计划的整体进展情况进行评价，同时指出应特别需要注意之处和落后之处。

四、评价结果应用

评价实施后，日本国立大学法人评价委员会以中期计划、各国立大学法人提交的《中期目标的达成情况报告》和《学部、研究科的现况调查表》等材料为基础，以教学研究水平及改善程度的评价结果为依据，对各国立大学法人的中期教学活动目标、研究活动目标及其他目标（不包括附属医院的目标、附属学校的目标）实现情况进行5个等级的判定（见表4–8），同时对包括国立大学法人自评价在内的材料进行综合审查，最终朝着达成中期目标计划的方向努力。

表4–8　　中期计划、目标的业务进展情况的评定等级

中期目标和中期计划的实现，处于特别肯定的状况（评价委员会特别认可的情况）
中期目标和中期计划的实现，处于顺利推进的状况（全部是Ⅳ或Ⅲ）
中期目标和中期计划的实现，处于比较顺利的状况（Ⅳ或Ⅲ的比例在90%以上）
中期目标和中期计划的实现，比较滞后的状况（Ⅳ或Ⅲ的比例不到90%）
中期目标和中期计划的实现，要有重大举措的状况（评价委员会特别认可的情况）

资料来源：姜华，李漫红，吕光洙.资源与效率：国外高等教育绩效评价研究［M］.北京：科学出版社，2015。

一般来说，第1期中期目标评价结果需要体现在各国立大学法人的第2期中期目标、中期计划之中，以及第2期中期目标运营费交付金的计算之中。同时，日本国立大学法人评价通过对国立大学法人的中期目标、中期计划、年度计划的教学研究活动和经营活动进行综合评价，将国立大学法人的业务运营情况向社会公开，以清晰反映国立大学法人的状况，同时履行向社会说明的职责。根据评价结果，利益相关者还可就机构的改革向文部科学省提出建议。从国立大学法人评价的成效看，日本国立大学绩效评价不仅促进了文部科学省大学经费的合理分配，也推进了大学教学科研质量的提升。

从日本国立大学绩效评价实践可以看出，日本高等教育质量保障体系是一个多元化的体系，既有自评价，又有外部评价。而且，日本高等教育学校绩效评价既是"为了改善的评价"（Evaluation Research），也是"为了绩效的评价"（Performance Audit）。前者重视过程，主要考察为达到目标所采取的措施是否有效，如何根据既定标准去改善业绩；后者主要评价基于目标制订的计划是否达成，以判断高校是否圆满完成上级部门指定的任务，评价的主要是业绩成果，使日本针对高等教育学校开展的绩效评价，不仅是为了改善的评价，更是为了绩效的评价。

第五节 借鉴与启示

通过上述对美国、英国、澳大利亚、日本等国高校绩效管理实践的分析可发现，在各国高校绩效管理过程中，由于各国具体的经济、社会、政治体制不同，在评价依据、评价主体、评价内容、评价指标、评价过程以及结果应用等方面各具特色，但也具有如下共同特征。

一、健全完善的法律体系是绩效管理有效开展的前提

法律是国家制定或认可、由国家强制力量保证其实施的一种社会调节手段，与一般的行政规章、政策相比，法律更具有强制性、稳定性和持久性，不因个人主观意志而改变。制度是一个组织为达到某些目标必须具有的规范。法律制度的作用是规范、指引、预测、评价和强制人的行为，带有根本性、全局性、稳定性和长期性。对于教育支出绩效管理来说，必须要有一套完整的法律法规制度作为基础来保障绩效管理与评价的公平和长期可持续性，通过建章立制来规范预算绩效管理的程序和方法，约束和指导评价工作。

纵观美国、英国、澳大利亚、日本的高校预算绩效管理工作，其共同点之一就是绩效管理具有完善的法律依据，为高校预算绩效管理保驾护航。如美国1993年颁布的《政府绩效与结果法案》，从法律的高度确立了美国公共支出绩效评价的价值取向、方法、原则等。在法律框架的指引下，联邦政府包含教育部门在内的相关部门都制定了长期的战略规划、年度绩效计划和年度绩效报告，营造了全面的预算绩效管理文化，以确保各个部门能够深入地参与绩效管理之中。在国家相关法律的指导下，美国田纳西州发布了《田纳西大学法案》，将基于绩效的拨款制度作为大学一揽子改革计划中的重要内容，并不断发布适时调整的绩效评价标准，为该州高校预算绩效管理的具体实施指明了方向。

英国先后颁布了《财务管理动议》《综合支出评价》《公共服务协议》《政府现代化白皮书》《政府计划和绩效框架指南》，成为英国各部门实施预算绩效管理的重

要指南。在高等教育领域，英国出台的《教育法》《英国教育督导法案》《继续和高等教育法案》《大学绩效指标体系和财务管理健康指标》等，对高校预算绩效管理与评价作出了明确规定。澳大利亚颁布的《公共服务法案》《目标与产出框架》《澳大利亚政府以权责发生制为基础的目标和产出框架：审查指南》《高等教育绩效拨款指标框架（征求意见稿）》《绩效拨款指南》《高等教育标准框架》等，明确了绩效管理在整个公共教育资金使用、监督过程中的功效，以及绩效管理须遵循的规则、程序和方式，并对相关行为主体的权利和义务进行了界定。日本出台的《公共教育法》《构筑保障大学质量新体系》《国立大学法人法》等，强化了日本高校预算绩效管理的法律支撑和法律保障，使绩效管理工作更加规范化。

明确的高校预算绩效管理法律法规，使各国高校预算绩效管理既得以在坚实的法律基础之上开展，又获得了强劲的前进动力，也使绩效管理的运作更具有权威性和规范性。

二、稳定性和灵活性相结合的绩效评价政策是绩效管理有效开展的核心

预算绩效管理政策是高等教育治理体系中的重要一环，其本身就具有稳定性和灵活性的特点。作为高等教育治理工具，高校预算绩效管理政策要想更好地服务于高等教育发展，必须合理把握稳定性和灵活性之间的关系。一方面，经过充分调研和科学决策的绩效管理政策本身应具有较强的导向功能和可预测性，使高校可以准确理解政府的政策意图，据以整合内部力量、调整办学行为，最终使高校在保障自身可持续发展的良性循环基础上能够同时实现决策者的政策目标与政策意图。另一方面，高等教育绩效管理政策离不开可变性。高校预算绩效管理必须根据外部环境适时调整，以有效发挥高校预算绩效管理的功效。在这其中，政策的稳定性是可变性的基础，相对稳定的绩效评价制度是高校实行预算绩效管理的重要保障，若绩效评价制度朝令夕改，会令高校的教育行动无所适从，既浪费高校的人力物力，也使高等教育政策无法实现自身的价值诉求。同时，高校预算绩效评价制度还应具有灵活性特征，要依据外部环境的变化适时进行相应的调试，尽可能发挥整体系统的最大效用。如美国田纳西州在40多年的高校绩效评价过程中一直坚持较为稳定的绩效评价政策和核心评价指标，同时在每个评价周期中对评价政策进行微调，以与州高等教育政策保持一致，实现州高等教育政策和高校自身利益的统一与融合。

三、多元化的评价主体是绩效管理有效开展的重点

作为一项涉及事项较多的复杂业务，高校预算绩效管理涉及对象众多，不仅包含财政部门、教育部门，还需要多级政府、多个部门乃至社会公众的积极配合。美国、英国、澳大利亚、日本在高校预算绩效评价方面，都具有主体多元化的特点①，各评价主体按照相关法律规定，各司其职，分别从不同的角度对高校预算管理情况进行绩效评价，共同促进高等教育事业的发展和工作目标的实现。

这些评价主体主要涉及以下几大类型：一是资金的统筹安排者和直接使用者，例如各高校需根据相关法律制度对本部门预算绩效管理情况进行评价，以提高本部门运行效率和社会形象。二是高校内部具体执行者。比如教育资金的使用者，通过内部自评价体现预算绩效管理绩效。三是中介评价机构，在各国的高校绩效评价中，政府主要扮演的都是制定绩效管理原则、组织绩效评价，保证绩效评价能够始终按照规范的要求进行的角色，大量具体的操作都交给专门的社会中介机构开展，这样既能保证政府绩效评价工作的公平性，也能大幅提高绩效评价的专业性和工作效率。如日本就成立了专门负责高等教育评价的第三方评价机构——国立大学法人评价委员会，澳大利亚成立了高等教育和质量标准署（TEQSA），美国田纳西州成立了高等教育委员会。四是社会公众，通过引入社会公众参与教育支出绩效管理，一方面可使高校预算绩效管理工作接受社会的全面监督，另一方面可考察高校预算支出是否符合社会公众的期望，如美国田纳西州在制定和执行高校绩效评价政策的过程中，积极建立并完善有第三方参与的体制机制，引导社会力量参与其中。

四、科学、全面、稳定的评价指标体系是绩效管理有效开展的关键

绩效评价指标体系或评价方案科学合理、有针对性是预算绩效管理成功实施的关键。纵观美国、英国、澳大利亚、日本对高校预算绩效评价指标的设置，具有以下特点：

一是指标简明扼要、量化可行。在美国田纳西州10次高校评价指标体系中，评价指标均没有超过10项，最少的时候仅为6项，且通过引入已有单项评估结果，

---

① 李瑶曦.国外高等教育财政支出绩效评价借鉴［J］.学习月刊，2013（10）：2.

大幅度减轻政府和高校的评估工作负担。

二是指标的选取注重细化和量化，指标的设置尽量使用数字和比率描述高等教育学校的活动和成果。如美国田纳西州通过发布高等教育学校绩效评价标准及指标，并对每个指标的分值做具体说明；英国高等教育学校预算绩效评价指标大多通过比例、比率来计算。

三是指标设置突出分类原则，运用科学方法确定指标权重。评价指标的选取在体现竞争性的同时，更要体现公正性、公平性。对不同类型、不同层次、不同发展方向的高校设置不同的绩效评价指标，采用分类评价方法。美国在高校绩效分类评价方面有丰富经验，田纳西州对四年制高校和两年制学院采用不同的绩效评价指标体系；肯塔基州为每类高校分别设计绩效评价指标；明尼苏达州对州立高校系统和州立学院系统采用两套不同的评估方案。通过建立分类评价指标体系，有助于引导高校追求个性化、特色化发展，提高办学水平。

四是指标设置比较全面、系统。评价指标的类型分为投入、过程、产出和结果四类。不同国家在设计高校绩效评价指标时，对不同类型指标选择的侧重点有所不同。从高校预算绩效管理所追求的目标来看，绩效评价指标的核心在于产出指标和结果指标；投入指标和过程指标在绩效拨款方案中不占主体地位，但其作用不可忽视。如美国、英国、澳大利亚高校评价指标的设置除了对高校教学、科研等方面的结果考察，还包含了评价实施情况、学校战略目标实现等方面的投入与过程指标，体现了高等教育学校建设成果和长远目标实现相协调的思路。

五是绩效指标具有连续性和稳定性。稳定的、经常被采用的指标能够显示被评价对象某一方面的发展趋势，有利于教育部门对高等教育学校各历史时期指标进行纵向比较，增强预算绩效评价指标体系的稳定性效果。如美国田纳西州高等教育学校绩效评价指标体系随着周期的推移和环境的改变而不断改进，具体指标的权重也有所调整，但其总的导向仍然是关注州政府相关政策目标的达成情况，重视教育效果和学生的学习结果。

六是全员参与指标体系的设计过程。在指标设计过程征求教育部门、高等教育学校及教职工、行业专家、中介机构等多元主体的意见，使指标体系设计全员参与，绩效导向深入人心。

五、多样化的评价结果应用是绩效管理有效开展的保证

西方国家普遍注重绩效评价结果的应用，构建了多样化的评价结果应用方式，通过高校绩效财政拨款、压实管理责任、改进问题等与绩效评价结果有机结合的高

校预算绩效评价机制，实现对高等教育支出的有效管理，这些应用方式主要分为以下几类：一是将绩效评价结果与高等教育学校财政拨款挂钩。如美国、英国、日本都将高校预算绩效评价结果作为教育资源分配的“指挥棒”。同时，绩效拨款所占比重不断提升，以对高校起到激励作用；二是将绩效评价结果作为上级部门对被评价对象考核与奖惩的依据。如美国将绩效评价的结果与高等教育学校管理责任紧密地结合起来，检查高校责任履行情况；英国设计了涵盖“投入—过程—产出”的评价流程，从学生资质与入学情况、就业去向、财务状况、校企合作、资产管理等多个方面对高校进行考核，促进高校支出目标的顺利实现；三是将绩效评价结果向被评价对象反馈，要求被评对象分析不足的原因，制定整改措施。如英国将高校绩效评价结果进行公开，促使高校实行整改措施。日本国立大学法人评价委员会在评价结束后，向被评机构提交评价报告，并将评价结果公布于众；四是将绩效评价结果向社会公布，使不同的相关利益群体了解评价结果，以便高校自觉接受公众评判和监督。

六、完备的绩效评价保障机制是绩效管理有效开展的基础

从以上国家的高校绩效管理实践来看，除了各个评价要素本身比较成熟外，完备的评价保障机制也是保证绩效管理顺利开展的重要因素。这些保障机制包括信息公开、激励和约束、监督管理、复议机制等。

此外，上述国家在预算绩效管理过程中还使用先进的信息处理技术，构建庞大的绩效评估数据信息库，通过汇集完整的投入产出方面的信息数据，为评判各类教育支出的投入水平、效益情况与扰动态势展开纵向与横向对比，保障绩效管理活动顺利进行提供技术支撑。如英国绩效指标督导组在开展绩效评价工作时主要从英国高等教育统计部门获取相关数据；澳大利亚高等教育和质量标准署在开展高等教育质量评估时，从高等教育学校信息调查、教育部高等教育信息管理系统、学习与教学质量指数等多渠道收集评估所需数据信息等。

▶ 第五章 高等教育学校整体支出预算绩效管理完善路径

内容提要

如前所述，部门整体支出绩效管理是指各部门以绩效目标为导向，以绩效评价为手段，以结果应用为保障，以改进部门预算管理、优化资源配置为目的，覆盖部门所有财政性资金，贯穿部门预算编制、执行、监督全过程的预算管理模式，对优化部门行为，提升部门公共服务水平，促使部门将预算资源的配置从权力导向转变为责任导向，从服务部门政绩转变为服务公共职能具有重要意义。

为此，《中共中央 国务院关于全面实施预算绩效管理的意见》明确指出，应“实施部门和单位预算绩效管理。围绕部门和单位职责、行业发展规划，以预算资金管理为主线，统筹考虑资产和业务活动，从运行成本、管理效率、履职效能、社会效应、可持续发展能力和服务对象满意度等方面，衡量部门和单位整体及核心业务实施效果，推动提高部门和单位整体绩效水平”。

对于高等教育学校来说也同样如此。高等教育学校整体支出绩效管理反映的是，高等教育学校通过对高等教育资源的合理配置，不断提升高等教育服务供给水平，对全社会高等教育需求予以充分满足的过程。高校整体支出绩效管理不仅要将与高校预算活动密切相关的经济成果、社会贡献和治理改进纳入监督范围，强化高校的预算资源使用责任，还应将高校提供高等教育服务的社会满意度纳入考核之中，使高校必须面向社会、面向师生，充分关注教育对象的切身感受与服务需求，是改变高校教育教学行为模式，提升高校教育服务水平的重要管理工具。由此，《教育部关于全面实施预算绩效管理的意见》（教财〔2019〕6 号）明确指出，要实施单位整体预算绩效管理，在年度绩效自评的基础上，原则上每 5 年为一周期开展单位整体绩效评价。

▶ 第一节 明确“谁来评”：高等教育学校整体支出绩效管理的框架构建与职责划分

一、高等教育学校整体支出绩效管理框架构建

（一）基本概念

高等教育学校整体支出绩效管理是指：以预算资金管理为主线，以绩效目标管理为导向、以绩效监控为保障、以绩效评价为手段、以评价结果应用为核心的全过程高等教育学校预算管理模式。

（二）基本原则

（1）统筹协调。加强党对高等教育学校整体支出绩效管理的领导，将高等教育学校整体支出绩效管理纳入学校工作全局，纳入重大决策、实施和考核工作范围，增强高等教育学校整体支出绩效管理工作的协调性，强化业务部门和财务部门的融合。

（2）结构合理。处理好高等教育学校整体支出绩效和部门资金构成部分绩效之间的关系，理顺高等教育学校整体支出绩效与基本支出绩效、项目支出绩效、专项资金绩效之间的关系，增强高等教育学校整体预算支出绩效管理的系统性、科学性、合理性与协同性。

（3）科学规范。健全科学规范的高等教育学校整体支出绩效评价和管理制度，完善绩效目标、绩效监控、绩效评价、结果应用等管理流程。科学总结高等教育学校财政资金支撑部门履职的方式和侧重点，明确不同高校开展整体支出绩效评价的重点，既要坚持高校整体支出绩效评价经济性、效率性、效益性和公平性的共性要

求，又要突出不同高校的个性特征，要在共性评价基础上，注重个性化评价，避免“一刀切”。健全共性绩效指标框架和分类个性指标体系，推动高校整体支出绩效管理标准科学、程序规范、方法合理、结果可信。

（4）权责对等。赋予高等教育学校更多的管理自主权，实现高校整体支出绩效自评全覆盖和重点评价相结合；完善高校整体支出绩效报告和监督问责制度，强化绩效结果运用，全面推动提高高校整体支出绩效水平。大力推进绩效信息公开透明，主动向社会公开，自觉接受社会各界监督。

（三）实施范畴

《中共中央 国务院关于全面实施预算绩效管理的意见》明确指出，预算绩效管理应覆盖预算全周期。高等教育学校整体支出绩效管理也应依照这一流程，以“如何管、管什么”“谁来管、谁来评”“评什么、怎么评”“评价结果怎么用”为核心，构建由绩效目标管理、绩效运行监控、绩效评估评价、评价结果应用等环节组成的高等教育学校整体支出绩效管理体系。

二、高等教育学校整体支出绩效管理职责划分

划分高等教育学校整体支出绩效管理职责，界定高等教育学校整体支出绩效管理各方权责边界，建立高等教育学校整体支出绩效管理制度，是明确高等教育学校整体支出绩效“谁来管、谁来评”的关键。

高等教育学校整体支出绩效管理涉及双重主体，即教育部门和高等教育学校。在高等教育学校整体支出绩效管理工作中，教育部门和高等教育学校的职责应为：

（一）教育部门职责

（1）制定高等教育学校整体支出绩效管理相关制度、实施细则和管理措施。

（2）组织高等教育学校整体支出绩效管理工作：①组织高等教育学校整体支出绩效目标编报，开展绩效目标审核；②组织高等教育学校开展整体支出运行监控，监督问题整改；③组织开展高等教育学校整体支出绩效评价，将评价结果与未来年度高等教育学校预算挂钩。

（3）研究并建立高等教育学校整体支出分类绩效评价指标体系。

（4）按规定实施高等教育学校整体支出绩效管理信息公开，接受社会监督。

（5）按要求向财政部门报送年整体支出绩效管理工作报告和专项工作报告。

（二）高等教育学校职责

（1）组织实施高等教育学校预算绩效管理工作，编报绩效目标，配合教育部门开展绩效目标审核。

（2）对预算执行进行运行监控，将预算执行中存在的问题和整改措施报教育部门。

（3）组织开展高等教育学校整体支出自评工作，配合主管部门开展整体支出绩效评价工作，根据评价结果进行整改。

（4）公开高等教育学校整体支出绩效管理信息，接受社会监督。

（5）报送高等教育学校整体支出绩效管理工作报告和专项工作报告。

总体来看，在高等教育学校整体支出绩效管理中，教育部门作为业务主管部门，负责高等教育学校整体支出绩效管理具体实施细则的制定，高等教育学校整体支出绩效管理工作的组织，以及分类别绩效评价指标体系的建立，是高等教育学校整体支出绩效管理过程中的管理者，也是高等教育学校整体支出“管与评”的主管部门。

高等教育学校作为具体的实施部门和经办机构，负责高等教育学校整体支出绩效管理的操作与落实，例如编报高等教育学校整体支出绩效目标，填报高等教育学校整体支出运行监控信息，配合教育部门开展高等教育学校整体支出绩效评价，开展高等教育学校整体支出绩效自评，并将评价结果应用于高等教育学校整体支出绩效改进之中，是高等教育学校整体支出绩效管理中“管与评”的实际落实部门，是“被管与被评”的部门。

▶ 第二节 规范“评什么”：高等教育学校整体支出绩效目标管理和事前评估

一、完善高等教育学校整体支出绩效目标管理

绩效目标管理是绩效管理的起点，对高等教育学校的预算编制、运行监控和绩效评价具有深刻的影响。

（一）重视高等教育学校整体支出绩效目标管理的重要意义

绩效目标是关于未来要做什么事，怎么做，预期达成什么效果，产生什么影响；如何安排时间进度，如何控制管理成本，如何保障实施质量，预期需要多少资金，以及如何对任务完成情况进行评价和评定的一系列思考和要求。

对于高等教育学校整体支出绩效管理来说，推进绩效目标管理极为重要：一是有助于高等教育学校树立绩效理念，强化前期论证，注重投入产出研究，减少决策上的盲目性，提高预算决策效率。二是有利于高等教育学校更加合理统筹安排财政资金。推进绩效目标管理，可通过绩效目标甄别财政支出方向，剔除不合理支出安排，优化财政支出结构，向公共服务倾斜。三是有利于促进高等教育学校不断改进公共服务水平和质量。明确的绩效目标及其产出效益指标，服务对象满意度指标，可以帮助高等教育学校树立公共服务理念，把服务作为高校管理的出发点和归宿，提升管理能力和服务水平。

（二）规范高等教育学校整体支出绩效目标管理流程

《中央部门预算绩效目标管理办法》明确指出，“绩效目标管理是以绩效目标为对象，以绩效目标的设定、审核、批复等为主要内容所开展的预算管理活动”，

各部门在高等教育学校整体支出绩效目标管理中也应围绕这一流程进行职责分工（高等教育学校绩效目标申报表、审核表见附录1和附录2）。

1.绩效目标设定

高等教育学校是绩效目标的设定主体，在编制预算时，高等教育学校应按要求同步编制高校整体支出绩效目标。高等教育学校整体支出绩效目标应充分反映高等教育学校在提供高等教育服务中的预期产出、社会经济效益和服务对象满意度等方面情况，主要包括：①产出指标，主要包括产出数量、产出质量、产出时效、产出成本等绩效指标；②效益指标，主要包括社会效益及可持续影响指标；③满意度指标，主要反映社会公众和受益对象等对高等教育学校整体支出及其政策实施效果的满意程度。

高等教育学校整体支出绩效目标的设置应符合以下要求：①突出重点。高等教育学校整体支出绩效目标应符合国家高等教育发展规划，应与高等教育办学内涵和效果相匹配，通过归纳总结、分析提炼符合高等教育学校办学的核心指标；②细化量化。高等教育学校整体支出绩效目标应从数量、质量、时效、成本等方面进行细化、量化，难以量化的，应以分级分档形式表述；③合理可行。高等教育学校整体支出绩效目标应客观实际、科学合理，既要具有一定的前瞻性，但又要具有现实可操作性，能够实现与达成。

2.绩效目标审核

高等教育学校整体支出绩效目标审核主体为教育部门。教育部门应依据绩效目标设定要求，对高等教育学校整体支出绩效目标进行审核，同时填写《高等教育学校整体支出绩效目标审核表》。教育部门在开展高等教育学校整体支出绩效目标审核时，应主要关注如下内容：

（1）目标依据的充分性：即高等教育学校整体支出绩效目标的设定是否符合国家政策法规，是否符合高等教育学校整体支出范围和支持方向；是否满足规定的条件和程序；是否与高等教育学校整体支出战略目标密切相关，是否为促进高等教育事业发展所必需。

（2）目标设置的合理性：即设定的高等教育学校整体支出绩效目标是否与客观实际相符，拟订的产出和效益目标是否符合正常的业绩水平；产出与效益目标是否匹配；各项指标值是否科学合理、细化量化；预算编制是否经过成本效益分析、是否经济合理。

（3）目标实现的保障度：即是否为保障绩效目标的实现建立起完善的管理制度；是否具有健全的组织架构和人员配置；各项管理制度是否能够得到有效遵循。

3.绩效目标批复

按照“谁批复预算，谁批复目标”的原则，由教育部门在批复高等教育学校预算时，批复高等教育学校整体支出绩效目标。

4.绩效目标调整

高等教育学校整体支出绩效目标一经批复，原则上不得调整，如因预算调整、政策变化、突发事件等特殊原因确需调整绩效目标的，由高等教育学校提出调整申请，随同预算调整申请一并上报教育部门，教育部门对高等教育学校提出调整的整体支出预算及绩效目标进行再审核，并在批复调整预算的同时下达调整后的整体支出绩效目标。

5.绩效目标公开

高等教育学校应按照管理制度要求，将高等教育学校整体支出绩效目标公开，公开的内容包括：高等教育学校整体支出基本情况，预算安排，高等教育学校整体支出总体绩效目标、产出效益指标以及目标值。

（三）科学填报高等教育学校整体支出绩效目标

填报绩效目标在我国已经开展多年，在很多领域已实现全覆盖。但受传统预算思维的影响，一些部门在申请财政资金时，对财政支出的可行性、必要性未有充分论证，对财政支出可能取得的成果、效益及影响知之不详，相对应其绩效目标的设定也不够明确，相关指标做不到细化量化，在完整性、科学性和逻辑性等方面都存在明显缺陷。这样的绩效目标既无法体现预算资金申请者应担负的财政支出义务，也无法使管理部门据以评价财政资金最终目标完成情况。

由此，无论是对于高等教育学校整体支出来说，还是对于一般项目预算来说，绩效目标的准确填报都应加强前期论证、强化绩效目标与绩效指标的结合，同时通过内外部专业审核，提升绩效目标的填报质量。为此，应做到：

1.建立“部门职责—部门活动—工作任务—绩效目标”的分层次编报体系

部门的绩效目标是部门整体支出的基本导向，是部门履职工作的方向指引。部门整体支出绩效目标直接影响着部门年度预算资金的申报与配置，对部门预算产生重要的影响。可以说部门整体支出绩效目标的合理与否，直接影响着部门的预算安排与实际工作。在编制部门整体预算支出绩效目标时，应依照如下步骤开展工作：一是明确工作职责。部门整体支出绩效目标设定第一步，即是对照“三定方案”梳理部门的核心职能。需要关注的是，部门职能多而复杂，在一定阶段内整体波动不大，但每年的主要任务会有所变动，因而在梳理职能时尤其需要分清主次，重点关注其在一定规划时期内的核心职能。二是确定任务和目标。部门目标设定第二步，就是结合部门的核心工作职责，对照中长期规划、年度工作计划、目标考核和重点工作任务，明确年度工作的主要任务和总体目标①。三是确定绩效指标。应根据遴选出的任务和目标，按照现阶段工作改进方向或事业发展方向，对每项职责、目标、任务要达到的产出和效果进行合理的预测，以指标化和标准化形式进行描述，将反映日常具体工作内容或产出的指标剔除，提炼出反映履职能力的核心指标，并将其确定为相应的部门整体支出绩效指标，以确保绩效指标既能体现部门整体任务又能反映关键绩效目标。四是确定指标值。应通过各种途径广泛收集数据，包括以前年度的数值、过去若干年的平均值、周边地区同类部门的先进水平、行业标准或其他权威标准等，准确客观地确定绩效指标的具体数值，以最大限度保障指标值设置的合理性②。

2. 加强绩效目标论证

加强绩效目标论证是提高高等教育学校整体支出绩效目标编制质量的重要方途径。科学合理的绩效目标设定是预算绩效管理的一大难点，如果目标过高，超过高等教育学校财力的供给能力，不仅绩效目标难以实现，还会抑制高等教育学校的工作积极性。如果目标设计过低，高校整体支出无法满足社会需求，则绩效目标同样无法发挥应有效应。由此，高校整体支出绩效目标的填报应在综合分析以往年度绩效目标的完成情况、绩效评价的结果以及行业标准的基础上开展。同时，还应结合高校整体支出绩效目标实施情况的跟踪，对高校整体支出绩效目标进行调整与完善。

3. 绩效目标应尽量细化量化

从当前绩效目标审核情况来看，大部分绩效目标的设置均存在指向不够明确、可量化可衡量指标不足、产出和效果指标选择不够合理等方面的问题，甚至还存在一些部门填报的绩效指标全部都是定性指标的现象，如“调动工作积极性，加快推动园区升级改造项目，完成工作任务”“合理合规支出，加快审批流程”“缓解资金压力，促进重点项目快速推进落地”等。有效的高校整体支出绩效目标应尽可能细化量化，据此才能在高校整体支出执行时实行监督控制，在高校整体支出执行完成后进行绩效评价。如果高校整体支出绩效目标过于定性，则预算约束力不强，同时也无法据以对高校整体支出的产出与效益进行评价。

4. 数量适当，高度适中，可操作且具有前瞻性

高校整体支出绩效目标设置若数量太少，容易以偏概全，不能全面系统地反映高校各方面的工作情况；若数量太多，重点不突出，也难以体现高校整体支出绩效管理要求的对重点、核心领域进行考核。由此，绩效目标设置应数量合适，突出高校运营特点，促使绩效目标编制质量有效提升。其次，高校整体支出绩效目标值的

---

① 何兴财. 教育部门整体预算绩效目标体系构建浅析［J］. 市场周刊，2021（10）：89-90，164.

② 宋淑钢. 部门整体绩效目标管理的探索与实践［J］. 财政监督，2021（8）：27-31.

设置还应适中，绩效目标值过高，难以实现，将使高校失去努力的动力；若设置过低，不仅缺乏挑战性，还会造成高校资源的过剩与浪费。高校整体支出绩效目标值的设置应有一定的挑战和压力，应是通过高校的努力可以实现的。此外，高校整体支出绩效目标设置还应具有前瞻性，使绩效目标在短期可作为高校整体支出绩效评价的依据，在长期内又可成为高校改革与发展的引导。

总体来看，高校整体支出绩效目标的设置应以此为标准，尽量细化量化，以便于指导高校整体支出的实施，并对高校整体支出的实施结果进行有效评价。为此，还应做好高校整体支出绩效目标的内部及外部审核。

二、推进高等教育学校整体支出事前绩效评估

事前绩效评估作为全过程预算绩效管理的“第一关口”，在预算编制阶段决定着预算支出的方向与内容，是绩效管理与预算管理深度融合的重要环节。推行部门整体支出事前绩效评估，建立科学的预算绩效评价体系，对加快部门职能的转变，树立服务理念，提高部门服务水平和能力，调动各部门使用和管理财政资金积极性等方面，都发挥着极其重要的作用。

因此，如何通过做好预算绩效事前评估管理工作优化高校财政资源配置，提高预算编制的科学性和合理性，对提高高校财政资金决策效益和使用效率有着重要意义。

（一）高等教育学校整体支出事前绩效评估原则和要点

事前绩效评估又称前瞻性评价，是通过对高校整体支出在决策前的评估，确定如何对其予以支持的重要环节。高校整体支出事前绩效评估不仅需要对新增重大政策、项目实施之前进行相关评估，评估所建议政策、项目立项的必要性、可行性，同时，还要对高校的基本支出进行核定，对于部门人员经费、公用经费等进行评估。

对于高校来说，做好事前绩效评估工作，需遵循以下基本原则：（1）依法依规。事前绩效评估应根据政府决策部署，以高等教育相关法律、法规、规章以及财政资金管理办法规定等为依据开展。（2）绩效导向。高校事前绩效评估以支出的必要性及投入、产出和效果为评估重点，从多个维度对项目进行综合评估。（3）科学规范。高校事前绩效评估应按照规范的程序，采用定性与定量相结合的评估方法，通过多种途径和手段充分收集证据资料，保证评估结论科学可信。（4）客观公正。高校事前绩效评估应按照“公开、公平、公正”的原则进行，同时建立责任约束机

制，明确各方职责，清晰界定权责边界，并对评估结果负责，利益相关方不得影响评估过程及结果。（5）财力匹配。高校事前绩效评估要树立财政可持续意识，应充分结合财政可承受能力进行评估。（6）精简高效。高校事前绩效评估应结合预算评审、项目审批等程序开展，简化流程和方法，提高评估工作效率和质量。

高校承担着人才培养、科学研究、社会服务、文化传承创新等多种职能，在事前绩效评估时不仅要注重经济效益，还要注重社会效益评价，以促进高校长远健康地发展。在评估高校整体支出的必要性时，首先，需要确定高校整体支出主要用于解决什么问题，并确定问题解决的逻辑，即高校支出活动是否能够改善或消除高校在办学过程中面临的重大问题，以及如何改善或消除问题，能否有助于高校社会功能的实现；其次，要考虑高校活动所需的资源或预期可获得的资源；最后，要检查和综合已有的评价或其他材料，对高校整体支出活动实施的可能结果作出分析和判断①。

（二）高等教育学校整体支出事前绩效评估范围和内容

事前绩效评估是对财政支出效益、部门预算管理水平、财政投入风险等方面进行的综合考评，有其特定的范围和内容。

1. 事前绩效评估范围

一般来说，部门整体支出事前绩效评估是对预算部门（单位）包含人员经费、公用经费等在内的基本支出和项目支出，在预算编制及审核阶段进行的全面评估。因此，高校整体支出事前绩效评估范围包含纳入高校预算管理的全部资金，包括当年财政拨款和通过以前年度财政拨款结转和结余资金、事业收入、事业单位经营收入等其他收入安排的支出，涵盖所有基本支出和项目支出。其中，人员经费包括高校基本工资、补助工资、其他工资、职工福利费和社会保障费等；公用经费包括高校公务费、小型设备购置费和修缮费、业务费和业务招待费等；项目支出是指高校除基本预算支出以外财政预算专项专款安排的支出，包括高校基本建设、有关事业发展专项计划、专项业务费、大型修缮、大型购置、大型会议等项目支出。

2. 事前绩效评估内容

高校整体支出事前绩效评估内容主要是对高校决策的相关性、绩效目标的可实现性、计划或项目实施方案的有效性、整体支出及相关项目预期绩效的可持续性和财政资金投入的可行性及风险进行评估。

（1）决策的相关性。高校决策的相关性主要评估点包括：①高校决策依据，即高校计划内容或项目立项是否明确具体；计划履行的决策申报程序是否规范；高校

① 童伟. 中国预算绩效管理：路径、方法与实践［M］. 北京：经济日报出版社，2023：136-137.

预算是否与绩效目标、高校计划或项目内容相匹配。②高校项目的现实需求性，即高校项目安排是否切合高等教育行业、高校及社会经济发展需要，是否符合相关政府或主管部门的发展需求，是否具有一定的现实需求。

（2）绩效目标的可实现性。高校整体绩效目标的可实现性主要评估点包括：①绩效目标明确性，即高校整体支出绩效目标是否明确；受益群体的定位是否准确。高校整体支出绩效指标是否细化、量化。②绩效目标与高校预计解决的问题和现实需求的匹配性，即绩效目标与高校预计解决的问题是否匹配、与现实需求是否匹配，是否存在过高或过低的情况。③高校整体支出绩效效益性，即高校整体支出绩效是否具有明显的经济、社会、环境效益，高校预期效益的可实现程度如何。④服务对象或受益对象的准确性，即高校决策的受益对象、服务群体的定位是否准确。

（3）管理的有效性。高校管理的有效性主要评估点包括：①实施方案有效性，即高校相关项目支出的技术方案是否完整，技术方案与项目内容及绩效目标是否匹配且为最优选择，高校计划活动或具体项目工作量、进度安排是否合理，高校是否已具备人、财、物等保障计划活动或项目实施方案顺利实施的基础条件。②组织机构的健全性，即高校组织机构是否健全、职责分工是否明确。③管理制度的完备性，即高校及与项目相关的各项管理制度是否健全，是否能够得到有效执行；高校是否有明确的组织管理措施，组织管理措施是否科学、可行。

（4）预期绩效的可持续性。高校预期绩效的可持续性主要评估点包括：高校决策、绩效目标及项目设立依据的宏观政策是否具有可持续性，高校所设立的项目所在行业环境是否具有可持续性；高校项目产出和结果是否具有可持续性，维持产出和成果发挥其应有功能的运行保障经费是否具有可持续性，高校环境效益、社会文化效益等是否具有可持续性；高校组织管理制度是否完备，部门机构成员是否稳定，组织管理机构是否能够可持续运转。

（5）财政资金投入的可行性及风险性。高校财政资金投入的可行性及风险性主要评估点包括：①项目的公益性，即高校项目是否具有公益性，是否属于公共财政支持范围。②资金投入的可行性，即高校预算是否与绩效目标、高校计划或项目内容相匹配，基本支出预算编制是否符合相关规定，项目预算是否控制在合理区间，编制依据是否充分，投入产出比是否合理。③资金投入的风险性，即财政资金承受能力是否存在风险；是否存在财政资金重复投入的风险；财政资金支持方式是否存在风险；高校在职责履行中是否存在不可预期的、可能对财政投入带来不利影响的风险。

值得一提的是，当前高校整体支出绩效管理尚处于探索之中，因此高校整体支出事前绩效评估的范围和内容未来还需进一步探讨和完善。

（三）高等教育学校整体支出事前绩效评估实施流程

完整的高校部门整体支出事前绩效评估实施流程总体上可分为以下三个阶段：一是前期准备阶段，即教育部门确定高校评估实施方案；二是评估实施阶段，即按照确定的标准和方法对高校整体支出绩效目标设置的科学性、高校职责履行方案的可行性、预算编制的合理性、风险抵御方案设置的全面性等进行评估，并向社会公布评估结果；三是总结及结果应用阶段，即应用评估结果，调整高校的发展目标和计划，并据以确定高校年度的实际预算规模。具体来说：

1. 事前绩效评估前期准备阶段

按照“谁评价，谁确定”的原则，由教育部门负责整个评估工作的组织领导及协调工作，负责制订评估实施方案，选择评估参与机构，审核评估报告，确定评估结果运用的方法。这一阶段，教育部门最为重要的工作就是制定高校整体支出事前绩效评估实施方案以及评价规则，并就高校整体支出事前绩效评估的组织形式，评估的目的和内容，评估的方法和依据，评估标准和指标体系，评估资料准备，评估的流程安排，以及评估结果的运用等方面的规范与制度作出明确的要求。同时，为落实事前绩效评估的各项组织工作，还应成立事前绩效评估工作组，评估工作组组长由教育部门人员担任，由组织开展事前绩效评估各项工作的第三方中介机构人员任副组长。

2. 事前绩效评估实施阶段

这一阶段包括的工作主要有：一是拟订工作方案。评估工作组按要求拟订具体的事前绩效评估工作方案。二是开展入户调研。评估工作组到高校进行入户调研，了解高校情况，辅导高校收集准备资料。三是组建专家组。评估工作组依据评估内容遴选评估专家，组成专家组，并适时对专家进行业务培训。四是收集审核资料，开展现场调研。评估工作组收集审核高校资料，与专家到现场进行调研。通过咨询专业人士、查阅资料、问卷调查、电话采访、集中座谈等方式，多渠道获取部门信息。五是进行预评估。评估工作组与专家组对高校相关数据进行摘录、汇总、分析，完成预评估工作。对于资料不全或不符合要求的，要求高校在一定期限内补充上报，逾期视同资料缺失。六是召开正式专家评估会。专家组通过审核部门资料和听取高校汇报，对高校新增重大政策和项目的相关性、预期绩效的可实现性、实施方案的有效性、预期绩效的可持续性和资金投入的可行性及风险等内容进行评估，形成评估结论。

3. 绩效评估总结及结果应用阶段

这一阶段，评估工作组根据专家评估意见，按照规定的文本格式和要求，撰写事前绩效评估报告，整理事前绩效评估资料，并在定时间内，向教育部门提交事前绩效评估报告。教育部门及时向高校反馈事前绩效评估结果，并根据事前绩效评估结果作出预算安排决策。

第三节 强化"怎么督"：高等教育学校整体支出运行监控

作为高校整体支出绩效管理的重要环节，绩效运行监控管理是高校整体支出绩效中期管理的重要体现，是围绕高校整体支出的使用过程，对高校整体支出预期产出和效益实现的显现程度进行跟踪，对绩效目标偏离、资金收支过程中存在使用不规范等情况及时发现、尽快纠偏的重要手段。同时，也是对预定目标完成可能性进行分析和评估，测算和估计产出、效果和影响等绩效目标及指标的可能性实现情况，进而提出绩效改进建议的重要方法。

教育部门应建立绩效运行监控机制，对高校整体支出绩效目标的实现程度和预算执行进度实行"双监控"，发现问题及时纠正，确保绩效目标如期实现。

一、高校整体支出绩效运行监控主体责任划分

1. 教育部门的主要职责

教育部门实施高等教育学校整体支出绩效监控，主要职责包括：组织开展高校整体支出绩效监控工作，加强高校整体支出绩效监控结果应用。

2. 高等教育学校的主要职责

高校是整体支出绩效监控的具体实施部门，按照"谁支出，谁负责"的原则，负责实施高校整体支出绩效日常监控，收集、汇总、填报整体支出绩效监控信息；分析整体支出偏离绩效目标的原因，并及时采取纠偏措施。

二、高等教育学校整体支出绩效监控的主要内容

教育部门应对高等教育学校重点政策和重大项目，以及巡视、审计、有关监督检查、重点绩效评价和日常管理中发现问题较多、绩效水平不高、管理薄弱的项目予以重点监控，并开展高校整体预算绩效监控。具体监控内容包括：

（1）绩效目标完成情况，包括高校整体支出产出任务完成情况分析，以及预期

效益实现趋势判断。

（2）预算资金执行情况，包括对高校整体支出及预计结转结余情况分析。

（3）重点政策和重大项目绩效延伸监控。必要时，可对高校重点政策和重大项目支出具体工作任务开展、发展趋势、实施计划调整等情况进行延伸监控。

三、高等教育学校整体支出绩效监控的监控方式和流程

（一）高等教育学校整体支出绩效监控的监控方式

高等教育学校整体支出绩效监控可采用目标比较法，用定量分析和定性分析相结合的方式，将绩效实现情况与预期绩效目标进行比较，对目标完成、预算执行、组织实施、资金管理等情况进行分析评判。评判的内容包括及时性、合规性和有效性监控。其中，及时性主要关注高校上年结转资金较大、当年新增预算且前期准备不充分，以及预算执行环境发生重大变化等情况。合规性主要关注高校相关预算管理制度落实情况、项目预算资金使用过程中的无预算开支、超预算开支、挤占挪用预算资金、超标准配置资产等情况。有效性主要关注高校预算执行是否与绩效目标一致、执行效果能否达到预期等。

（二）高等教育学校整体支出绩效监控的实施流程

高等教育学校整体支出绩效监控采取全流程的持续性管理，具体采取高校日常监控和教育部门定期监控相结合的方式开展。每年8月，教育部门要集中对高校1—7月预算执行情况和绩效目标实现程度开展一次绩效监控汇总分析（绩效目标执行监控表见附录3），具体工作程序如下：

（1）收集绩效监控信息。高校对照批复的绩效目标，以绩效目标执行情况为重点收集绩效监控信息。

（2）分析绩效监控信息。高校在收集上述绩效信息的基础上，对偏离绩效目标的原因进行分析，对全年绩效目标完成情况进行预计，并对预计年底不能完成目标的原因及拟采取的改进措施作出说明。

（3）填报绩效监控情况表。高校在分析绩效监控信息的基础上填写绩效监控表，并作为年度预算执行完成后绩效评价的依据。

（4）报送绩效监控报告。教育部门年度集中绩效监控工作完成后，及时总结经验、发现问题、提出下一步改进措施，形成高校绩效监控报告，并将绩效监控表报送财政部对口部门司和预算司。

第四节 优化“怎么评”：高等教育学校整体支出绩效评价

绩效评价是高等教育学校整体支出绩效管理的重要手段，是高校整体支出绩效管理主体根据设定的绩效目标，运用科学、合理的绩效评价指标、评价标准和评价方法，对高校整体支出的经济性、效率性、效益性和公平性进行客观、公正的评价。

一、高等教育学校整体支出绩效评价责任划分

1. 教育部门的主要职责

教育部门负责制定高等教育学校整体支出绩效评价办法，组织高等教育学校开展自评工作，加强高等教育学校整体支出自评结果的审核和应用；实施高等教育学校整体支出绩效评价工作，加强高等教育学校整体支出绩效评价结果反馈和应用，落实高等教育学校整体支出绩效评价整改意见。

2. 高等教育学校主要职责

高等教育学校按照要求配合教育部门开展整体支出绩效评价工作，同时具体负责高校整体支出的自评工作（自评表见附录4），对高校整体支出材料的真实性和准确性负责，对高校整体支出绩效评价中发现的问题进行及时整改。

二、高等教育学校整体支出绩效评价的方式与周期

（一）高等教育学校整体支出绩效评价的方式

高等教育学校整体支出绩效评价主要分为单位自评和部门评价两种方式。单位自评是指高等教育学校对预算批复的绩效目标完成情况进行自我评价，自评价主要围绕高校整体支出总体绩效目标、各项绩效指标完成情况以及预算执行情况开展，对未完

成绩效目标或偏离绩效目标较大的指标，要分析并说明原因，同时提出改进意见。

部门评价是指主管部门或财政部门根据相关要求，运用科学、合理的绩效评价指标、评价标准和方法，对高等教育学校整体支出绩效组织开展评价，主要围绕高等教育学校战略决策情况，高等教育学校内部治理情况，高等教育学校整体支出实现的产出和效益情况进行评价。

（二）高等教育学校整体支出绩效评价的周期

高等教育学校整体支出绩效评价单位自评在每年度结束后，由高校自行开展。

基于高等教育的复杂性、高校资金来源渠道的多样性以及教学科研活动成效显现的迟滞性，还应在年度绩效自评的基础上，由主管部门或财政部门以5年为评价周期，对所属高等教育学校实施整体支出绩效评价全覆盖，探索长周期、宽视域的高校整体支出部门绩效评价工作。

三、完善高等教育学校整体支出绩效评价流程

应充分借鉴国际经验，完善高等教育学校整体支出绩效评价流程，例如美国田纳西州针对高等教育学校开展绩效评价的流程管理较为严密，对确保绩效评价工作质量，保证评价结果的有效性具有一定的参考借鉴价值。

为开展高等教育学校绩效评价，美国田纳西州高等教育委员会不仅制定了周密的高校绩效评价时间进度表，还制定了严格的评审程序和相关规定，并对高校在参与绩效评价活动过程中的表现进行打分，评价结果占10%的权重。田纳西州各公立高校都须严格遵守这一评估日程安排。周密的评价过程部署不仅有助于分散高校评估压力，使高校能够有条不紊地收集数据，还为高校预留出充足的绩效评价材料准备时间[①]。与此同时，田纳西州高等教育委员会还在评估周期开始之前就对评估人员进行培训。在我国开展高等教育学校整体支出绩效评价时，也需要制定严格的绩效评价计划表，编制绩效评价手册，开展绩效评价培训。

1.编制高等教育学校整体支出绩效评价手册

应汇编高等教育学校整体支出绩效评价手册，在手册中对高等教育学校整体支出绩效评价的流程、评价的依据、评价的方法、评价的时间节点、评价指标的含义、评价指标的来源、评价结果的应用等内容进行详尽说明、解析，并提出各评价阶段的核心任务与评价要求。

---

① 王春春，张男星.美国公立高校绩效评价体系内容与特点分析——以田纳西州为例［J］.比较教育研究，2012（1）：23-27.

2. 开展高等教育学校整体支出绩效评价培训

无论是自评价还是专家评价，评价者和被评者对指标内涵和相关要素的精准把握和客观公正的态度，是确保评价结果信度和效度的前提和关键。为此，需要对高校相关人员和评价专家进行培训和辅导，以确保各方对指标内涵、统计要素、评价标准的认识达成一致。同时，被评者和评价者都要签订承诺书，学校必须承诺所提供的数据和材料是客观、真实的；评价专家承诺客观评价，同时实行回避原则，确保评价结果公平公正。

3. 高校自评

高校依据整体支出绩效评价指标进行评估，围绕现状、成效、问题分析与改进措施撰写自评价报告。同时，填报战略规划目标落实情况、教学质量保障情况、办学特色及指标数据表。

自评价的过程是被评价高校收集、整理评价信息、进行自我诊断的过程，有助于高校的自我改进。在自评价阶段，高校需要根据评价指标体系和具体工作要求提供自评报告等相关材料。一方面学校要为量化指标提供准确数据，另一方面学校要充分展现自身在人才培养、科学研究、社会服务等方面的办学特色。在这个过程中，要求学校保持客观的态度，展示成绩、提炼经验固然重要，但也不能粉饰太平、回避短板、弄虚作假。

4. 专家评审

专家评价是对高校自评价的检查，有助于提高评价的客观性、科学性和权威性。专家的全过程参与是确保评价专业性与客观性的基础。一是评价前可邀请教育界代表委员、高校管理者、高等教育及绩效评价等领域专家学者进行咨询，与工作组共同梳理评价设计思路与切入点。二是邀请教育领域专家对指标体系框架结构、权重设置、评价监测点及标准等进行论证。三是针对高校科学研究与社会服务成效，落实“破五唯”要求，邀请同行专家从成果创新质量、服务与贡献等方面进行综合评议。四是评价报告初稿完成后邀请专家对报告提出的问题和建议进行最后的把关，为评价科学实施提供支撑。

5. 反馈评价结果与改进方案

在绩效评价完成之后，应对高校的“绩效清单”“问题清单”进行梳理，有针对性地提出改进建议，将建议与被评价高校进行沟通与交流，引导高校管理部门认识、发现、关注问题，促进高校预算绩效管理提质增效。

同时，通过评价工作，深入了解全面实施预算绩效管理有关政策在高校的贯彻落实情况，与高校共同探索建立具有学校建设特色的高校预算绩效管理体系，形成符合高校特点的整体支出绩效评价模式，推动高校把全面实施预算绩效管理作为健全治理机制、优化资源配置、激发内生动力、提高管理效能的重要抓手。

6. 建立高等教育学校整体支出绩效报告制度

绩效报告是高等教育学校在对高校绩效实际情况和预期目标进行对比的基础上，提出分析改进举措的总结。高等教育学校在开展决算的时候，应同时完成高等教育学校财务报告和绩效报告。绩效报告应该包括高校规划与愿景、年度优先事项、年度绩效目标实现情况、高校整体绩效目标与项目之间的关联情况、重点项目绩效自评和评价结果、绩效改进措施等方面的情况。

四、完善高等教育学校整体支出绩效评价配套管理措施

（一）加强组织领导，强化制度保障

在高等教育学校整体支出绩效评价的施行进程中，不仅应从制度层面确保高等教育学校整体支出绩效评价全过程的一体化，还从领导层面和责任层面监督高校整体支出绩效评价全过程的实施，多措并举保证高校整体支出绩效评价的连续性和完整性，推动高校整体支出绩效评价的完善和优化。

（二）试点先行、逐步扩面

当前，无论是项目支出绩效评价，还是部门整体支出绩效评价，都是依照试点先行、逐步扩面的原则推进。在高等教育学校整体支出绩效评价开展之初，也应选取一些具有典型意义的高校先行先试，然后再根据试点工作总结经验，逐步向全方位、全覆盖高校整体支出绩效评价推进。

（三）分类实施高等教育学校整体支出绩效评价

2010年，《国家中长期教育改革和发展规划纲要（2010—2020年）》提出“建立高校分类体系，实行分类管理”。2017年，中共中央办公厅、国务院办公厅印发《关于深化教育体制机制改革的意见》，指出要“研究制定高等学校分类设置标准，制定分类管理办法”，使高校分类发展成为高等教育普及化阶段的核心改革方向。

高校分类的根本价值导向是追求高等教育的多样性，适应多元化的社会需求。同样，针对多元化的高等教育学校也应分类实施高等教育学校整体支出绩效评价。联合国教科文组织《国际教育标准分类法（2011年）》将高校人才培养的类型分为学术研究、应用研究、应用技术、应用技能四种类型①。高校整体支出绩效评价也

① 晏开利.构建高校“二维分类”管理体系［N］.社会科学报，2016-03-31（5）.

可照此分为四种类型开展。

与此同时，按照学科的专业设置，可将高校划分为综合性、多科性、特色性三种类型。由此，依照四种人才培养类型以及三种学科专业分类，可设置多种类型高校整体支出绩效评价指标体系，以达成分类管理、分类评估、分类绩效拨款的高校管理目标。

（四）适应个性化评价要求，采取“一校一方案”

开展高等教育学校整体支出绩效评价，要充分尊重高校的自主权，适应办学个性化要求，制订具有针对性、符合高校定位和体现高校特色的“一校一方案”，在高校对自身战略目标贡献或对区域战略目标贡献的基础上开展评估，避免千校一面、学校趋同的不良结果。

同时，运用开放式循证方法，只要能证明高校办学业绩的材料都可以采用，无论是社会、政府对高校的综合和单项权威评价结果都可以采用，以进一步激发高校办学的动力和活力。

（五）优化评价指挥棒，引导高校进一步明确人才培养中心地位

将评价作为贯彻落实党的十九大精神的重要举措，通过评价指挥棒，引导高校进一步明确人才培养中心地位，落实立德树人根本任务，优化人才培养体系。

（1）落实教育评价改革。当前我国高等教育领域评价存在的最大问题就是唯分数、唯升学、唯文凭、唯论文、唯帽子，破除“五唯”是我国教育评价改革任务的重中之重。为此，在高校绩效评价过程中，应大幅降低“论文、项目、人才头衔”等方面的指标权重，严格控制“高层次人才数”“师均国家级/省部级科研项目数”“师均高水平论文数”“获国家级/省部级科研奖项数”等方面指标的数量及权重，特别是针对论文评价，不建议对研究生发表论文提出要求，不对应用技术、应用技能型高校提出论文发表要求，增加高水平著作等方面指标，以冲淡“唯论文倾向”，同时关注“一人多帽”问题，引入非评选性头衔的高层次人才类别，注重人才的实际贡献。

（2）坚持立体化评价。在评价中坚持定量评价与定性评价、综合评价与单项评价、内部评价与外部评价相结合，筹兼顾综合不同类型高校的不同建设要求，突出对标管理，既要体现不同高校间建设水平的横向比较，关注核心要素和关键质点的办学成就；也要注重高校纵向成长发展评价，关注建设目标的完成情况，引导高校立足自身定位，开展自主建设、特色发展，不断提高办学水平和办学绩效。

（3）完善人才评价机制。构建以品德、能力、业绩、贡献为主要标准的考核

评价导向，引导高校科学设置考核评价周期和考核办法，激励高层次人才投身重大原始创新研究。教师评价应突出教育教学实绩，引导广大教师认真践行教书育人使命，提升教书育人能力素质。

（4）突出人才培养重要地位。高校作为拔尖创新人才培养的主阵地，是教育、科技、人才一体化发展的中心枢纽，其立身之本在于立德树人。因此，在高校绩效评价中应坚持为党育人、为国育才的初心使命，突出“立德树人根本任务的落实情况”“学科专业布局优化情况”“教学质量保障水平”“本科生生均课程数”“创新创业示范基地（项目）数”“学生获国家级及以上奖项数”“办学特色”等评价指标，不断提高人才培养相关指标权重，使立德树人根本任务落实情况、人才培养质量成为高校发展水平评价的决定性因素。

（六）整合各类信息和数据，减轻高校评价负担

整合各类已有数据，大量采用社会评价数据，充分利用已有数据，构建多元多维观测体系，减轻高校评价负担，是各国开展高校绩效评价的一致做法。如英国高校预算绩效评价在数据收集时，为不增加绩效评估给高校带来的负担，绩效指标督导组主要从英国高等教育管理的相关机构收集数据，并要求收集数据时应最大限度使用已有数据，如果需要在现有数据的基础上收集更为详尽的信息，必须要提出充分的理由并测算所需成本。在我国开展高校绩效评价的过程中，也应坚持最少打扰原则，充分利用教育部门评估、评价及高校日常监测工作中形成的基本数据，通过整理分析形成系统化的数据集，揭示数据背后的趋势性、结构性特征。一般来说，能够通过其他方式获取，且经过严格核查的数据，不再请学校填报，减轻高校评价负担。

与此同时，应充分吸收借鉴教育部门评估、评价活动及社会机构评价所使用的指标内容，合理参考其评价要点与标准，力争使用教育领域专业语言表达财政绩效管理要求。

（七）引入利益相关方，关注满意度调查结果

绩效管理是兑现“办好人民满意的教育”、更好实现教育现代化的客观要求。高校绩效评价不仅要考察教育经费的支出效率，还应关注参与教育过程的学生、家长、教师的获得感和满足感。因此，在高校绩效评价过程中，要以满意度为考核指标，将“教师满意度”“毕业生满意度”“用人单位对毕业生的满意度”等纳入评价范围，委托第三方机构开展相关调查，重点关注高校支出是否满足公众对于优质、公平、多样化高等教育的价值诉求，促使高校提高高校办学理念、办学站位以及办学立足点，提升人才培养质量。

▶ 第五节 重视“怎么用”：高等教育学校整体支出绩效管理结果应用

高等教育学校整体支出绩效评价是对高等教育学校履行职能所耗费的公共资源进行的考察，通过评价探查高等教育学校财政资金的实际运用状况，揭示其中的不足和问题，并通过对问题产生原因的分析和剖析，督促高等教育学校改进预算决策、优化预算安排、增进公共服务责任。这是开展高等教育学校整体支出绩效评价的出发点，也是推进高等教育学校整体支出绩效评价的最终目标。显然，开展高等教育学校整体支出绩效评价只是方法和手段，只有做到“评价结果有反馈，反馈结果有应用”，才能真正体现高等教育学校整体支出绩效评价的使用价值，最终实现高等教育学校整体支出绩效管理“规范部门预算行为，优化预算支出结构、提升预算资金使用效益，提高部门管理和服务能力”的目的与目标。

由此可见，高等教育学校整体支出绩效评价很重要，但应用高等教育学校整体支出绩效评价结果更为重要，是促进高等教育学校预算管理制度完善、高等教育学校预算管理措施改进、高等教育学校预算管理水平提高、高等教育学校支出成本降低、高等教育学校公共服务责任强化的基础与保障。

从国际经验来看，各国都非常重视高校绩效评价结果的应用。在美国，绩效评价结果是高校预算拨款的重要依据。田纳西州在财政资金拨款的额度上，将80%公共高等教育经费的配置纳入绩效拨款框架之中，完全摒弃以入学人数作为参数的传统拨款方式，以结果和质量作为高等教育拨款依据。这种绩效评价结果应用机制不仅有效促进了高等教育学校的持续进步，还促使政府宏观调控目标实现。作为激励高校的重要手段，美国还将高等教育国家拨款的一部分用于绩效奖励，高校可通过达到或超过某些目标来争夺绩效奖励资金。在英国，管理部门通常利用绩效评价结果，作为对特定高校进行规制或扶持的依据，包括教学资金分配、学生支持措施等。在日本，政府根据大学绩效评价结果，向各国立大学法人支付不限定拨款用途的运营费交付金，由大学自主支配。由此，应高度重视高等教育学校整体支出绩效评价结果的应用。

一、加强事前绩效评估结果应用

一般来说，高等教育学校整体支出事前绩效评估结果包括评估得分和评估结论两部分。评估得分根据评分可划分为5个等次：90分—100分为“优秀”、80分—90分（不含）为“良好”、70分—80分（不含）为“一般”、60分—70分为“较差”、60分以下为“差”。事前评估得分要详细列明评分依据、评分要点、证明资料及评分原因。对于资料不全或提供资料不符合要求的，由申报单位及时补充报送。

评估结论可分为建议予以支持、建议调整完善后予以支持和不予支持三种。对事前绩效评估结果为“优秀”和“良好”的，建议予以支持，可进入预算编审下一环节；对事前绩效评估结果为“一般”的，退回部门，建议重新修改完善后予以支持；对事前绩效评估结果为“较差”和“差”的，不予支持，不进入预算编审下一环节。

对于事前评估结果应用，基本支出事前绩效评估结论为调增的，应依照评估结论予以适度资金扩大和增加，对于评估结论为调减的，预算批准规模不应超出评估建议规模。对于项目支出事前绩效评估结果，可将事前绩效评估结果为予以支持的政策和项目纳入项目库，采取成熟一批报送一批的方式，报送到项目库中，为年度预算编制做好储备。预算部门要加强对新出台重大政策和项目预算审核，对未提供事前绩效评估报告的，不予纳入项目库，不得安排预算；对论证不充分、无法有效支撑评估结论、予以退回，建议调整完善，高校按要求调整完善后，仍不符合要求的，不再受理；对审核认定同意纳入财政项目库的政策和项目，在年度预算安排时予以统筹考虑。

预算部门应当及时整理、归纳、分析、反馈事前绩效评估结果，按照评估结果安排高校预算，并将其作为改进高校预算管理的重要依据。高校应根据事前绩效评估结果，改进管理工作，调整和优化本部门预算支出结构，合理配置资源。

总之，加强高校支出的事前绩效评估结果应用，将评估结果作为调整高校支出结构、科学安排高校预算的重要依据是非常必要的。

二、推进绩效运行监控结果应用

高等教育学校整体支出绩效运行监控是在执行过程中对高等教育学校整体支出执行进度及绩效目标实现程度进行的考察，其结果可用于发现问题，研判风险，对问题严重的，如预算执行与绩效目标偏离较大、已经或预计造成重大损失浪费的情况，应及时纠偏止损。

三、完善绩效评价结果应用

高等教育学校整体支出绩效评价结果应用分为自评价结果应用和部门评价结果应用。

（一）自评价结果应用

高等教育学校整体支出自评价结果，根据其指标完成情况可划分为三个档次：达成年度指标、部分达成年度指标并具有一定效果、未达成年度指标且效果较差。其对应分数分值区间为：100%—80%（含）、80%—60%（含）、60%—0合理确定分值（见表5-1）。定量指标得分按照以下方法评定：与年初指标值相比，完成指标值的，得该指标所赋全部分值；对完成值高于指标值较多的，要分析原因，如果是由于年初指标值设定明显偏低造成的，要按照偏离度适度调减分值；未完成指标值的，按照完成值与指标值的比例记分。

表5-1　　　　高等教育学校自评价结果对应表

档次	完成情况	分数
第一档次	达成年度指标	100%—80%（含）
第二档次	部分达成年度指标并具有一定效果	80%—60%（含）
第三档次	未达成年度指标且效果较差	60%—0

自评价结果主要通过高等教育学校整体支出绩效自评表反映，做到内容完整、权重合理、数据真实、结果客观。

高等教育学校应按照要求随同机构决算向教育部门报送绩效自评结果。自评结果作为高等教育学校完善政策和改进管理的重要依据。对预算执行率偏低、自评结果较差的，要单独说明原因，并提出整改措施。

（二）部门评价结果应用

教育部门开展的高等教育学校整体支出绩效评价，评价结果采取评分和评级相结合的方式，具体分值和等级可根据不同评价内容设定。总分一般设置为100分，等级一般划分为四档：90分（含）—100分为优、80分（含）—90分为良、60分（含）—80分为中、60分以下为差。

为降低评价主观性，还可采用综合赋分的方法，即全部绩效评价的分数由三部分组成：一是通过客观计算方式进行评价的指标分值，这类分值应占绝大部分比重；二是由同行专家进行综合评议的分值；三是依照基准值进行修正和调整后的评价分值。这一评价方法不仅可提高评价的客观性，还使评价更加科学合理。

教育部门对高校整体支出进行绩效评价的结果可作为安排预算、调整政策和改进管理的重要依据。教育部门应在绩效评价工作完成后，及时将评价结果反馈给高等教育学校，并明确整改时限；高等教育学校应按要求向教育部门报送整改落实情况。原则上，对评价等级为优和良的，应予以优先支持；对评价等级为中和差的，应在调整政策、改进预算管理之后安排预算。对不进行整改或整改不到位的，应根据情况相应调减预算或整改到位后再予以安排。

四、构建激励与约束机制

合理的激励约束机制应使预算执行者在履行合约后所获实际收益不低于预期，并促使其在选择行为模式时，能够在满足自身利益最大化的同时，实现预算组织者的收益最大化，以达成预算组织与执行方双方目标函数的协调一致，实现激励与约束的共进。

（一）构建激励机制

相比之下，中国当前的预算绩效管理约束偏多，激励偏少，例如《中共中央国务院关于全面实施预算绩效管理的意见》明确提出要强化绩效管理责任约束，项目责任人终身追责；要加强绩效管理监督问责，财政、审计、纪检监察机关依法对预算绩效评价进行监督；绩效评价结果纳入政府绩效和干部政绩考核体系，工作推进不力的要约谈并责令整改。这些措施和要求主要都是针对约束开展的，针对激励的措施和要求则偏少，主要体现为绩效评价结果与预算安排的挂钩，绩效好的原则上优先保障，绩效一般的督促改进，低效无效的一律削减或取消。但事实上能否得到预算的优先保障，绩效评价结果并不能做到一票否决，能否取得财政资金、能在何时以及能在多大程度上获得财政资金，更多地取决于被评价对象所处领域及重要程度，如果是非常重要的支出领域或基础性支出，即使其绩效评价结果不佳，预算资金也必须予以优先且足额保障。激励机制的不够充分，约束机制的过于强大，容易导致懒政滋生。

除激励作用体现不够充分外，当前的绩效激励机制还存在典型的不相容特征。例如，节约成本、提高效率虽有利于社会整体效益的增进，却无益于部门利益的提升，反而会使部门预算因资金结余被削减、部门绩效因支出目标未达成被扣分。部门不仅不能从资金节约、效率提升中获益，这种逆向奖赏资金浪费、惩罚效益提升的管理机制，反而使部门利益与社会利益相悖，同时也与绩效预算改进部门管理模式、提高资金使用效益、以较低的成本为社会公众提供更为充足高质量服务的要求背道而驰。而当下开展的预算绩效评价不仅未能对这一问题进行揭示，开展针对性评价，并提出改进完善的意见，反而起到了一种推波助澜的逆向激励作用。

由此，应加大激励机制建设，如借鉴美国经验，通过设立单独的绩效奖励基金的方式，构建相容性绩效评价激励机制，以诱导部门在自身利益最大化的同时选择最优社会行为，实现社会效益与部门利益的共同增进。与此同时，还可借鉴田纳西州绩效拨款经验，通过评价结果与高校“双一流”建设经费、中央高校基本科研经费、基本教学经费等重大专项投入分配挂钩，与教育基本建设、教师编制调配、学科专业点设置、招生计划安排等政策和资源配置挂钩的方式，强化激励机制构建。可以将上述经费划分为两部分，一部分为一般性经费，事前拨付，另外一部分经费为绩效奖励经费，事后随高校整体支出绩效评价结果拨付，以在提升主管部门政策调控导向性、精准化的同时，增强高等教育学校对预算绩效管理的重视程度，以及对高校整体支出绩效评价的配合度和关注度。

（二）发挥问责功能

20世纪80年代以来，西方发达国家率先启动新公共管理改革，绩效优先成为席卷全球的教育治理的主导理念和行动策略。“换言之，政府做成了什么比做了什么更重要”，通过绩效激发高校改革和发展的内生动力，强化对领导班子的问责制是必然的选择。

由此，在应用绩效评价结果时，可借鉴美国、澳大利亚的高校绩效问责制，对在绩效评价中表现优异的高校党政班子给予奖励，对表现不佳的高校党政班子进行问责，包括将评价结果作为遴选、调整领导班子的重要依据，作为提高或降低班子成员考核等级和个人绩效工资系数的重要依据，以充分体现绩效评价的问责功能。

第六节 保障“阳光评”：高校整体支出绩效管理社会参与和信息公开

多元化的绩效评价主体有利于保证绩效评价的客观性、中立性、公平性和准确性，因此各国在高等教育学校整体支出绩效管理中都特别注重利益相关者的参与。与此同时，及时披露高等教育学校预算绩效信息，加强高等教育学校绩效管理的外部监督，保证高等教育学校信息的真实性和可靠性，是高等教育学校预算绩效管理的重点。实施高等教育学校预算绩效管理的各个国家都强调舆论的监督作用[①]，规定要及时、多途径公布高等教育学校的绩效报告和相关收支数据。

在财政部发布的《关于贯彻落实中共中央 国务院关于全面实施预算绩效管理的意见的通知》中也明确提出，应“推动社会力量有序参与。引导和规范第三方机构参与预算绩效管理，加强执业质量全过程跟踪和监管。搭建专家学者和社会公众参与绩效管理的途径和平台，自觉接受社会各界监督”。在此，该文件将社会参与划分为两大领域，一是第三方机构，二是专家学者和社会公众。

一、加强对第三方绩效评价机构的规范和引导

实施高等教育学校预算绩效管理，政府部门不能既当“运动员”又当“裁判员”，这样得到的评价结果，其公允性、客观性和可信可用度都会受到一定的限制。第三方机构作为专业的评估机构，因其客观性和独立性，成为高等教育学校预算绩效管理的合理组成部分。为此，《中共中央 国务院关于全面实施预算绩效管理的意见》明确提出，“各级财政部门建立重大政策，项目绩效评价机制，逐步开展部门整体绩效评价，必要时可以组织第三方机构参与绩效评价。”面对第三方机构存在着的专业性不够强、评价报告的结论不够深入等方面的实际问题，意见也明确指出，应“引导和规范第三方机构参与预算绩效管理，严格执业质量监督管理”。

① 王玉芳，吴传俭.英国社会保障改革与审计监督机制及借鉴［J］.当代经济，2012（17）：80-83.

为此，从政府监管层面来说，应明确高等教育学校绩效评价第三方机构的管理规程：一是确保第三方评价工作有章可循和可持续推进；二是合理设置准入条件，规范第三方评价市场；三是合理确定评价方式及评价定价，使有限的财政资金能够发挥更大效用，保障第三方机构服务优质优价；四是强化技术支持，健全财政信息系统，拓展绩效信息公开范围和渠道，规范并完善财政支出及其绩效信息公开的主体、规程、内容和方式，使第三方可便利地获取评价所需信息。

对于第三方评价机构来说，则应建立健全管理制度体系和与质量控制有关的制度，包括操作流程制度、评估人员行为准则、咨询专家管理制度、保密制度、评估人员培训制度、档案管理制度，以及建立质量控制的目标责任制，将质量控制目标分解，落实到每个部门、每个评价环节、每个评估人员，责任到人，确保质量控制目标的实现。

二、扩大高校预算绩效管理社会公众参与

高等教育涉及面广，相关利益者广泛，在高等教育学校是预算管理过程中，借助利益相关者的参与，改善高等教育学校财政预算资金使用效率、提升高等教育学校发展战略、强化高等教育学校受托责任、促进高等教育学校民主法治建设，是高等教育学校开展预算绩效管理改革的重要使命。

高等教育学校整体支出绩效管理公众预算参与的具体方法包括以下方面。

（一）预算征询

高等教育学校在编制部门预算方案时，应对重大事项开展意见征询，预算征询可以采取问卷、网络调查、座谈会等形式开展。

（二）预决算公开

高等教育学校预决算文件在提交人大审查时，也应同时向社会公众公开，即“双公开”制度。高等教育学校预决算公开可以让公众知晓并关注高等教育学校的预算安排及执行情况，为后续高等教育学校预算执行监督提供依据。

高等教育学校预决算文件应包括：高等教育学校预算修正案、预算调整案、预算执行情况报告、决算案、预算审计报告、财务报告、绩效评价报告（样式见附录5）等文件，这些文件均应通过正式程序向公众公开，使公众能够便捷查询。

（三）预算绩效公众评价

高等教育学校整体支出绩效评价是对高等教育学校财政预算执行结果进行的综合性考核，以衡量高等教育学校社会义务的履行情况和财政预算资金使用效益情况。《中央部门预算支出绩效考评管理办法》就规定了“公众评价法”，作为一种绩效评价模式，公众绩效评价的效果有赖于公众在高等教育学校预算决策与执行环节中的持续性参与。为此，应搭建专家学者和社会公众参与高等教育学校绩效管理的途径和平台，形成高等教育学校良好的绩效氛围。

三、强化高校预算绩效管理信息公开

高等教育学校预决算向社会公开，既是国际惯例，也是我国《预算法》《中华人民共和国政府信息公开条例》的要求。《中共中央 国务院关于全面实施预算绩效管理的意见》也明确指出，“各级财政部门要推进绩效信息公开，重要绩效目标、绩效评价结果要与预决算草案同步报送同级人大、同步向社会主动公开，搭建社会公众参与绩效管理的途径和平台，自觉接受人大和社会各界监督。”

为此，应逐步完善高等教育学校预算绩效信息公开的内容及形式，从内容、质量和传播渠道等三个方面不断完善高等教育学校预算绩效信息的公开与透明，逐步建立起完善的高等教育学校绩效信息公开报告制度。

第六章
构建高等教育学校整体支出绩效评价指标体系

内容提要

指标体系是绩效评价的技术工具，是绩效评价科学化、规范化的前提与保障，也是使绩效评价区别于审计、监察等其他监管手段的重要标志。鉴于不同管理对象、不同资金形态、不同评价目的有不同的考核要求，其评价指标也需要具有针对性，绩效评价指标体系的设计，应在公平公正、可比可测的基础上充分体现不同被评对象的特点，使被评对象的特殊性得到应有的反映，这使绩效评价指标体系的设置成为预算绩效管理中的重点与难点所在。

▶ 第一节 绩效评价指标体系构建的主要方法

目前在国际上有多种设置绩效评价指标体系的模型与方法，这些模型与方法各有其构建原理及其适用领域，各国依据这些模型与方法的特点，有选择地采用其中某一种或某几种模型，构建适合不同评价对象、不同评价领域的评价指标体系。最为常用的绩效评价指标体系构建方法有逻辑模型法（LM）、关键绩效指标法（KPI）和平衡计分卡法（BSC）等。

一、逻辑模型法（LM）

逻辑模型是一种项目开发、计划和评价的工具，由美国国际开发署开发使用。逻辑模型由投入、活动、产出、结果4个基本环节组成，结构如图6-1所示，以项目支出为例，投入指人力、物力、资金、时间、技术等项目投入的资源，代表着系统的输入；活动指为了实现特定产出在项目运作过程中所采取的措施和管理活动，是连接投入和产出的纽带；产出指项目产生的一定数量和质量的产品或服务；结果指项目在经济、社会、生态等方面产生的直接和间接效果，是项目产出所带来的短期、中期和长期影响，产出和结果属于社会公众可感知的绩效；环境是逻辑模型各环节的外部因素，在一定的环境中投入才能带来产出和效果，各环节之间的逻辑关系才能成立。逻辑模型的上述要素由两个基本的因果逻辑关系相连接：如果投入了一定的资源，并在过程中加以管理，预计会有怎样的产出；如果提供了一定的产出，预计在经济、社会等方面产生怎样的影响，这两个逻辑关系使各要素环环相扣，并成为逻辑模型的要义所在。

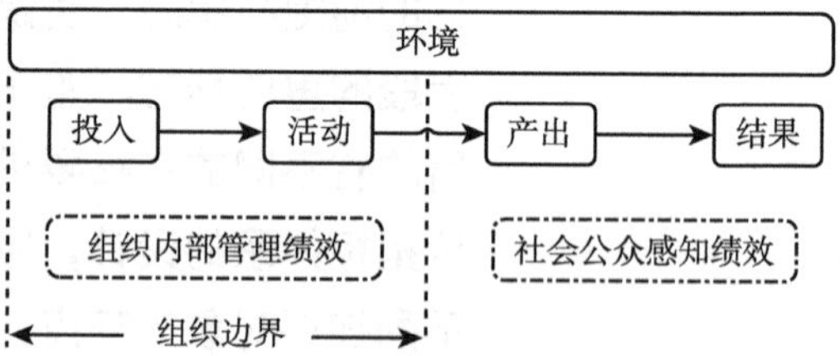

图6-1 逻辑模型结构

预算管理活动各方基于这一“因果关系链”开展工作，在资源配置、预算投入环节关注经济性，在预算执行、活动开展环节关注实施效率，在任务完成、效益实现环节体现公平与责任，并促使预算活动进入提升与改进的良性循环之中。如果预算管理的各个环节都能满足利益各方的需求，那么就可能同时实现预算绩效所追求的经济性、效率性、有效性和公平性的绩效评价标准。

逻辑模型是应用较为广泛的一种预算绩效指标体系设计方法，我国项目支出绩效评价指标体系、财政支出绩效评价指标体系都是依据逻辑模型（LM）设计的。

二、关键绩效指标法（KPI）

20世纪60年代，麦肯锡公司的丹尼尔首次提出关键绩效指标（KPI），20世纪80年代，斯隆管理学院的罗卡特对这一概念进行提炼与推广，使关键绩效指标法逐渐成为企业绩效评价的重要方法。关键绩效指标法的理论基础是“二八定律”，19世纪末20世纪初意大利经济学家帕累托通过对英国人财富和收益的调查发现大部分财富流向了少数人，之后他从大量资料中总结出如下统计结论：社会中20%的人掌握着大约80%的财富，这成为“二八定律”的雏形，其他领域所发现的原因与结果、投入与产出之间也大致呈现这样的数学关系，因此“二八定律”逐渐被用来代指这种不平衡关系。在企业绩效管理中，这一定律表现为员工或部门20%的关键行为决定其80%的价值创造，这20%的部分即是关键绩效指标中“关键”的含义，也因此成为企业绩效评价的重点。

关键绩效指标具有如下特点：（1）关键绩效指标产生于对组织整体战略目标的分解与细化，因此KPI一方面始终与组织战略挂钩，据此进行动态调整，保证个体所追求的职责目标构成整体战略目标的有效部分，另一方面挖掘出驱动组织战略目标实现的具体因素，明确每个职位的职责和绩效要求，在这一意义上，KPI不仅是一种绩效评价指标，更是一种战略实施的工具；（2）KPI剔除外界不可控因素的影响，衡量员工真正可以控制和影响的内部因素，从而体现绩效评价的意义；（3）KPI是组织通用的绩效评价指标，应用KPI的前提是得到组织内部各层级的一致认同，这也意味着所有员工就组织战略目标达成了共识，这样的绩效评价指标才具备可推广性，才能避免被评价者的抵触而有效地提升工作绩效。

关键绩效指标自身的特点决定了它对于组织绩效评价的价值：（1）KPI化繁为简，使管理人员明确驱动组织战略最重要的因素，有利于降低绩效管理成本，提高绩效管理效率；（2）KPI减少了对员工的束缚，引导所有员工专注于完成最有价值的任务，激发员工的积极性，从而提升企业核心竞争力；（3）KPI是组织内部一致认同的绩效评价指标体系，为各层级、各部门的沟通与协调奠定基础；（4）KPI的精髓在于从繁杂的指标中提炼出能够捕捉少数关键行为的指标，由于这些指标及所考察的关键行为对整体战略目标的影响最大，因此KPI的达成可以促成组织战略目标的实现。

三、平衡计分卡法（BSC）

在提升企业前瞻性和无形资产重要性等方面，财务绩效评价指标渐渐无法适应现代企业的管理需求，在这一背景下，哈佛大学教授Robert S.Kaplan和复兴集团总裁David P.Norton经过反复探讨，于《平衡计分卡：驱动业绩的评价指标体系》一文中首次提出平衡计分卡（BSC），并将其定义为一种评价指标体系；在1993年和1996年，两人又共同发表了《平衡计分卡：提高绩效的衡量方法》《平衡计分卡的应用》等论文，对平衡计分卡指标如何辅助战略实施进行了更为深入的研究和阐述，随着越来越多的组织使用平衡计分卡，这一工具逐渐延伸出战略执行和战略管理的功能。

平衡计分卡是一个完整的系统，使命与愿景、战略以及4个评价维度都是其有效组成部分，具体结构如图6-2所示。平衡计分卡的出发点是组织的使命与愿景，明确组织为什么存在以及组织未来的发展方向，并据此制定组织的战略，再将战略目标分解到顾客、内部流程、学习与成长、财务4个维度，这些维度相互驱动和影响。在顾客维度，组织需要考虑：目标顾客，价值定位，顾客对组织的期待这三个问题（P.R.Niven，2013），这一维度包括顾客获得率、顾客满意度、顾客忠诚度及市场份额等指标；在内部流程维度，组织应当识别组织内部为了持续增加顾客和股东价值所必需的关键流程，原因在于充分满足顾客需求和实现组织价值定位都要求组织内部流程的有效运作，这一维度包括研发支出、返工率、缺货量等指标；在学习与成长维度，组织应当高度重视组织所倚赖的人力资本、信息资本等无形资产，这一维度是实现其他三个维度目标的驱动因素，也是平衡计分卡的根基，包括员工满意度、平均服务年限、信息协调程度等指标；财务目标是私人部门追求的唯一目标，组织通过财务指标来判断其他维度上的战略实施是否带来财务效益的提升，这一维度通常包括净资产收益率、销售利润率、经济附加值等指标。

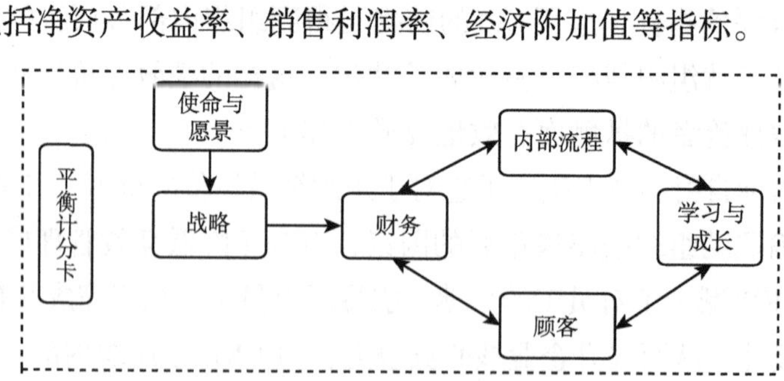

图6-2　平衡计分卡结构模型

平衡计分卡的战略性、全面性等特点决定了其对组织绩效评价的价值。（1）从整体来看，平衡计分卡为组织提供了具备战略性的指标框架，相比于传统绩效评价框架，平衡计分卡通过将个体行为和组织战略挂钩保证个体追求的责任目标与组织整体战略相一致；（2）从各个维度来看，顾客维度满足组织对于客户价值和社会责任的关注，内部流程维度可以辅助组织改进和完善内部运行机制，减少组织内部横向和纵向的摩擦，学习与成长维度关注组织的核心能力，有利于组织开发出对长远发展有益的无形资产，财务维度则可以有效跟踪财务目标，反映组织在其他维度的改进有无成效，4个维度的战略性和全面性有效克服了其他评价指标体系的局限性，更加符合针对部门整体绩效的评价。英国、澳大利亚、日本等国针对高校绩效评价指标体系的设定都选用了平衡计分卡模型。

从上述针对逻辑模型法、关键绩效指标法和平衡计分卡的分析可以发现，平衡计分卡的战略属性更强，其包含的维度更加全面综合，更加适宜于开展对部门预算的绩效评价；逻辑模型法线条清晰、关注点明确，可帮助厘清投入实施各环节间的因果关系，能更好地帮助发现财政投入及实施中的不足之处，是开展项目类绩效评价与诊断的有效工具。但任何的评价都应抓住核心，明确促进战略目标实现的关键环节和关键要素，由此，在逻辑模型法或平衡计分卡中引入KPI，就成为一种普遍的绩效评价指标体系设置方法。

第二节 国内部门整体支出绩效评价常用指标体系设计

2013年，财政部印发《预算绩效评价共性指标体系框架》，该框架专门设有“部门整体支出绩效评价共性框架”。部门整体支出绩效评价共性框架设置了投入、过程、产出和效果四个一级指标，其设计基点也起始于逻辑模型，试图从投入、活动、产出、结果、影响等关键要素，揭示部门履职如何达到预定目标，实现投入、活动、产出、效果之间的有效转换，即从预算配置角度考察投入，从预算执行、预算管理和资产管理三个方面考察过程，从职责履行考察产出，从工作成效和社会效益考察效果，这一指标体系设计的逻辑脉络与项目支出绩效评价基本一致，基本上全面沿用了项目支出绩效评价的一级指标（见表6-1）。

表6-1　　部门整体支出绩效评价共性指标体系框架

一级指标	二级指标	三级指标	指标解释
投入	目标设定	绩效目标合理性	整体绩效目标的设立依据是否充分，是否符合客观实际，考核部门整体绩效目标与部门履职、年度工作任务的相符性。
		绩效指标明确性	部门依据整体绩效目标所设定的绩效指标是否清晰、细化、可衡量，反映和考核部门整体绩效目标的明细化。
	预算配置	在职人员控制率	部门本年度实际在职人员数与编制数的比率，反映和考核部门对人员成本的控制程度。
		“三公经费”变动率	部门本年度“三公经费”预算数与上年度“三公经费”预算数的变动比率，考核部门对控制重点行政成本的努力程度。
		重点支出安排率	部门年度预算安排的重点项目支出与部门项目总支出的比率，考核部门对履行主要职责或完成重点任务的保障程度。
过程	预算执行	预算完成率	部门本年度预算完成数与预算数的比率，考核部门预算完成程度。
		预算调整率	部门年度预算调整数与预算数的比率，考核部门预算的调整程度。

续表

一级指标	二级指标	三级指标	指标解释
过程	预算执行	支付进度率	部门实际支付进度与既定支付进度的比率，考核部门（单位）预算执行的及时性和均衡性程度
		结转结余率	部门年度结转结余总额与支出预算数的比率，考核部门对本年度结转结余资金的实际控制程度。
		结转结余变动率	部门年度结转结余资金总额与上年度结转结余资金总额的变动比率，考核部门对控制结转结余资金的努力程度。
		公用经费控制率	部门年度实际支出的公用经费总额与预算安排的公用经费总额的比率，考核部门对机构运转成本的实际控制程度。
		“三公经费”控制率	部门年度“三公经费”实际支出数与预算安排数的比率，考核部门对“三公经费”的实际控制程度。
		政府采购执行率	部门年度实际政府采购金额与年初政府采购预算的比率，考核部门政府采购预算执行情况。
	预算管理	管理制度健全性	部门为规范财务行为制定的管理制度是否健全完整，考核部门预算管理制度对完成主要职责的保障情况。
		资金使用合规性	部门使用预算资金是否符合相关的预算财务管理制度的规定，考核部门预算资金的规范运行情况。
		预决算信息公开性	部门是否按照政府信息公开有关规定公开相关预决算信息，考核部门预决算管理的公开透明情况。
		基础信息完善性	部门基础信息是否完善，考核基础信息对预算管理工作的支撑情况。
	资产管理	管理制度健全性	部门为加强资产管理、规范资产管理行为制定的管理制度是否健全完整，考核部门资产管理制度对完成职责保障情况。
		资产管理安全性	部门资产是否保存完整、使用合规、配置合理、处置规范、收入及时足额上缴，考核部门资产安全运行情况。
		固定资产利用率	部门实际在用固定资产总额与所有固定资产总额的比率，考核部门固定资产使用效率程度。
产出	职责履行	实际完成率	部门履行职责而实际完成工作数与计划工作数的比率，考核部门履职工作任务目标的实现程度。
		完成及时率	部门在规定时限内及时完成的实际工作数与计划工作数的比率，考核部门履职时效目标的实现程度。
		质量达标率	达到质量标准（绩效标准值）的实际工作数与计划工作数的比率，考核部门履职质量目标的实现程度。

续表

一级指标	二级指标	三级指标	指标解释
产出	职责履行	重点工作办结率	部门年度重点工作实际完成数与交办或下达数的比率，用以反映部门对重点工作的办理落实程度。
效果	履职效益	经济效益	部门履行职责对经济发展所带来的直接或间接影响。
		社会效益	部门履行职责对社会发展所带来的直接或间接影响。
		生态效益	部门履行职责对生态环境所带来的直接或间接影响。
		社会公众或服务对象满意度	社会公众或部门的服务对象对部门履职效果的满意程度。

资料来源：http：//yss.mof.gov.cn/zhengwuxinxi/zhengceguizhang/201305/t20130507_857159.html。

关于部门预算绩效评价指标体系构建，2018年发布的《中共中央 国务院关于全面实施预算绩效管理的意见》（以下简称《意见》）提出了新思路，即“从运行成本、管理效率、履职效能、社会效应、可持续发展能力和服务对象满意度等方面，衡量部门和单位整体及核心业务实施效果，推动提高部门和单位整体绩效水平”。

《意见》之所以提出上述部门预算绩效评价指标体系的构建思路，主要原因在于以逻辑模型设计的投入、过程、产出和结果的绩效评价指标体系虽然线条比较清晰，但其设计初衷是用于项目开发、计划和实施的评价，聚焦于项目支出评价，忽略了对部门职能的考察，使部门整体支出绩效评价成为部门财务检查、重点项目绩效评价的集合，难以清晰显现部门履职的整体状况。

以逻辑模型为核心的部门整体支出绩效评价指标体系，并不符合部门预算绩效评价对于综合性、全面性的要求，指标体系缺乏对部门使命和长远发展的关注，而这一点恰是针对部门整体支出开展绩效评价的重要价值所在。由此，2017年财政部以平衡计分卡模型理论为设计要点，以履职效能、管理效率、社会效应、可持续影响以及服务对象满意度为一级指标，构建了一套以平衡计分卡为理论原理的部门整体支出绩效评价指标体系，并将其用于部门整体支出绩效评价试点之中。

基于部门整体支出绩效评价是对部门预算最全面的工作考核和绩效监督，既包括项目支出，还包括人员、公用等基本支出。财政部评价工作组将评价的具体维度设定为：①以部门职责履行为切入点，凸显部门重点任务和核心业务完成情况；②以部门绩效目标为核心，查看绩效目标对部门工作部署及政府重大战略政策的反映；③立足于财务和业务管理，全面反映部门预算、收支、资产和业务等方面的管理效率；④以成本核算为焦点，探查部门履职支出与其交付公共服务的匹配性；⑤结合部门对国民经济影响和相关群体满意度，反映部门的社会经济效益；⑥着眼于部门可持续发展能力，探查部门改进与创新情况。其指标如表6-2所示。

表6-2　　　　　　　　　部门整体支出绩效评价

一级指标	二级指标	三级指标	指标解释
履职效能（40分）	工作目标	目标设定质量	①是否依据国家法律法规、国家社会经济发展的总体规划设定。②是否符合部门工作职责、战略目标或中长期规划。③是否具有科学性和前瞻性。
			①是否符合客观实际，是否可实现、可完成。②是否将部门年度工作要点进行细化分解，使其可衡量、可比较。
		目标实现程度	①是否有对目标进行责任分解和管理的相关工作机制。②承接年度工作的各牵头单位是否制订相关的落实方案。③目标管理工作机制是否科学、合理，是否能有效保障目标执行和落地。
			①部门是否完成既定任务（总体工作完成率=年度工作要点已完成的数量÷年度工作要点工作总数量）。②任务完成的时效和质量是否符合相关要求。
	核心业务	综合气象观测水平	地面气象观测全国乡镇覆盖率、综合观测业务一级项目年度绩效目标等核心业务指标完成既定目标情况。
			综合气象观测业务关键指标投入和产出情况，反映综合气象观测业务工作努力和发展程度。
		公共气象服务能力	衡量公共气象服务业务目标完成情况，包括重大活动保障、支农惠农和城市气象服务等方面工作。
			公共气象服务关键指标投入和产出比值，反映公共气象服务工作努力和发展程度。
		气象预报预测水平	全球气候变化监测水平、24小时气象要素预报精细度等核心业务指标完成情况。
			气象预报预测业务关键指标投入和产出比值，反映预报预测业务工作努力和发展程度。
		气象防灾减灾能力	强对流天气预警提前量、气象预警信息公众覆盖率、人工增雨（雪）作业年增加降水量、人工防雹保护面积等核心业务指标完成情况。
			气象防灾减灾关键指标投入和产出比值，反映防灾减灾工作努力和发展程度。
	基础管理	气象依法行政能力建设	①采取有效措施落实国务院规定，推进防雷减灾体制改革的情况。 ②防雷减灾体制改革工作是否取得良好成效。
			①法规和标准化体系建设工作情况和取得成效。 ②对法规和标准化体系的执行和落实情况。
		气象能力建设保障	①中央投资基建项目进展情况和对核心业务发展发挥作用情况。 ②综合管理一级项目、基础设施维修一级项目绩效目标完成情况。
		气象信息数据管理	①构建气象数据资源开放、共享机制情况，气象云平台、集约型门户网站建设情况，向社会统一提供的基础资料产品和卫星遥感数据产品数量情况；信息传输与处理一级项目绩效目标完成情况。 ②企业和国家重大科研项目提供数据服务产生的经济效益。

续表

一级指标	二级指标	三级指标	指标解释
管理效率（20分）	预算管理	预算编制水平	①单位是否建立健全预算编制、审批、执行、决算与评价等预算内部管理制度以及项目库管理、健全项目预算审核机制执行落实情况和工作成效。②收入和支出预算编制是否规范。
			①预算科目编制是否符合相关规定或要求，测算依据是否合理，是否与部门核心职责密切联系。②预算科目、项目的编制是否科学合理，编排是否清晰。
		预算执行效益	①支出预算完成率。②预算调整率。预算调整数：部门在本年度内涉及预算的追加、追减或结构调整的资金总和（因落实国家政策、发生不可抗力、上级临时交办而产生的调整除外）。③结转结余率。结转结余变动率。
			①在职人员控制率。②人均公用经费变动率。③“三公经费”变动率。④会议费变动率。
		预算监督成效	是否按照相关制度规定开展及时公开部门预算和决算情况；公开内容是否符合规定要求。
			①按照相关制度规定开展预算绩效评价工作情况，包括预算绩效目标设定和项目、政策等内容以及绩效评价结果应用情况。
	收支管理	规范管理程度	①是否建立健全支出内部管理制度。②管理是否符合事业单位财务规则的有关规定。③资金的拨付和使用是否有比较完整的审批程序和手续；部门基础数据信息和会计信息资料的真实性、完整性、准确性。④国库集中支付制度和政府采购制度执行落实情况。
		支出合理程度	①基本支出和项目支出结构是否合理；体现核心业务的一级项目配比是否合理、重点项目（一级项目）支出保障率。②非中央财政拨款对核心业务发展的支撑作用，表现为核心业务一级项目中非中央财政拨款的占比情况。③地方财政拨款对气象业务发展的支撑作用，表现为地方财政拨款在项目支出中的占比情况。
	资产管理	国有资产管理成效	①是否建立健全资产内部管理制度；资产保存是否完整，是否定期对固定资产进行清查，是否有因管理不当发生严重资产损失和丢失的情况。②是否存在超标准配置资产。③资产使用是否规范，是否存在未经批准擅自出租、出借资产行为。④资产处置是否规范，是否存在不按要求进行报批或资产不公开处置行为。
			部门固定资产利用率或资产闲置率。
	业务管理	气象业务管理水平	①业务单位内部职能和工作之间是否存在交叉情况，业务单位内部管理效率是否高效。②各业务单位之间工作是否存在交叉；业务单位之间是否存在因工作内容交叉而导致重复投入情况。
社会效应（20分）	外部影响	国民经济影响	①气象服务产生经济效益评估情况。②气象工作的社会经济效益投入产出比测算情况。
			①服务大气污染防治行动计划情况。②应对气候变化，极端天气和气候事件能力。③开发利用气候资源成效。
			①气象灾害造成的经济损失占GDP的比例变化情况。②因气象灾害死亡人数变化情况。

续表

一级指标	二级指标	三级指标	指标解释
社会效应（20分）	外部影响	国际影响	反映气象部门参与世界气象组织及其他国际气象机构的活动，开展国际交流，承担国际责任的情况。
	社会满意	服务对象满意	衡量普通用户、科研用户和行业用户对气象服务的满意度。
		管理对象满意	衡量相关企业、社会组织和行业协会对气象行政审批、管理服务、参与公共气象服务情况的满意度。
		监督部门评价	衡量外部监督部门对气象部门依法行政情况的满意度。
可持续性（20分）	体制机制改革	全面深化气象改革	①在气象服务社会化、市场化改革方面是否有重要举措。②是否有创新做法和相关典型案例。③是否有积极显著成效，促进气象服务提供主体的创新，提高气象服务市场的活跃度。
			①在科技体制改革和相关配套机制方面是否有相应的重要改革举措。②是否有创新做法和相关典型案例。③是否有积极显著成效。
			①在行政管理体制方面是否有相应的重要改革举措。②是否有创新做法和相关典型案例。③是否有积极显著成效。
		现代化支撑	①气象现代化评价体系是否科学合理。②气象现代化评分和进程情况。
		科技支撑	①重大核心技术攻关和重点研发项目与气象部门核心职能或业务匹配程度。②科研经费支出与核心技术匹配程度。③科研经费投入成效：省部级和国家级科技奖获得数量/当年科研经费投入资金。
			①科技成果转化和应用与气象部门核心职能或业务的匹配程度。②科技成果转化和应用情况和成效。
		人才支撑	①高层次领军人才培养、创新团队建设工作开展情况和成效，是否符合人才发展规划的要求。②国家人才工程人选情况，新入选国家级高层次人才工程的领军人才数量情况；是否有创新团队入选国家级创新团队。
			①高级职称人才比重人才规划发展目标接近率=实际值/气象人才发展主要指标值；②硕士和博士人才数量人才规划发展目标接近率=实际值/气象人才发展主要指标值。

资料来源：财政部预算评审中心.部门整体预算绩效评价研究［M］，北京：经济科学出版社，2020。

从上述对逻辑模型及平衡计分卡的分析可见，逻辑模型呈现的是公共部门结果链所隐含的因果关系，而平衡计分卡通过组织流程的打碎及重构，选取四个新型维度，形成抽象的因果关系，重构的因果关系更加注重作为“因”的学习与成长，以及作为“果”的使命。相比之下平衡计分卡一方面体现了历史财务数据与部门未来价值驱动因素的平衡，弥补了传统财务评价指标体系的不足，实现部门绩效评价的创新性变革，另一方面将部门的使命和战略融入评价指标体系中，使其具备战略沟通和战略管理功能，加之这一模型与政府部门的价值取向高度一致，基于平衡计分卡构建部门整体支出绩效评价指标体系，既可相对独立于项目支出绩效评价指标体系，又能辅助部门更好地实现自身职能和战略目标。

因能从更全面的角度对部门财政资金总量安排的合理性、资金结构与部门核心职能的匹配性、资金安排对部门战略目标实现的支撑度等方面进行考量，财政部预算评审中心设计的该套部门整体支出绩效评价指标体系在准确反映部门整体及核心业务实施效果、资产和业务活动状况，促使部门进一步科学合理配置资金、提高预算资源使用效益等方面具有明显优势，也因此得到相关部门的高度肯定。2018年9月发布的中共中央、国务院《关于全面实施预算绩效管理的意见》中关于部门和单位财政支出绩效评价即选用了此套指标体系。

第三节 国内高等教育学校绩效评价相关指标体系设计

在开展高等教育学校整体支出绩效评价中，上海市与宁波市的探索较为成熟与规范。

一、上海市高校分类绩效评价指标体系

上海市将所属高校划分为4种类型：学术研究型、应用研究型、应用技术型和应用技能型。为对不同类型高校开展具有针对性的绩效评价，上海市设计了由共性指标和个性指标共同组成的绩效评价指标体系，其中一级指标和二级指标为共性指标，无论对哪一类高校开展绩效评价，需遵循完全一致的一级和二级指标（见表6–3），三级指标为个性化指标，针对不同类型高校进行的差异化绩效评价主要体现在三级指标之上，上海市可供不同类型高校开展绩效评价时选择的三级指标约有40个。

表6–3　上海市高校分类绩效评价共性指标框架

一级指标	二级指标
办学方向与管理水平	办学方向
	管理水平
办学条件与资源	师资队伍
	教学资源
	支撑平台
	科研项目
办学质量与水平	学生发展
	学科专业

续表

一级指标	二级指标
办学质量与水平	创新成果
	国际交流
	社会服务
办学声誉与特色	办学声誉
	办学特色

资料来源：李明磊，李艳艳.上海市高校“十二宫格”分类政策及对北京市高校的启示［J］.北京教育，2020（2）。

二、宁波市战略导向高校绩效评价指标体系

为构建以绩效为导向的资源配置机制，宁波市设计了办学影响力、办学能力、关键举措、组织变革4个高校绩效评价一级指标，以及13项二级指标。同样，一级指标和二级指标为共性指标，三级指标为个性指标，采用具有针对性、符合学校定位和体现学校特色的“一校一方案”的方法进行设定（见表6-4）。

表6-4　　宁波市战略导向的高校绩效评价指标体系

一级指标	二级指标	三级指标
办学影响力	综合影响力	由自选指标和推荐指标组成
	满意度	
	重大工作推进情况	
	取得重大贡献	
办学能力	学校竞争力	
	资源获取力	
关键举措	学科专业建设	
	人才引进与培育	
	学生学业发展	
	国际化发展	
组织变革	发展目标与标杆	
	管理队伍建设	
	学校战略规划执行	

资料来源：胡赤弟.基于战略导向的高等教育绩效评价研究//中国教育财政政策咨询报告补充版（2015—2019）［C］.2021。

从上海市和宁波市高校整体绩效评价指标体系设置来看，两套指标体系各有所长，上海市高校绩效评价指标体系侧重于结果评价，主要关注高校办学方向的明晰、办学条件的改善、办学成果的取得，以及社会对高校办学情况的评价。宁波市高校绩效评价指标体系侧重于战略引领，以及学校各利益主体的积极参与，不仅强调高校要以战略为导向引导学校办学能力增强，还将学校内外各利益主体纳入评价之中，关注各利益主体的满意度。此外，宁波市高校绩效评价指标体系还关注了高校的变革与发展，从战略规划、发展目标、队伍建设等方面，对高校的可持续发展能力予以评价，是一个非常典型的基于平衡计分卡设计的绩效评价指标体系。

需要关注的是，无论是上海市高校整体绩效评价指标体系，还是宁波市高校整体绩效评价指标体系，考核的要点都是就办学而谈办学，而未基于财政资金的管理链条，未考虑高校财政资金投入的成本与效益以及财政资金配置的结构与优化，也未涉及财政资源使用的合理与高效，以至于高校是否利用稀缺而宝贵的财政资金在做正确的事，高校财政资金的配置是否有助于高校发展战略的达成，是否符合高校的建设目标与建设方向；高校是否在用正确的方法与手段做事，高校财政资金的使用是否合理有效；高校是否在认真负责任地做事，高校是否不仅关心自身任务的完成，还进一步关注对社会贡献的实现，以及利益相关者的满意度程度。这些与高校长期可持续发展息息相关的重要因素，都未纳入高校管理与考核的视野与范畴。

由此，还应高度强调针对高等教育学校财政预算资金的绩效管理与评价，以部门整体支出绩效评价为基础，同时借鉴与吸纳国内外高校办学评价的部分思想，合理设定与优化针对高等教育学校整体支出的绩效评价指标体系。

第四节 高等教育学校整体支出绩效评价指标体系构建思路

高等教育学校整体支出绩效评价主要有单位自评、部门评价、财政评价等方式，这些评价方式采用的绩效评价指标体系应有一定的差异。其中，高校整体支出自评指标体系即为预算批复时确定的绩效目标和指标，这一指标体系无须重新设立，直接引用绩效目标填报表所设内容即可。而教育部门、财政部门针对高校整体支出开展绩效评价时，所采用的指标体系应依照《中共中央 国务院关于全面实施预算绩效管理的意见》提出的部门整体支出绩效评价要点构建，此为高校整体支出绩效管理中的一项重要工作，也为本章的核心研究内容。

一、高校整体支出绩效评价指标体系设计原则

绩效评价指标是监控部门支出所取得成效、追踪部门是否实现预期绩效目标的工具，指标体系是否合理直接影响绩效评价职能作用的发挥，因此，设计具体评价指标体系时应当先明确其在理论上所应遵循的原则。

对于高等学校整体支出绩效评价来说，指标体系应首先满足财政支出绩效评价关于科学性、规范性、可操作性和可比性的基本要求，保证制定的指标科学合理，规范实用以及在各个高校之间具有可比性；其次，基于整体支出绩效评价的特性，在对高校整体支出绩效评价初始指标进行筛选时，还应当把握以下几个原则。

（一）综合全面，逻辑清晰

部门整体支出绩效评价考察预算部门的全部支出及所产生的总体效益，就评价对象和考核重点而言，指标体系应当满足对预算单位进行综合立体化评价的需求。因此，在构建高校整体支出绩效评价指标时，要尽可能地纳入能够反映高校整体支

出绩效的各种类型的重要指标，从高校整体支出的绩效目标、投入、过程、管理、产出、效果以及可持续影响等各个方面进行全面考察，并提炼比较具有代表性的评价指标。同时，体系内部各指标之间也应当具备一定的逻辑关系，而不是简单排列成一个框架，从而有助于综合、系统地反映部门支出的效益。

（二）主次清晰，量质结合

部门整体支出内容复杂多样，支出的效益也涉及直接与间接、短期与长期等多方面，因此指标体系应尽可能要主次分明，注意根据评价目的，选择最直接、最为关键的指标，减少冗余重复的指标，从而控制数据收集的难度和成本，保证评价客观公正。此外，当前在部门整体支出绩效评价的实践中，定量指标偏少、定性指标居多的情况往往导致评价结果主观性较强，无法完全反映真实的绩效情况，因此在高校整体支出绩效评价中应将两者结合，综合运用定量和定性指标，根据具体评价内容决定两类指标的比例，相互独立并相互补充，例如评价预算执行情况、经济效益时应以定量指标为主，评价预算管理、社会效益、可持续性时应结合定性指标。

（三）相对独立，导向明确

在构建高校整体支出绩效评价指标体系时，应该尽可能地保持评价指标间的独立，即各个指标之间需相互独立，相互区别，不相重叠，保证每一个评价指标所反映的具体评价内容都是不同的，以防止重复和反复利用已有的信息带来的不良影响，从而确保评价结果的有效性和准确性。同时，还应根据评价的目的和指标在体系中所能发挥的作用选取具体指标，使指标体系能对评价客体起到导向和激励作用，引导高校注重评价内容，促使高校在考察的核心内容方面向评价标准努力。

（四）横纵可比，可操作性强

评价指标具有可操作性是开展绩效评价的基础，如果指标无法在实践中应用，理论上再好的评价指标也毫无意义。因此，在制定和选取高校整体支出绩效评价指标时，一方面要保证同一对象不同时期，同类不同一对象之间评价结果具有可比性，数据口径规范统一，具有可比性，另一方面还要确保指标具有可测量性，较易获得指标数据或获取指标数据资料的成本在可接受范围内。

（五）兼顾长远，动态调整

高校整体支出绩效评价在注重当前利益的同时要兼顾高校长远发展的利益，因此在筛选指标时，要注重选择长期性、动态性指标，并根据学校的管理动向和外部环境变化进行调整，以便动态评价高校预算支出绩效。

同时，随着高校发展阶段的不同，评价指标体系不可能保持一成不变。一般情况下，评价指标体系需要根据部门整体支出绩效评价实践以及高校具体实践的发展，不断对其进行完善和修正，呈现出动态发展的特征，以确保评价指标体系的合理性与适用性。

二、高校整体支出绩效评价指标体系设计思路

（一）基于平衡计分卡构建高等教育学校整体支出绩效评价指标框架

鉴于国内尚无统一的部门整体支出绩效评价指标体系，应以平衡计分卡为设计出发点，以《中共中央 国务院关于全面实施预算绩效管理的意见》提出的部门整体支出绩效评价考核维度为核心，同时借鉴“投入、产出”逻辑模型及关键绩效指标法设计思想，构建高等教育学校整体支出评价指标体系，以搭建既有理论支撑，同时又适用于高等教育学校整体支出绩效评价实际需求，简单易行、清晰明了的高等教育学校整体支出绩效评价指标体系。

平衡记分卡从长远战略出发，基于内部与外部、财务与非财务、客观与主观、短期和长期、现象与驱动原理等多重角度，对部门管理绩效进行综合评价，通过将部门战略目标和绩效考核转变为具体的评测指标，为部门战略性绩效管理提出解决方案，形成“描述战略、衡量战略和管理战略”的严密体系，实现部门战略和绩效的有机衔接，成为部门战略管理重要工具。高等教育学校整体支出绩效评价也应以战略为导向，通过战略引领，优化高校资源配置，通过战略协同提升高校管理质量，通过战略落实促进高等教育办学水平与办学能力不断增强。美国、英国、澳大利亚、日本等国高校绩效评价指标体系构建的一个重要原则就是以战略为导向。由此，依据战略指导思想，结合平衡计分卡模型要求，设计绩效评价指标体系，成为高等教育学校整体支出绩效评价指标体系的现实选择。

以战略为导向的高等教育学校整体支出绩效指标体系，不仅要体现高校的职责与使命，保障高校职责与使命达成的内部治理，促进高校长期可持续发展的学习与成长，以及对高校社会效益予以最终评判的利益相关者满足度，还应充分体现高校从战略到行动，再到绩效的逻辑思维。据此，可从战略决策、治

理机制、办学成效和可持续发展等维度设置高校整体支出绩效评价指标体系。具体为：

（1）战略决策方面：从战略规划、办学方向与目标、资源配置等方面，以预算资金为主线，综合查看高校落实国家战略、政府目标、高校使命和学科特点的实际情况，以评价高校财政资源配置是否满足国家战略达成、学校办学方向实现，是否兼顾了高校的利益与国家高等教育政策的统一与协调。

（2）治理机制方面：从高等教育学校内部治理、资金管理、资产管理、绩效管理等方面，对高等教育学校治理机制的健全性与日常管理效率进行评价，考核的是高等教育学校战略决策的执行与实施情况。

（3）办学成效方面：从高等教育学校职责履行、重点工作任务完成、社会认可度、办学声誉以及满意度等方面，对高等教育学校办学质量、办学水平、社会影响力进行评价。

（4）可持续发展方面：从人才储备、资源获取能力等方面，对高等教育学校的长期可持续发展能力进行评价。

在上述高等教育学校整体支出绩效评价一级指标中，战略决策和治理机制属于共性指标，即针对不同评价对象考核内容大体一致，其二级指标通常也可通用，被称为共性指标（见表6-5）。

表6-5　　高等教育学校整体支出绩效评价共性指标设计思路

一级指标	二级指标
战略决策	战略规划清晰
	办学目标及方向明确
	资源配置合理
治理机制	制度建设健全完备、制度执行规范
	预算管理
	资产管理

与战略决策和治理机制不一样，办学成效和可持续发展所含二级指标，基于不同的评价对象会存在一定的差异，在指标设计时需要考虑被评价对象的个性化特征，以确保绩效评价结果的公平公正，由此，在设计办学成效和可持续发展的二级指标时需区别对待、分别设置，此属于较为典型的个性化评价指标，被评价对象可以在既有的指标中选择适用的指标，也可以根据实际需要添加相关指标（见表6-6）。

表6-6　高等教育学校整体支出绩效评价个性化指标设计思路

一级指标	二级指标
办学成效	人才培养
	国际交流
	科研和社会服务
可持续发展	办学声誉
	人才储备
	资源获取能力
	利益相关者满意度

（二）高等教育学校整体支出绩效评价个性化指标设计要点

在设计高校整体支出绩效评价绩效指标时，可参考英国高校绩效评价指标体系的设置原则，即“绩效指标应与高等教育学校的目标密切相关，绩效指标应易于测量和比较，绩效指标应简明扼要、通俗易懂，绩效指标准应易于理解、可信度较高，绩效指标应能反映高等教育学校具体运作情况，绩效指标应能系统全面反映高校的‘投入—活动—产出’全过程”。

由此，在设计高校整体支出绩效评价绩效指标时应关注如下要点：

一是指标数目不宜过多，切勿期望通过一次评价解决所有问题。

二是指标应高度关联，应指向明确，与支出方向、政策依据高度相关，与部门职责及其事业发展规划高度相关。

三是指标应重点突出，应涵盖政策目标、支出方向主要内容，应选取能体现主要产出和核心效果的指标。

四是指标应量化易评，应细化、量化，具有明确的评价标准，绩效指标对应已有统计数据，或通过统计、调查、评判等便于获取。难以量化的可采用定性表述，但应具有可衡量性，可使用分类评级（好、一般、差）的评价方式评判。

五是尊重高校的个性化特征。应广泛征求各方意见，对指标内涵、权重、评价标准进行不断的修改完善。要充分听取高校的意见，依据“能采尽采”的原则对评价指标体系进行完善，以保证评价指标内涵、权重分配、评价标准的科学合理、严密完整，以及可操作、可实施。

高等教育学校整体支出绩效评价指标设计思路如表6–7所示。

表6-7　　高等教育学校整体支出绩效评价指标设计思路

一级指标	二级指标	三级指标	指标说明
战略决策	战略规划	战略规划相符性	战略规划明确，与国家高等教育发展战略吻合，与高校学科定位一致。
	办学目标及方向	办学方向明确、目标清晰	办学目标及方向明确，与高校战略规划相符，与高校发展类型一致。
	资源配置	资源配置规范性	①资金安排与发展规划确定的各项工作相一致，预算配置与工作任务匹配。 ②预算编制科学合理。
		资源配置有效性	评价教学经费保障、管理成本节约、资产使用效率等方面情况。
		资源配置公平性	评价专项招生完成度、学生资助体系、优质教学资源覆盖面等方面情况。
治理机制	制度建设与执行	制度建设健全	①制定完善的保障措施，坚持党管干部、党管人才，落实“三重一大”决策制度，落实依法治教、依法办学、依法治校等要求。 ②制定完善的人事制度改革措施，推进教师考核评价制度、青年人才培育、薪酬制度等方面改革。 ③建立健全学院等所属单位治理机制，充分调动院校两级积极性。 ④建设健全完善的内部控制制度。
		制度执行规范	各项管理制度执行规范。
	预算管理	预算管理规范	①资金的拨付和使用的审批程序是否完整，财务核算是否符合财务制度有关规定。 ②预算资金是否按照计划执行，决算与年初预算是否存在较大偏离。
	资产管理	资产使用效率	从学校教学科研资产的使用状态、运行情况等方面，反映学校资产的利用效率。 ①资产闲置率=（闲置资产总额/固定资产总额）×100%。 ②科研设备开放共享情况。 注：“科研设备”指按要求纳入财政部、科技部开放共享评价考核范围的原值50万元（含）以上仪器设备。
	绩效管理	绩效管理规范	①绩效管理工作覆盖面，具体包括是否按要求设置整体支出绩效目标、项目绩效目标，是否按要求开展绩效监控、自评及评价工作。 ②绩效目标规范性，具体包括绩效目标设置是否科学合理、量化可考核。 ③预算绩效评价相关结果是否得到充分应用。

续表

一级指标	二级指标	三级指标	指标说明
办学成效	人才培养	培养目标达成度	从高校毕业生在核心知识、基本工作能力、综合素养等方面培养目标的达成情况，评价高校学生在校期间的增值成效。 注：相关培养目标达成率数据取自第三方专业调查机构。
		就业和深造率	从高质量就业率、毕业生满意度、本科毕业生深造率角度，评价人才培养成效。
		用人单位满意度	评价用人单位对毕业生的综合满意程度。
	国际交流	国际合作交流	反映国际活动，开展国际交流，承担国际责任的情况。
	科研和社会服务	承担重大科研任务	从高校承担重大科研任务情况，评价高校科学研究服务国家战略与行业区域发展成效。
		标志性科研成果	从高校标志性科研成果数量情况，评价高校科学研究成效。
		成果转移转化	从学校科研成果转移转化情况，评价高校社会服务成效。
可持续发展	办学声誉	生源质量	区分文科、理科，分类计算学校在各省市招录普通本科学生的平均分高出该省市重点控制线的分值，通过分差变动趋势衡量本科生生源质量。
		政府与第三方评价	①教育部第四轮学科评估中，学校上榜学科优秀率（B级及以上）情况。 ②各社会机构对高校年度发展水平的平均位次百分位变动情况。
		师生满意度	①教师满意度。 ②学生满意度。
	人才储备	中青年人才储备	从高校中青年教师占比情况、中青年拔尖人才规模情况，评价高校人力资源可持续发展能力。 评价要点： ①45岁以下中青年专任教师占专任教师比例情况。 ②中青年拔尖人才占中青年专任教师比例情况。
	资源获取能力	多元筹资	从多元筹资机制、筹资力度等方面，评价高校财力资源的可持续发展能力。 评价要点： ①高校多元筹资机制是否健全。 ②非财政拨款收入占总收入比例变动趋势及横向对比情况。

三、合理确定高校整体支出绩效评价指标权重和标准

在构建部门整体支出绩效评价指标体系时，由于各项评价指标的内涵和相应的预期目标并不是单一的，因此针对某项财政支出的评价会对应多个不同的指标，且指标之间的重要程度不一。为了科学地综合评价某项财政支出，需要对不同指标的权重进行赋值，以表示不同指标的影响程度，合理的指标权重值是评价指标体系的重要组成部分。

（一）绩效评价指标权重设置基本方法

在权重设置的方法论方面，可以借鉴国内外在评价计分法方面的先进经验，如德尔菲法、层次分析法、综合评定法等，对高等教育学校整体支出绩效评价进行科学有效的权重赋值。

1.德尔菲法（Delphi Method）

德尔菲法的基本思想是将所需解决的问题以通信方式分别发送给各个专家，专家之间不得互相讨论，只能与调查人员交流，采用匿名方式回收汇总全部专家的意见，得出第一轮的综合意见；第二轮，将第一轮的意见反馈给专家，各专家据此修改自己原有的意见，接着再进行意见汇总。这样多次反复，轮复一轮，最后逐步汇总取得专家比较一致的意见建议。德尔菲法在部门整体支出绩效评价指标选取方面的具体实施步骤如下：

第一轮：

（1）组成专家评议小组。按照部门整体支出绩效评价指标权重设置所需要的知识范围，确定专家。人数一般不超过20人。

（2）向评价小组发放有关这个问题的背景资料，解释明确相关要求。另外询问专家对于材料的其他需求，并尽量满足。

（3）各个专家根据各自的学识经验和相应的要求，对每项指标进行权重赋值，并附带说明对该项指标权重赋值的依据。

（4）汇总各专家第一次的判断意见，计算每项指标权重的平均值。

（5）对每项指标的权重赋值进行偏差分析，同时对结果进行统计分析。

第二轮：

（1）向每位专家发放第一轮统计分析状况，对于偏差较大的指标，让专家比较汇总意见，修改自己的赋值。

（2）统计第二轮专家的权重赋值。重新计算每项指标权重赋值的平均值，并对每项指标进行新的偏差分析。

（3）再将第二轮赋值结果和赋值依据收集起来，汇总整理分发给各位专家进行第三轮修改。

这样轮复一轮对专家的意见进行统计分析后，最后得出能够反映大多数专家意见的绩效评价指标权重赋值。

2.层次分析法

层次分析法是一种解决多目标的复杂问题的定性与定量相结合的决策分析方法。在绩效评价指标权重设定时，一般确定了绩效目标实现的影响因素后两两比较，最后决胜出最有优势的因素，这种方法能够合理地将定性与定量的决策结合起来，把决策过程层次化、数量化，从而可以更好地解决那些难以定量的问题。

用层次分析法计算绩效评价指标权重，实际上是在建立有序递阶的指标系统的基础上，通过指标间的两两比较，对系统中各指标予以优劣评判，并利用这种评判结果来综合计算各指标的权重系数[①]。也就是说，采用层次分析法确定指标权重首先需要根据评价目标、评价功能等，构建多层次递阶结构体系；然后，将各阶层要素进行两两比较，得出判断矩阵以体现评价指标体系的同一层级中的同一目标或准则的各指标间的相对重要性，通常采用T.L.Saaty教授提出的“九分位比例标度法”（见表6-8）；最后，还需要对判断矩阵进行一致性检验，以判断计算结果是否合理。当判断矩阵的一致性指标小于0.1时，认为判断矩阵的一致性是可以被接受的，否则应该对该矩阵进行适当的修正，直到判断矩阵的一致性获得通过。

表6-8　　　　层次评分标准表

标度	相对重要程度	说明
1	同等重要	两者对目标的贡献相同
3	略微重要	根据经验一个比另一个评价稍有利
5	基本重要	根据经验一个比另一个评价更为有利
7	确实重要	一个比另一个评价更有利，且被证明
9	绝对重要	重要程度明显
2，4，6，8	表示上述相邻判断的中间值	

资料来源：张炳江.层次分析法及其应用案例［M］.北京：电子工业出版社，2014。

3.综合评定法

综合评定法是针对指标设定重要性、可控性和可测性3个维度进行综合评定的方法。其中，重要性是指某项指标对某项活动价值产生的作用，即在价值创造过程

① 邓毅.绩效预算制度研究［M］.武汉：湖北人民出版社，2009：166.

中的重要程度，重要性越大，相应的指标权重越大；可控性是指该指标结果产生的可控制程度，即该结果的达成多大程度是取决于可控因素，一般而言指标的可控性和权重成正比；可测性反映的是某项指标结果所具备的客观一致性。一般而言指标结果的可测性越大，相应的权重越大。综合评定法的具体实施步骤通过以下例子加以说明。

假定某政府部门将重要性的影响设为60%，可控性和可测性都为20%。指标得分最高分为100分，最低分为30分，各项指标的权重算方法如表6-9所示。

表6-9　综合评定法权重设置

指标	重要性（60%）	可控性（20%）	可测性（20%）	综合得分
A1	90	70	80	84
A2	60	80	80	68
A3	70	90	90	78
A4	60	80	90	70
A5	80	60	60	72

注：指标A1权重=84/（84+68+78+70+72）×100%=23%；
指标A2权重=68/（84+68+78+70+72）×100%=18%；
指标A3权重=78/（84+68+78+70+72）×100%=21%；
指标A4权重=70/（84+68+78+70+72）×100%=19%；
指标A5权重=72/（84+68+78+70+72）×100%=19%。

（二）绩效评价指标评分标准的设定

绩效评价标准是判断财政支出成果的客观依据和准绳。评价标准的正确取值关系到评价结果的优劣水平，在整个评价体系中扮演着“判官”的角色。支出绩效评价标准的设定一般需通过采集大量有效的基础样本数据，利用数据处理技术，通过科学的计算方法，在充分考虑影响样本数据差异等各种干扰项的基础上，进行相关技术调整后计算出来的。高等教育学校整体支出绩效评价指标评分标准一般可采取以下步骤设定：

1.建立样本数据库

高校整体支出绩效评价数据库应当包含以下内容：不同部门、不同单位、不同项目的支出水平、结构、效益和影响状况等指标，作为评价标准模型的初始数据源；各类支出的横向、纵向、国内外的分析比较等信息，作为设定标准值的数据参考。

2. 进行样本抽取

抽取样本应按照成本效益原则，即在不影响结果有效性的前提下，尽量做到样本抽取成本最小化。同时遵循样本穷尽性原则，即在成本效益原则的限定下，尽可能抽取最大数量的样本，以保证抽取数据的全面、有效，并且符合数理统计和计量建模的各种要求。

3. 标准值测定

标准值测定分为定量标准值的测定和定性标准值的测定。其中，对于定量标准的确定，主要参考绩效目标标准、国家或上级部门规定数据标准、标杆数据标准、行业标准、历史数据标准和国际标准。对于定性标准的确定，主要通过专家评议法、横向比较法、问卷调查法将评判标准划分为不同的等级，然后采用模糊学的隶属因子赋值法，对不同的等级赋予相应的参数，最后针对等级参数设定相应的标准。

结合高校办学定位与特色，科学找准评价参照体系。为克服当前部分教育评价"一把尺子量所有"的弊端，评价应结合高校办学定位，从改进趋势、发展水平等方面，科学选择评价参照标准，横向纵向对比分析，综合评价高校整体建设成效。一是使用学校自身历史数据作为纵向参照体系，从教学经费保障力度、就业率与深造率、生源质量等多个角度，通过纵向比较，反映学校各方面工作的改进情况与发展态势。二是使用同类高校作为横向参照体系，将学校与具有相似办学层次、规模、类型及水平的高校进行横向比较。

在此可借鉴美国高校绩效评价指标体系设置经验，一方面高度关注通识教育、专业教育、专业认证、专业检查、学生满意度等核心指标，以体现主管部门对教育质量的关注和控制，强调学生培养质量，同时以全国平均水平为标杆，引导高校开展横向比较，增强发展活力，还可以学生入学及学业质量指标考察高校向困难群体倾斜的程度，体现高等教育的公平公正公开。也可以借鉴英国高校绩效评价模式，设定同类高校基准值，在基准值的基础上对高校绩效评价的最终结果进行修订与调整，以更加公平客观衡量各高校财政支出绩效水平。

具体评价指标体系构建建议见附录6。

第五节 完善高等教育学校整体支出绩效评价指标库

针对高等教育学校整体支出范围广、类型多、政策目标多元的特点，构建高等教育学校绩效指标库可成为一种行之有效的解决方式。指标库作为各类绩效指标的集合，不仅可为实施高等教育学校绩效监控管理的教育部门使用，更可为各级各类高等教育学校共享。

从横向来看，指标库可覆盖各类高等教育学校资金与项目；从纵向来看，指标库可覆盖事前绩效目标填报，事中绩效监控，事后绩效评价和结果应用等高等教育学校整体支出绩效管理全过程，将教育部门、高等教育学校、第三方和专家等有关的绩效信息和对象有机联系起来，促进全方位预算绩效管理的规范化。因此，高校绩效指标库的建立，不仅有利于解决高校绩效目标编制不合理、不完整的问题，还能为更好地深化高校整体支出绩效管理提供有力支撑。

一、高校整体支出绩效评价指标库建设原则

一是全面覆盖，突出重点。高校整体支出绩效指标库建设应符合指向明确、细化量化、合理可行、相应匹配的原则，能清晰反映高等学校的核心产出和效果，力求精简准确、具有代表性，突出核心和重点业务。

二是统一框架，合理分类。考虑到高等教育的多样化需求，在绩效指标库建设过程中，教育部门和财政部门应做好搭建框架、系统建设和制定管理规则等基础性工作，具体的绩效指标由高校根据实际工作需要设置和收录。具体来说，绩效指标可由共性指标和个性指标构成，共性指标体系侧重于高校共性的正常运行保障类指标；个性指标体系着重体现高校的个性化发展特点。绩效指标以定量指标为主，定性指标为辅，力争做到可采集、可衡量、可比较，操作简便，具有较强实用性。

三是依据充分，衔接匹配。高校整体支出绩效指标库的建设需根据国家相关法律、法规和规章制度，国民经济和社会发展规划，国家教育发展规划，高校职能、

中长期发展规划、年度工作计划以及相关政策法规、制度办法等设定。同时，与高校教育事业发展衔接，突出高校高质量发展的质量、内涵、特色和成效，反映高校的核心成效。

四是动态管理，共建共享。为不断提高绩效指标的科学性、可操作性，绩效指标库实行动态管理，根据宏观政策方向、教育发展规划、基本公共服务标准等的调整变化，及时、定期更新，确保与时俱进。同时，指标库应是完全开放的，各部门单位都可依据需要对指标库进行补充和修订，修改内容经管理人员审核和专家评议后可随时纳入指标库。

二、高校整体支出绩效指标库框架搭建

根据我国预算科目的分类原则，高校整体支出绩效指标库可各按“类”“款”“项”三个级次进行明细分类。“类”对应高等教育学校类型；“款”对应每一高校支出类型进一步的细化分类；“项”对应评价项目指标。指标库结构示意如图6-3所示。

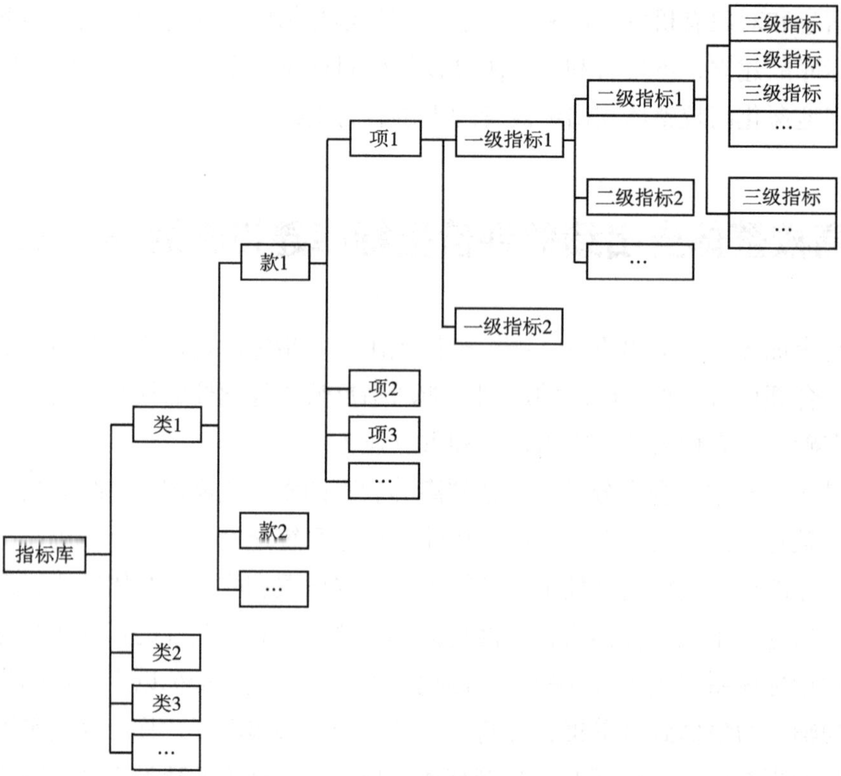

图6-3　指标库结构示意图

为了尽量提高指标库内容的完整性，在绩效指标内容结构方面，将明确各信息项的具体含义，各信息项及其具体含义如表6–10所示。

表6–10　　各信息项及其具体含义表

信息项	名称解释
项	三级指标所对应的项。
指标名称（一级指标）	参考财政部对绩效指标的划分方法，一级指标分为产出指标、效益指标两类，每一个二级指标至少对应其中一个分类。
指标名称（二级指标）	参考财政部对绩效指标的划分方法，产出指标包括数量指标、质量指标、时效指标、成本指标，效益指标包括社会效益、经济效益、可持续影响和服务对象满意度。
指标名称（三级指标）	共性指标由在财政部牵头拟订，各部门的个性化指标，主要由各部门负责收录。每一个三级指标应属于某一项一级指标和二级指标。
指标解释	三级指标的定义或解释。
指标出处	三级指标来源的文件依据。
评分标准	三级指标的评分方法或公式。
指标适用范围（层级）	指中央、省、市、区/县四级，一个三级指标可以选多个适用层级。
指标适用范围（类型）	指项目支出绩效评价、部门整体支出绩效评价、专项资金绩效评价三种类型，一个三级指标可以选多个适用类型。
指标值（关键字）	为了实现对指标进行搜索和自动推荐匹配等功能，为指标设置的搜索关键字。

根据上述分类方式，指标库中涉及的指标将按照类型、行业进行划分，并尽可能将各大类与各行业相关预算部门相对应。

三、高校整体支出绩效指标库构建流程

第一，资料整合，搭建框架。应由教育部门牵头，全面分析指标体系，研究相关文件及材料，开展预调研，听取意见，形成最终的指标库建设思路和框架结构。

第二，指标收集，形成体系。应由教育部门牵头进行共性指标的梳理和归集，在各高等教育学校的配合下整理各领域指标。结合收取的指标和以往评估及评价获取的历史资料，按类、款、项、目的级次形成初步的指标库，同时，聘请行业、财务、绩效专家对指标库进行审核，并提出改进意见和建议。

第三，深入调研，凝练指标。应由教育部门负责组建调研组，会同行业、财务、绩效专家，赴各高等教育学校进行座谈，深入了解高等教育学校情况和重点工作，确定个性化指标，删减不适用指标，增加新指标，同时对指标的来源依据、指

标值测定方式、评分标准等进行确认。

第四，专业论证，广征意见。将意见整理分类，吸收具备可行性的意见，进一步完善指标库，确保指标库实用科学。

第五，持续建设，动态管理。为体现指标的全面性和适用性，指标库按照共建共享、动态更新的理念进行管理，教育部门、使用指标库的各高等教育学校在使用指标库的同时，可根据实际情况对指标库进行补充和更新。

对指标进行新增、调整、删除等操作需要遵守如下流程规则（见图6–4）。

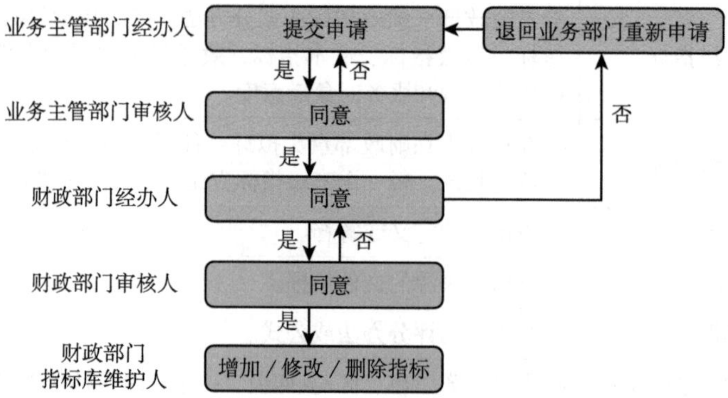

图6–4　新增/调整/删除指标流程图

指标库是动态、开放、保持更新的信息系统。指标库建设是一项复杂和持续性的工作，上述方法、设计等存在一定探索性。在指标库初步建设完成后，系统优化、标杆数据值的选取及增设等问题，均有待进一步研究和讨论。

▶ 第七章

积极推进高等教育学校重点领域预算绩效管理改革

内容提要

《中共中央 国务院关于全面实施预算绩效管理的意见》（中发〔2018〕34号）提出，要以供给侧结构性改革为主线，创新预算管理方式，更加注重结果导向、强调成本效益、硬化责任约束，力争用3—5年时间基本建成全方位、全过程、全覆盖的预算绩效管理体系。这其中不仅要将各级政府收支预算全面纳入绩效管理，将部门和单位预算收支全面纳入绩效管理，还要将政策和项目全面纳入绩效管理，从数量、质量、时效、成本、效益等方面，综合衡量政策和项目预算资金使用效果。

因此，探索高等教育学校预算绩效管理，不仅要关注其整体支出绩效管理，还应同步关注高等教育学校重要领域预算绩效管理，从事前评估、目标管理、事中跟踪、事后评价等方面对高校重大政策和项目进行绩效管理，推动建成“全方位、全过程、全覆盖”的高等教育预算绩效管理体系，提高高校预算绩效管理水平和政策实施效果。

2015 年，财政部、教育部联合发布《关于改革完善中央高校预算拨款制度的通知》（财教〔2015〕467 号）完善了基本支出体系，重构项目支出体系，对原 13 个项目优化整合成六大专项，形成基本支出与项目支出“1+6”的制度体系，即中央高校改善基本办学条件专项资金、教育教学改革专项资金、基本科研业务费、建设世界一流大学（学科）和特色发展引导专项资金、捐赠配比专项资金、管理改革等绩效拨款。这些领域也成为高等教育学校的主要支出方向，本章围绕这些领域预算绩效管理改革推进进行论述。

第一节　高等教育学校重点领域支出

为改进资金分配和管理方式，突出公平公正，强化政策和绩效导向，增强中央高校按照规定统筹安排使用资金的能力，促进中央高校内涵式发展，着力提高办学质量和水平，财政部、教育部联合发布《关于改革完善中央高校预算拨款制度的通知》（财教〔2015〕467号），对中央高校对项目支出体系进行了重构。调整后的中央高校教育类重点领域支出主要包括以下几个方面。

一、中央高校改善基本办学条件专项资金

中央高校改善基本办学条件专项资金由此前的中央高校改善基本办学条件专项资金、附属中小学改善基本办学条件专项资金、中央高校发展长效机制补助资金整合而成，支持中央高校及附属中小学改善基本办学条件。该专项资金主要根据办学条件等因素分配，实行项目管理方式。

根据《中央高校改善基本办学条件专项资金管理办法》（财科教〔2017〕3号）规定，该资金主要用于校舍维修改造、仪器设备购置、建设项目的辅助设施和配套工程等方面，具体支持范围包括：

（1）房屋修缮：为开展教学、科研、社会服务、文化传承创新等工作所需房屋建筑物的必要维修、加固和改造。

（2）设备资料购置：购置教学、实验、实习实践、校园公共服务体系建设所必需的仪器设备、文献资料（含电子图书及数据库）等。

（3）基础设施改造：师生正常学习、工作、生活、人身安全等所需的水电气暖、道路、网络、照明、节能、绿化、消防、安防等基础设施维修改造。

（4）建设项目配套工程：重大建设发展项目的装修、装饰、设施配套等辅助设施和配套工程。

二、中央高校教育教学改革专项资金

中央高校教育教学改革专项资金由此前本科教学工程、基础学科拔尖学生培养专项资金整合而成，主要支持中央高校深化教育教学改革，提高教学水平和人才培养质量。该专项资金主要根据教育教学改革等相关因素分配，由中央高校按照规定统筹使用。

根据《中央高校教育教学改革专项资金管理办法》（财科教〔2016〕11号）规定，该资金用于支持深入推进高校教育教学改革、创新创业教育改革、巩固本科教学基础地位、提升教师教学能力（含国家级教师教学发展中心建设）、优化调整学科专业结构、完善协同育人机制、国家试点学院改革、推进信息技术与教育教学深度融合、探索拔尖人才培养、对口支援西部地区高等学校工作等方面，由中央高校根据实际情况自主统筹安排使用。

三、中央高校基本科研业务费

中央高校基本科研业务费属于延续项目，主要对中央高校基本科研活动进行稳定支持。基本科研业务费采用因素法分配，主要考虑中央高校青年教师和在校学生科研需求及能力、科研活动开展情况、科技创新平台和创新团队建设情况、财务管理情况、绩效评价结果等因素。

根据《中央高校基本科研业务费管理办法》（财教〔2016〕277号）规定，中央高校基本科研业务费用于支持中央高校自主开展科学研究工作，重点使用方向包括：支持40周岁以下青年教师提升科研创新能力，支持在校优秀学生提升基本科研能力；支持一流科技领军人才和创新团队建设，支持科研创新平台能力建设；开展多学科交叉的基础性、支撑性和战略性研究，加强科技基础性工作等。

四、中央高校建设世界一流大学（学科）和特色发展引导专项资金

中央高校建设世界一流大学（学科）和特色发展引导专项资金是在此前“985工程”“211工程”、优势学科创新平台、特色重点学科项目、“高等学校创新

能力提升计划”以及促进内涵式发展资金等基础上整合而成的，目的在于引导中央高校加快推进世界一流大学和一流学科建设以及特色发展，提高办学质量和创新能力。

根据《中央高校建设世界一流大学（学科）和特色发展引导专项资金管理办法》（财科教〔2017〕126号）规定，中央高校建设世界一流大学（学科）和特色发展引导专项资金根据学科水平、办学特色、协同创新成效等因素分配，实行项目管理方式，具体由中央高校统筹用于拔尖创新人才培养、师资队伍建设、提升自主创新和社会服务能力、文化传承创新、国际合作交流五个方面，支出范围包括与世界一流大学和一流学科建设以及特色发展相关的人员经费、设备购置费、维修费、业务费等，其中人员经费支出主要用于培养、引进、聘任学术领军人才和建设优秀创新团队等。

五、中央高校捐赠配比专项资金

中央高校捐赠配比专项资金属于延续项目，引导和激励中央高校拓宽资金来源渠道，健全多元化筹资机制。按照政策对中央高校接受的社会捐赠收入进行配比，由中央高校按照规定统筹使用。

根据《中央高校捐赠配比专项资金管理办法》（财科教〔2018〕129号）规定，配比资金由中央高校纳入预算、严格管理、统筹使用，优先用于推进思想政治工作、建设高素质教师队伍、形成高水平人才培养体系和学生资助，不得用于偿还贷款、发放教职工工资和津补贴、支付罚款、捐赠、赞助、对外投资等支出。

六、中央高校管理改革等绩效拨款

中央高校管理改革等绩效拨款属于延续项目，目的在于引导中央高校深化改革、加强管理。该拨款主要根据管理改革等相关因素分配，由中央高校按照规定统筹使用。

根据《中央高校管理改革等绩效拨款管理办法》（财科教〔2017〕2号）规定，绩效拨款的使用范围和支出标准由中央高校按照国家有关规定和管理办法精神，结合实际情况确定，但不得用于工资、奖金、津补贴及其他福利支出等人员经费，不得用于基本建设、偿还贷款、支付罚款、捐赠、赞助、投资等支出，不得用于按照国家规定不得列支的其他支出。

七、中央高校其他领域专项资金

除了以上六项专项资金，中央高校还涉及其他领域的专项资金。如高校哲学社会科学繁荣计划专项经费主要用于支持“高等学校哲学社会科学繁荣计划”社会科学研究、学科发展、人才培养和队伍建设的专项资金。学生资助专项经费主要用于支持落实高等教育（含本专科生和研究生教育）、中等职业教育、普通高中教育等国家资助政策的资金，包括国家奖学金、国家励志奖学金、学业奖学金、国家助学金、免学（杂）费补助资金、服兵役国家教育资助资金、基层就业学费补偿国家助学贷款代偿资金、国家助学贷款奖补资金等。高校干部及辅导员队伍培训专项经费主要用于着力加强高校领导干部和辅导员队伍理想信念教育和专业化能力培训，为建设教育系统高素质干部队伍和辅导员队伍提供有力保障。

▶ 第二节 高等教育学校重点领域资金预算绩效管理流程

依照《中共中央 国务院关于全面实施预算绩效管理的意见》（中发〔2018〕34号）、《教育部关于全面实施预算绩效管理的意见》（教财〔2019〕6号）等文件要求，教育经费预算绩效管理要覆盖所有财政资金和非财政资金，贯穿预算编制、执行、监督全过程，实现绩效与预算管理一体化，建立事前、事中、事后预算绩效管理闭环系统。因此，高校重点领域资金也应从绩效目标管理、事前绩效评估、事中运行监督、事后绩效评价和结果应用等方面推进预算绩效管理改革。

一、绩效目标管理

绩效目标是指高校使用财政专项资金能够产出的成果和效益。作为高校重点领域资金全过程预算绩效管理的重要一环，高校专项资金绩效目标管理是推动预算绩效管理进一步前移和向纵深发展的重要措施。

高校申报专项资金绩效目标主要内容包括：成本目标，包括经济成本指标、社会成本指标和生态环境成本指标等二级指标，分别反映项目实施产生的各方面成本的预期控制范围。产出目标，主要指专项资金建设项目预期可提供的产品或服务的数量、品质、建设周期等，包括数量指标、质量指标、时效指标等二级指标。产出目标应当与专项资金的主要支出方向相对应，数量指标和质量指标原则上均需设置，时效指标根据项目实际设置。效益目标，主要指专项资金建设项目预期带来的经济效益、社会效益、生态效益、可持续影响等。其中，经济效益指标主要反映相关产出对经济效益带来的影响和效果，社会效益指标主要反映相关产出对社会发展带来的影响和效果，生态效益指标主要反映相关产出对自然生态环境带来的影响和效果。满意度目标，主要指专项资金建设项目中服务对象或项目受益人的认可程度。满意度目标一般适用于直接面向社会主体及公众提供公共服务，以及其他事关群众切身利益的专项支出，其他项目根据实际情况可不设满意度指标。

高校在专项资金绩效目标设定时，应遵循突出重点、细化量化、合理可行的原则编制，使其绩效目标充分反映专项资金在预期产出、社会经济效益和服务对象满意度等方面的情况。具体来说，专项资金绩效目标设置应注意：一是以结果为导向。遵循“自上而下”的设置原则，对高校项目总目标进行细化，细化为年度目标，将年度目标具体分解为每一个数量、质量、效益指标。二是导向鲜明。绩效目标符合应宏观高等教育政策导向，紧密结合高校发展规划和特色定位，着力提高专项资金效益，以尽可能少的投入取得尽可能多的积极成果。三是细化量化。绩效目标应对专项资金建设成果进行全方位、多维度的测评，同时应注重可量化及可考核性，以定量指标为主、定性指标为辅，以便后续的跟踪及评价，并有效保障评价结果更具客观性和可比性。

如中央高校改善基本办学条件专项资金项目绩效目标可从修缮以及工程项目、仪器设备成本控制有效性、图书资料采购折扣率等方面设置成本指标。从安防、消防、防雷设施、照明节能设施改造/新增设施数量，道路及绿化面积，水、电、气、暖等管网改造工程量、修缮房屋的建筑面积等方面设置产出指标。从新增仪器设备发挥作用年限、保障校园安全、改善师生学习工作生活设施条件等方面设置效益指标。从学生满意度、教职工满意度等方面设置满意度指标（见表7–1、表7–2）。

表7–1　　教育部中央高校改善基本办学条件专项资金项目绩效目标表

（2024年度）

<table>
<tr><td colspan="2">项目名称</td><td colspan="4">中央高校改善基本办学条件专项资金</td></tr>
<tr><td colspan="2">主管部门及代码</td><td>［105］教育部</td><td>实施单位</td><td colspan="2">四川大学、兰州大学等</td></tr>
<tr><td colspan="2" rowspan="4">项目资金（万元）</td><td>年度资金总额：</td><td colspan="2">961995.07</td><td rowspan="4">执行率分值（10分）</td></tr>
<tr><td>其中：财政拨款</td><td colspan="2">899054.86</td></tr>
<tr><td>上年结转</td><td colspan="2">62940.21</td></tr>
<tr><td>其他资金</td><td colspan="2"></td></tr>
<tr><td>年度总体目标</td><td colspan="5">1.房屋修缮。对中央高校（含附属中小学）用于开展教学、科研、学生宿舍、食堂、体育场馆、文化传承等工作所需的房屋建筑物进行必要的维修、加固和改造，延长校内建筑使用寿命，消除建筑安全隐患。
2.设备资料购置。购置中央高校（含附属中小学）用于教学、实验、实习实践、校园公共服务体系建设所必需的仪器设备、文献资料（含电子图书及数据库使用）等，满足学校不同专业、不同层次人员的学习和科研需求，为学校创新发展和人才培养提供资源保障。
3.基础设施改造。对中央高校（含附属中小学）用于保障师生学习、工作、生活、安全等需要开展的水、电、气、暖、绿化、道路、网络、照明、节能、消防、安防等基础设施进行维修改造，完善校内多项基础设施的功能，排除潜藏的安全隐患，为师生提供更加完善的教学基础设施和保障条件。
4.建设项目配套工程。建设中央高校（含附属中小学）重大建设发展项目所需的配套辅助设施和配套工程，完善整体功能，改善教学科研条件，提升校园整体网络化、信息化服务水平，促进学校各项事业的发展。</td></tr>
</table>

续表

	一级指标	二级指标	三级指标	指标值	分值权重（90分）
绩效指标	成本指标	经济成本指标	修缮以及工程项目、仪器设备成本控制有效性	有效控制	10
			图书资料采购折扣率	≤82%	10
	产出指标	数量指标	安防、消防、防雷设施、照明节能设施改造/新增设施数量	≥13.69万台（套）、件	4
			道路及绿化面积	≥50.89万平方米	4
			水、电、气、暖等管网改造工程量	≥75.47万延米	4
			新增教学科研仪器设备数量	≥11.9万台（套）	4
			新增图书量	≥173.94万册	3
			修缮房屋的建筑面积	≥426.83万平方米	4
			续订或新增电子资源数据库	≥1831个（套）	4
		质量指标	房屋修缮验收通过率	100%	3
			基础设施验收通过率	100%	3
			设备资料验收通过率	100%	3
		时效指标	项目按期完工率	100%	4
	效益指标	经济效益指标	新增仪器设备发挥作用年限	≥6年	4
		社会效益指标	保障校园安全	有效保障	4
			改善师生学习工作生活设施条件	显著改善	4
			提高仪器设备开放共享程度	有效提高	4
		生态效益指标	绿色校园建设贡献	成效显著	4
	满意度指标	服务对象满意度指标	学生满意度	≥90%	5
			教职工满意度	≥90%	5

资料来源：教育部2024年部门预算，http：//www.moe.gov.cn/srcsite/A05/s7499/202403/t20240326_1122428.html。

表7-2　北京体育大学中央高校改善基本办学条件专项资金项目绩效目标表
（2024年度）

项目名称	中央高校改善基本办学条件专项资金			
主管部门及代码	［109］国家体育总局	实施单位	北京体育大学	
项目资金（万元）	年度资金总额：	5107.30		执行率分值（10分）
	其中：财政拨款	3290.96		
	上年结转	1816.34		
	其他资金	—		

续表

<table>
<tr><td>年度总体目标</td><td colspan="5">通过项目实施，改善北京体育大学基本办学条件。
1.完成购置仪器设备，改善实验、科研和教学条件，提高教学和科研能力。
2.对校园市政自来水管线进行改造，实现校园用水全覆盖。
3.对学校东区、大浴室、游泳馆老旧锅炉进行更新改造，消除安全隐患。
4.对校园安全防范系统等进行维修改造，为保障校园安全提供强有力的支持。
5.进行学校数字化转型建设，满足日益增长的教学、科研、训练信息化需求，为学校发展和创新提供强有力支持。</td></tr>
<tr><td rowspan="19">绩效指标</td><td>一级指标</td><td>二级指标</td><td>三级指标</td><td>指标值</td><td>分值权重（90分）</td></tr>
<tr><td rowspan="11">产出指标</td><td rowspan="6">数量指标</td><td>购置器材设备数</td><td>1900台/套/个/件</td><td>5</td></tr>
<tr><td>更换锅炉数量</td><td>5台</td><td>4</td></tr>
<tr><td>安全技术防范系统升级改造数量</td><td>4个</td><td>5</td></tr>
<tr><td>信息化软件、硬件数量</td><td>≥363个</td><td>5</td></tr>
<tr><td>市政管线维修改造总米数</td><td>≥1858米</td><td>5</td></tr>
<tr><td>购置中外文图书或期刊数量</td><td>>1.6万册</td><td>4</td></tr>
<tr><td rowspan="3">质量指标</td><td>验收合格率</td><td>≥100%</td><td>4</td></tr>
<tr><td>设备/器材使用率</td><td>≥90%</td><td>4</td></tr>
<tr><td>安全等级保护工作达标率</td><td>≥100%</td><td>4</td></tr>
<tr><td rowspan="2">时效指标</td><td>设备/器材购置完成及时率</td><td>≥90%</td><td>5</td></tr>
<tr><td>项目按期完成率</td><td>≥90%</td><td>5</td></tr>
<tr><td rowspan="4">效益指标</td><td rowspan="4">社会效益指标</td><td>对竞技水平提高的促进程度</td><td>≥8分</td><td>7</td></tr>
<tr><td>对全民健身运动的促进程度</td><td>≥8分</td><td>7</td></tr>
<tr><td>新增仪器设备发挥作用年限</td><td>≥6年</td><td>8</td></tr>
<tr><td>信息化平台安全使用率</td><td>≥95%</td><td>8</td></tr>
<tr><td>满意度指标</td><td>服务对象满意度指标</td><td>服务对象满意度</td><td>≥90%</td><td>10</td></tr>
</table>

资料来源：北京体育大学官方网站，https：//www.bsu.edu.cn/。

中央高校教育教学改革专项资金项目绩效目标可从建设教学团队数量、创新创业活动开展数量、基础学科拔尖学生人数、基地建设数量、教材建设出版数量、国家级/省级一流本科专业建设点数量、国家级一流课程数量等方面设置产出指标。从增强学生社会责任感、创新精神和实践能力，深化产学研合作提高人才培养质量作用等方面设置效益指标。从学生满意度、教师满意度等方面设置满意度指标（见表7–3、表7–4）。

表7-3　教育部中央高校教育教学改革专项资金项目绩效目标表

（2024年度）

项目名称	中央高校教育教学改革专项资金				
主管部门及代码	［105］教育部		实施单位	四川大学、兰州大学等	
项目资金（万元）	年度资金总额：		176159.18		执行率分值（10分）
	其中：财政拨款		174740.00		
	上年结转		1419.18		
	其他资金				
年度总体目标	1.坚持立德树人根本任务，推动和支持中央高校深化教育教学改革，强化和巩固人才培养在学校工作中的中心地位，提升教育教学水平和人才培养质量。 2.以教育家精神为引领强化高素质教师队伍建设，拓展教师队伍培养培训新思路，持续开展教师培训、教学团队建设、一流本科专业及课程建设等工作，不断提升教师教学能力，巩固本科教学基础地位。 3.全面提高人才自主培养质量，通过开展拔尖创新人才培养、深化“四新”建设，支持创新创业平台及基地建设、支援西部地区高校双向交流等工作，推动一流教育教学改革，增强学生创新精神、创业意识和创新创业能力。				
绩效指标	一级指标	二级指标	三级指标	指标值	分值权重（90分）
	产出指标	数量指标	“四新”研究与实践项目数量	≥258项	4
			建设教学团队数量	≥315个	3
			创新创业活动开展数量	≥2.44万项	3
			基础学科拔尖学生人数	≥9466人次	3
			基地建设数量	≥457个	3
			教材建设出版数量	≥933部	4
			教师参加培训人次	≥8.51万人次	3
			与对口支援西部高校双向交流人次	≥974人次	3
			支持学校教育教学改革项目数量	≥1779个	4
			拔尖学生赴境内外每年学习人次	≥735人次	4
		质量指标	“四新”项目研究成果数量	≥647项	3
			国家级/省级一流本科专业建设点数量	≥1988个	3
			国家级一流课程数量	≥1862个	3
			学生参加竞赛获奖数量	≥2.44万项	3
		时效指标	项目按期完成率	100%	4
	效益指标	社会效益指标	增强学生社会责任感、创新精神和实践能力	显著增强	15
			深化产学研合作提高人才培养质量作用	成效显著	15
	满意度指标	服务对象满意度指标	教师满意度	≥90%	5
			学生满意度	≥90%	5

资料来源：教育部2024年部门预算，http：//www.moe.gov.cn/srcsite/A05/s7499/202403/t20240326_1122428.html。

表7-4　　北京大学中央高校教育教学改革专项资金项目绩效目标表

（2024年度）

<table>
<tr><td>项目名称</td><td colspan="5">中央高校教育教学改革专项</td></tr>
<tr><td>主管部门及代码</td><td colspan="2">［105］教育部</td><td>实施单位</td><td colspan="2">北京大学</td></tr>
<tr><td rowspan="4">项目资金（万元）</td><td colspan="2">年度资金总额：</td><td colspan="2">8637.00</td><td rowspan="4">执行率分值（10分）</td></tr>
<tr><td colspan="2">其中：财政拨款</td><td colspan="2">8637.00</td></tr>
<tr><td colspan="2">上年结转</td><td colspan="2"></td></tr>
<tr><td colspan="2">其他资金</td><td colspan="2"></td></tr>
<tr><td>年度总体目标</td><td colspan="5">1. 紧紧围绕立德树人根本任务，进一步完善人才培养体系、课程体系，为学生提供多样化、个性化的成才之路。
2. 努力造就一支政治素质过硬、业务能力精湛、育人水平高超的高素质教师队伍，培养德智体美劳全面发展的社会主义建设者和接班人。
3. 努力建设好未名学者拔尖学生培养基地、国家级及市级一流本科专业和基础学科“系列101计划”。</td></tr>
<tr><td rowspan="18">绩效指标</td><td>一级指标</td><td>二级指标</td><td>三级指标</td><td>指标值</td><td>分值（90分）</td></tr>
<tr><td rowspan="9">产出指标</td><td rowspan="4">数量指标</td><td>特色课程建设数量</td><td>≥30门</td><td>5</td></tr>
<tr><td>创新创业活动开展数量</td><td>≥500个</td><td>5</td></tr>
<tr><td>基础学科拔尖学生人数</td><td>≥900人</td><td>5</td></tr>
<tr><td>教师参加培训人次</td><td>≥2000人次</td><td>5</td></tr>
<tr><td rowspan="5">质量指标</td><td>国家级/省级一流本科专业建设点数</td><td>=95个</td><td>6</td></tr>
<tr><td>学生参加竞赛获奖数量</td><td>≥80项</td><td>6</td></tr>
<tr><td>国家级一流课程数量</td><td>≥155门</td><td>6</td></tr>
<tr><td>“四新”研究与实践项目数量</td><td>≥12项</td><td>6</td></tr>
<tr><td>本科生发表论文数量</td><td>≥100篇</td><td>6</td></tr>
<tr><td rowspan="5">效益指标</td><td rowspan="5">社会效益指标</td><td>提升学生的国际化视野</td><td>显著</td><td>6</td></tr>
<tr><td>实现地方及国家高等教育优质资源共享</td><td>显著</td><td>6</td></tr>
<tr><td>发挥教育行业引领性、辐射性作用</td><td>显著</td><td>6</td></tr>
<tr><td>增强学生社会责任感、创新精神和实践能力</td><td>显著</td><td>6</td></tr>
<tr><td>深化产学研合作、提高人才培养质量作用</td><td>显著</td><td>6</td></tr>
<tr><td rowspan="2">满意度指标</td><td rowspan="2">服务对象满意度指标</td><td>学生满意度</td><td>≥90%</td><td>5</td></tr>
<tr><td>教师满意度</td><td>≥90%</td><td>5</td></tr>
</table>

资料来源：北京大学信息公开网，http：//xxgk.pku.edu.cn/gksx/cwzcsf/cwys/index.htm。

中央高校基本科研业务费专项资金项目绩效目标可从支持学术活动、会议数量，支持优秀创新团队建设数量，出版专著数量，支持科技领军人才团队项目数量，高质量论文数量，科研成果获评省部级及以上成果奖励数量等方面设置产出指标。从提升服务国家发展战略能力、提升科研团队自主创新能力、提升青年人才科研创新能力等方面设置效益指标。从学生满意度、科技领军人才满意度、青年教师满意度等方面设置满意度指标（见表7–5、表7–6）。

表7–5　　教育部中央高校基本科研业务费专项资金项目绩效目标表
（2024年度）

<table>
<tr><td colspan="2">项目名称</td><td colspan="4">中央高校基本科研业务费</td></tr>
<tr><td colspan="2">主管部门及代码</td><td>［105］教育部</td><td>实施单位</td><td colspan="2">四川大学、兰州大学等</td></tr>
<tr><td colspan="2" rowspan="4">项目资金（万元）</td><td>年度资金总额：</td><td colspan="2">457021.64</td><td rowspan="4">执行率分值（10分）</td></tr>
<tr><td>其中：财政拨款</td><td colspan="2">444702.00</td></tr>
<tr><td>上年结转</td><td colspan="2">12319.64</td></tr>
<tr><td>其他资金</td><td colspan="2"></td></tr>
<tr><td>年度总体目标</td><td colspan="5">1.支持青年教师和优秀学生在科研领域自由探索创新，提高高校的自主创新能力和高层次人才培养能力。
2.贯彻落实国家创新驱动发展和科教兴国等重大战略，完善科技创新体系，推动科技成果转化，助力实现国家科技高水平自立自强；支撑重要科技创新基地平台建设，提高学校科研水平，提升重大科技创新平台在推进有组织科研模式中的作用；开展基础研究、前沿探索和技术攻关，支持一流科技领军人才和创新团队建设，培养科技领军人才和培育学科带头人、学术带头人。
3.建立全方位、多维度、多层次交叉研究平台，推动跨学科研究，力争产生重大原创性科研成果和技术。</td></tr>
<tr><td rowspan="9">绩效指标</td><td>一级指标</td><td>二级指标</td><td>三级指标</td><td>指标值</td><td>分值权重（90分）</td></tr>
<tr><td rowspan="8">产出指标</td><td rowspan="8">数量指标</td><td>支持学术活动、会议数量</td><td>≥1226场</td><td>3</td></tr>
<tr><td>支持优秀创新团队建设数量</td><td>≥801个</td><td>4</td></tr>
<tr><td>支持项目获得专利、知识产权及出版专著数量</td><td>≥3222个</td><td>4</td></tr>
<tr><td>支持交叉学科项目数量</td><td>≥225项</td><td>4</td></tr>
<tr><td>支持青年教师项目（课题）经费占比</td><td>≥50%</td><td>5</td></tr>
<tr><td>支持科研创新平台数量</td><td>≥503个</td><td>5</td></tr>
<tr><td>支持科技领军人才团队项目数量</td><td>≥273项</td><td>5</td></tr>
<tr><td>支持在校优秀学生科研项目数量</td><td>≥5919项</td><td>5</td></tr>
</table>

续表

	一级指标	二级指标	三级指标	指标值	分值权重（90分）
绩效指标	产出指标	质量指标	高质量论文数量	≥2.34万篇	5
			科研成果获评省部级及以上成果奖励数量	≥677项	5
		时效指标	项目按时完成率	100%	5
	效益指标	社会效益指标	提升服务国家发展战略能力	显著提升	10
			提升科研团队自主创新能力	显著提升	10
			提升青年人才科研创新能力	显著提升	10
	满意度指标	服务对象满意度指标	学生满意度	≥90%	3
			科技领军人才满意度	≥90%	4
			青年教师满意度	≥90%	3

资料来源：教育部2024年部门预算，http：//www.moe.gov.cn/srcsite/A05/s7499/202403/t20240326_1122428.html。

表7-6　上海交通大学中央高校基本科研业务费专项资金项目绩效目标表（2024年度）

项目名称	中央高校基本科研业务费专项		
主管部门及代码	［105］教育部	实施单位	上海交通大学
项目资金（万元）	年度资金总额：	16137.00	执行率分值（10分）
	其中：财政拨款	16137.00	
	上年结转	—	
	其他资金	—	
年度总体目标	1.聚焦省部级基地团队创新能力建设，支持其开展自主科研活动，提升学术影响和贡献。 2.聚焦基础前沿探索、颠覆性技术创新、“卡脖子”问题攻坚，遴选国家战略必争和前沿非共识领域，校院联动深度挖掘和培育潜力人才团队特别是青年人才。 3.进一步促进医学和理工科的交叉融合，资助有望取得国家重大重点项目的预研性项目，鼓励开展具有原创性的临床应用研究和临床转化，支持医学院及附属医院和校本部理工院系青年科技人员的学科交叉科研起步，培育医工交叉人才和挖掘医工创新方向。 4.围绕国家战略、科技前沿、社会发展的目标和使命导向，开展学科交叉、跨界合作等模式的科技创新，鼓励交叉集成创新，重点对我校优势学科战略必争的交叉方向、国家科技创新热点方向、行业创新发展难点方向，多学院联合、多学科交叉研究。 5.探索完善绩效激励机制，激发创新创造活力聚焦国际基础前沿、国家战略需求、服务经济社会发展和上海科创中心建设等，以提升学校科技战略研究能力，服务科技发展为目标，进行重点领域、重要方向战略规划和科研布局，开展体制机制的政策研究、咨政建议和方案设计等。		

续表

	一级指标	二级指标	三级指标	指标值	分值权重（90分）
绩效指标	产出指标	数量指标	支持学科交叉项目数	≥125项	10
			支持科技领军人才团队项目数量	≥5项	10
			支持科研创新平台数量	≥20项	5
		质量指标	科研成果获评省部级及以上成果奖励数量	≥5项	5
			高质量论文数	≥270篇	5
			新增创新群体、杰青、优青等国家级人才/团队	≥30项	5
			科研项目获评省市级以上科研项目数量	≥87项	5
			新增国内外授权发明专利数	≥110项	5
	效益指标	经济效益指标	专利及其他知识产权转化金额	≥515万元	10
		社会效益指标	推进国家级、省部级等基地建设	持续推进	10
			科研团队自主创新能力	稳步提升	10
	满意度指标	服务对象满意度指标	青年教师满意度	≥95%	5
			科技领军人才满意度	≥95%	5

资料来源：上海交通大学信息公开网，https：//gk.sjtu.edu.cn/Data/View/3499。

中央高校建设世界一流大学（学科）和特色发展引导专项资金项目绩效目标可从培养和引进高水平人才数量、完成智库代表性成果数量、教师在国内外重要期刊发表代表性论文数量、重大重点科研平台建设数量等方面设置产出指标。从专利及其他知识产权转化金额、传承创新中华优秀传统文化的贡献度、服务国家战略和行业发展的作用、提升国际影响力水平等方面设置效益指标。从学生满意度、教职工满意度等方面设置满意度指标（见表7-7、表7-8）。

表7-7　中央高校建设世界一流大学（学科）和特色发展引导专项资金项目绩效目标表

（2024年度）

项目名称	中央高校建设世界一流大学（学科）和特色发展引导专项资金		
主管部门及代码	［105］教育部	实施单位	四川大学、兰州大学等
项目资金（万元）	年度资金总额：	1639165.54	执行率分值（10分）
	其中：财政拨款	1568270.00	
	上年结转	70895.54	
	其他资金		

续表

<table>
<tr><td>年度总体目标</td><td colspan="5">1.培养拔尖创新人才。坚持立德树人，突出人才培养中心地位，全面提升培养能力，注重三全育人模式创新，加快培养急需高层次人才，着力培养具有历史使命感和社会责任心，富有创新精神和实践能力的各类创新型、应用型、复合型优秀人才。加强创新创业教育，推进课程改革，培养高精尖急缺人才，全面提升学生的综合素质、国际视野、科学精神和创业意识、创造能力，打造一流人才方阵。
2.增强师资队伍建设。加强师德师风建设，打造有理想信念、道德情操、扎实学识、仁爱之心的教师队伍；遵循教师成长发展规律，以中青年教师和创新团队为重点，培育跨学科、跨领域的创新团队，增强人才队伍可持续发展能力；大力培养引进一大批具有国际水平的战略科学家、一流科技领军人才、青年科技人才和创新团队。
3.持续提升自主创新和社会服务能力。推动加强战略性、全局性、前瞻性问题研究，着力提升解决重大问题能力和原始创新能力；以国家重大需求为导向，加强关键领域核心技术攻关，强化有组织创新，抢占科技创新战略制高点，支撑高水平科技自立自强；推进中国特色哲学社会科学体系建设，打造一批具有中国特色和世界影响的新型高校智库，提高服务国家决策的能力。
4.加大文化传承创新力度。立足办学传统和现实定位，以社会主义核心价值观为引领，推动中华优秀教育文化的创造性转化和创新性发展，构建具有时代精神、风格鲜明的中国特色大学文化，增强文化自信。
5.深化加强国际合作交流。探索与世界高水平大学双向交流的留学支持新机制，加强与国外高水平大学、顶尖科研机构的实质性学术交流与科研合作，建立国际合作联合实验室、研究中心等；推动中外优质教育模式互学互鉴，以我国为主创新联合办学体制机制，加大校际访问学者和学生交流互换力度。深入推进共建“一带一路”教育行动，参与国际重大议题研究，深度融入全球创新网络。</td></tr>
<tr><td rowspan="17">绩效指标</td><td>一级指标</td><td>二级指标</td><td>三级指标</td><td>指标值</td><td>分值权重（90分）</td></tr>
<tr><td rowspan="16">产出指标</td><td rowspan="4">数量指标</td><td>培养和引进高水平人才数量</td><td>≥2766人</td><td>4</td></tr>
<tr><td>师生参加国际交流活动人次</td><td>≥6.79万人次</td><td>3</td></tr>
<tr><td>完成智库代表性成果数量</td><td>≥1855项</td><td>3</td></tr>
<tr><td>举办/主办学术会议场次</td><td>≥608场/次</td><td>3</td></tr>
<tr><td rowspan="11">质量指标</td><td>教师在国内外重要期刊发表代表性论文数量</td><td>≥6.13万篇</td><td>4</td></tr>
<tr><td>重大重点科研平台建设数量</td><td>≥2255个</td><td>4</td></tr>
<tr><td>加强党的全面领导</td><td>成效显著</td><td>4</td></tr>
<tr><td>思想政治教育对提升人才培养质量的作用</td><td>成效显著</td><td>4</td></tr>
<tr><td>国家急需人才培养项目数量</td><td>≥456项</td><td>3</td></tr>
<tr><td>优质课程与教学成果数量</td><td>≥2934门（册）</td><td>3</td></tr>
<tr><td>学生国内外大奖获奖人次</td><td>≥1.64万人次</td><td>3</td></tr>
<tr><td>专任教师承担国家级重大重点项目人数</td><td>≥970人</td><td>3</td></tr>
<tr><td>教师获得国内外重要奖项数量</td><td>≥1154项</td><td>3</td></tr>
<tr><td>教师担任国内外重要期刊负责人数量</td><td>≥1628人</td><td>3</td></tr>
<tr><td>时效指标</td><td>项目完成及时率</td><td>100%</td><td>3</td></tr>
</table>

续表

	一级指标	二级指标	三级指标	指标值	分值权重（90分）
绩效指标	效益指标	经济效益指标	专利及其他知识产权转化金额	≥28.83亿元	7
		社会效益指标	传承创新中华优秀传统文化的贡献度	显著提高	7
			服务国家战略和行业发展的作用	成效显著	8
			提升国际影响力水平	成效显著	8
	满意度指标	服务对象满意度指标	教职工满意度	≥90%	5
			学生满意度	≥90%	5

资料来源：教育部2024年部门预算，http：//www.moe.gov.cn/srcsite/A05/s7499/202403/t20240326_1122428.html。

表7-8　中央财经大学中央高校建设世界一流大学（学科）和特色发展引导专项资金项目绩效目标表（2024年度）

项目名称	252中央高校建设世界一流大学（学科）和特色发展引导专项		
主管部门及代码	［105］教育部	实施单位	中央财经大学
项目资金（万元）	年度资金总额：	4650.00	执行率分值（10分）
	其中：财政拨款	4650.00	
	上年结转	0.00	
	其他资金	0.00	
年度总体目标	1.加强招生宣传咨询服务，持续举办“龙马讲堂”品牌活动，巩固和推进生源基地建设，提升招生宣传效果。以专业为依托，以专业带头人、基层教学组织、教学团队为主体，不断创新完善教学内容，完善教学方法和手段，组织教师开展教学研究、教改实践、课程设计、教学方法创新、教材建设等方面的研究实践与交流培训活动。加强研究生课程与教材建设、引入国际前沿课程，推进研究生教学改革，全面提升研究生培养能力和培养质量，提高研究生学术科研能力。 2.推动学校“龙马学者”等人才梯队培育项目，加大拔尖创新人才培养力度，完善人才培育体系。创新多样化用人机制，吸引一批在经济学领域拥有国际学术声望和深刻洞察力的学科领军人才、学术带头人以及极具发展潜力的青年拔尖创新人才来校工作。继续推进创新发展学院教学科研团队建设，发挥学科优势。重点培养一批具有国际先进水平的学科领军人才和学术带头人，提高学校持续承担重大科研任务和服务社会的能力。 3.以“五个一流”学科建设项目为抓手，立足中国实际，鼓励各学科在不同领域争创一流，凝练特色学科方向，以产出“中财大品格、中国特色、世界一流”科研成果为目标，以科研创新和现实需求为导向，强化“创新与需求导向”的科研能力建设，孕育重大原创性成果；通过科研成果转化与创新创业服务平台能力提升项目，扩大优质科技金融服务商的集聚规模，创造更优质的创新创业环境；进一步完善科研成果转化服务平台架构功能，提升成果供求与需求方的智能匹配精准度。 4.文化育人体系进一步完善，文化环境进一步提升。挖掘展示中财大历史，阐释中财大精神内涵，传承弘扬中财大精神，涵育优良学风。提升文化传播能力和国际影响力，讲好中财大“财经报国”故事。		

续表

年度总体目标	5.引进优质国际教育资源，提升国际化人才培养质量。国际组织实习任职相关教育指导更加精准高效，学生赴国际组织实习任职的意愿不断增强，申请达成度进一步提高。赴国际组织实习学生人数增加，学生的全球胜任力进一步提升。鼓励支持在校生赴海外高校或机构进行中长期线下或线上交流学习和短期交流活动，开拓学生的国际视野，提升学生的国际竞争力。宣传“留学中财大”品牌，不断完善预科生和国际中文教育等有关中外学生培养模式，培养财经类高精尖国际人才。				
绩效指标	一级指标	二级指标	三级指标	指标值	分值权重（90分）
	产出指标	数量指标	完成智库代表性成果数量	≥55项	4
			大师剧展演数量	≥1次	4
			一流学科建设项目数量	≥34个	4
		质量指标	加强党的全面领导成效	显著	5
			思想政治教育对提升人才培养质量的作用	显著	5
			重大重点科研平台建设数量	≥8项	4
			优质课程与教学成果数量	≥8门（册）	4
			学生国内外大奖获奖人次	≥120人次	4
			专任教师承担国家级重大重点项目人数	≥5人	4
			科研成果获评省部级及以上成果奖项数量	≥15项	4
			教师在国内外重要期刊发表代表性论文数量	≥350篇	4
			国际合作水平	有效提升	4
	效益指标	社会效益指标	培养一批学科领军人才和学术带头人	显著	8
			传承创新中华优秀传统文化的贡献度	有效提升	7
			服务国家战略和行业发展的作用	显著	8
			国际影响力水平	有效提升	7
	满意度指标	服务对象满意度指标	教师满意度	≥90%	5
			学生满意度	≥90%	5

资料来源：中央财经大学信息公开网，http：//op.cufe.edu.cn/fujian/2024yusuan.pdf。

中央高校捐赠配比专项资金项目绩效目标可从奖助学生人次、修缮房屋的建筑面积、新增教学科研仪器设备数量、项目验收通过率、提升人才培养质量、奖助金发放及时性等方面设置产出指标。从引导和鼓励社会各界捐资助学、改善师生学习工作生活设施条件、促进教育公平等方面设置效益指标。从学生满意度、教职工满意度等方面设置满意度指标（见表7–9、表7–10）。

表7–9　　教育部中央高校捐赠配比专项资金项目绩效目标表

（2024年度）

项目名称	中央高校捐赠配比专项资金				
主管部门及代码	［105］教育部		实施单位	四川大学、兰州大学等	
项目资金（万元）	年度资金总额：		141947.18		执行率分值（10分）
	其中：财政拨款		141838.00		
	上年结转		109.18		
	其他资金				
年度总体目标	1.持续引导和鼓励中央高校拓宽资金来源渠道，建立健全多元化筹资机制，促进高等教育事业发展。 2.持续完善学生奖助补体系，加大奖优和助困学生覆盖面，促进教育公平。 3.改善和维护基础设施、补充图书资源和教学科研仪器设备等，有效改善基本办学条件。 4.推进思想政治工作，推动学校发挥课程、科研、实践、文化、网络、心理、管理、服务、资助、组织等方面工作的育人功能。 5.建设高素质教师队伍，推进师德师风建设，提升教师综合素质，不断深化教师管理综合改革。 6.深化教育教学改革，推进“四新”学科建设，提高人才自主培养能力。				
绩效指标	一级指标	二级指标	三级指标	指标值	分值权重（90分）
	产出指标	数量指标	奖助学生人次	≥49.54万人次	5
			新增图书数量	≥9.11万册/套	5
			修缮房屋的建筑面积	≥5.34万平方米	5
			新增教学科研仪器设备数量	≥178台（套）	5
		质量指标	项目验收通过率	100%	5
			提升人才培养质量	成效显著	5
			提升思想政治工作质量	成效显著	5
			加强教师队伍建设改革	成效显著	5
		时效指标	奖助金发放及时性	按时	5
			项目按期完工率	100%	5
	效益指标	社会效益指标	引导和鼓励社会各界捐资助学	成效显著	10
			改善师生学习工作生活设施条件	有所改善	10
			促进教育公平	成效显著	10
	满意度指标	服务对象满意度指标	教职工满意度	≥90%	5
			学生满意度	≥90%	5

资料来源：教育部2024年部门预算，http：//www.moe.gov.cn/srcsite/A05/s7499/202403/t20240326_1122428.html。

表7-10　山东大学中央高校捐赠配比专项资金项目绩效目标表

（2024年度）

<table>
<tr><td>项目名称</td><td colspan="5">中央高校捐赠配比专项</td></tr>
<tr><td>主管部门及代码</td><td colspan="2">［105］教育部</td><td colspan="2">实施单位</td><td>山东大学</td></tr>
<tr><td rowspan="4">项目资金（万元）</td><td colspan="2">年度资金总额：</td><td colspan="2">627.00</td><td rowspan="4">执行率分值（10分）</td></tr>
<tr><td colspan="2">其中：财政拨款</td><td colspan="2">627.00</td></tr>
<tr><td colspan="2">上年结转</td><td colspan="2"></td></tr>
<tr><td colspan="2">其他资金</td><td colspan="2"></td></tr>
<tr><td>年度总体目标</td><td colspan="5">围绕“全面支持和推动山东大学教育事业发展”的宗旨，着眼“十四五”战略规划，在募集捐赠、投资运作、项目实施、内部治理等方面进行全面推进，为学校各项事业的发展提供重要支持。一是通过创新筹资思路，狠抓重点项目，助力院系专项基金成型；二是不断探索小额捐赠，开发新型捐赠平台，推动捐赠文化发展，争取更多的捐赠配比资金；三是加大统筹力度，着力补充学生奖助体系，完成捐赠人的助学助教目标，资助开展学生创新创业、教师教学科学研究，助力立德树人根本任务全面落实。</td></tr>
<tr><td rowspan="10">绩效指标</td><td>一级指标</td><td>二级指标</td><td>三级指标</td><td>指标值</td><td>分值权重（90分）</td></tr>
<tr><td rowspan="5">产出指标</td><td rowspan="2">数量指标</td><td>奖助学生人次</td><td>≥2000人次</td><td>10</td></tr>
<tr><td>捐赠活动次数</td><td>≥6次</td><td>10</td></tr>
<tr><td rowspan="2">质量指标</td><td>人才培养质量</td><td>显著提升</td><td>10</td></tr>
<tr><td>思想政治工作质量</td><td>显著提升</td><td>10</td></tr>
<tr><td>时效指标</td><td>奖助金发放及时性</td><td>按时</td><td>10</td></tr>
<tr><td rowspan="2">效益指标</td><td rowspan="2">社会效益指标</td><td>校友捐赠人次</td><td>≥260人次</td><td>15</td></tr>
<tr><td>促进教育公平</td><td>显著</td><td>15</td></tr>
<tr><td rowspan="2">满意度指标</td><td rowspan="2">服务对象满意度指标</td><td>教职工满意度</td><td>≥96%</td><td>5</td></tr>
<tr><td>学生满意度</td><td>≥96%</td><td>5</td></tr>
</table>

资料来源：山东大学信息公开网，http：//cwc.sdu.edu.cn/shandongdaxue2024nianbumenyusuangongkaiban.pdf。

中央高校管理改革等绩效拨款项目绩效目标可从道路及绿化面积、奖助学生人次、修缮房屋的建筑面积、数据库采购、信息化建设项目数量、促进内部控制体系完善等方面设置产出指标。从改善师生学习工作生活设施条件、提高学校整体管理水平、促进教育公平等方面设置效益指标。从学生满意度、教职工满意度等方面设置满意度指标（见表7-11、表7-12）。

表7-11　　教育部中央高校管理改革等绩效拨款项目绩效目标表

（2024年度）

项目名称	中央高校管理改革等绩效拨款				
主管部门及代码	［105］教育部		实施单位	四川大学、兰州大学等	
项目资金（万元）	年度资金总额：		112792.68		执行率分值（10分）
	其中：财政拨款		112550.93		
	上年结转		241.75		
	其他资金				
年度总体目标	1.以绩效管理为导向，建立健全科学规范的评价体系，加强教育教学、科研、后勤等方面的管理改革，进一步深化综合改革，全面提升管理水平。 2.促进学生奖助补体系不断完善，加大奖优和助困学生的覆盖面，促进教育公平。 3.支持改善基本办学条件、信息化建设、图书资料购置等业务活动，为高质量开展教学科研活动及其辅助活动提供更好保障。 4.加强学校思想政治工作建设，助力教师队伍综合素质提升，提高人才自主培养质量。 5.做好教学、科研、师生员工生活等后勤服务保障工作，提升校区物业管理水平，保障学校教学科研及师生正常生活秩序。				
绩效指标	一级指标	二级指标	三级指标	指标值	分值权重（90分）
	产出指标	数量指标	道路及绿化面积	≥24.73万平方米	3
			奖助学生人次	≥37.67万人次	6
			新增教学科研仪器设备数量	≥170台（套）	4
			新增图书量	≥8.54万本（册）	5
			修缮房屋的建筑面积	≥10.8万平方米	4
			数据库采购、续订数量	≥126个	3
			信息化建设项目数量	≥24个（项）	3
			支持教学、科研等改革项目	≥140项	3
		质量指标	项目验收通过率	100%	4
			促进内部控制体系完善	成效显著	3
			提升人才培养质量	成效显著	4
		时效指标	奖助金发放及时性	及时	4
			项目按期完工率	100%	4
	效益指标	社会效益指标	改善师生学习工作生活设施条件	有所改善	10
			提高学校整体管理水平	成效显著	10
			促进教育公平	成效显著	10
	满意度指标	服务对象满意度指标	教职工满意度	≥90%	5
			学生满意度	≥90%	5

资料来源：教育部2024年部门预算，http：//www.moe.gov.cn/srcsite/A05/s7499/202403/t20240326_1122428.html。

表7-12　　　　清华大学中央高校管理改革等绩效拨款项目绩效目标表

（2024年度）

<table>
<tr><td>项目名称</td><td colspan="5">中央高校管理改革等绩效拨款</td></tr>
<tr><td>主管部门及代码</td><td colspan="2">［105］教育部</td><td>实施单位</td><td colspan="2">清华大学</td></tr>
<tr><td rowspan="4">项目资金（万元）</td><td colspan="2">年度资金总额：</td><td colspan="2">4071.90</td><td rowspan="4">执行率分值（10分）</td></tr>
<tr><td colspan="2">其中：财政拨款</td><td colspan="2">4071.90</td></tr>
<tr><td colspan="2">上年结转</td><td colspan="2">—</td></tr>
<tr><td colspan="2">其他资金</td><td colspan="2">—</td></tr>
<tr><td>年度总体目标</td><td colspan="5">1.结合学校“十四五”发展规划和改革实际情况，不断加强文献资源建设和信息服务环境建设，满足学校在学科建设和人才培养等方面的需求。
2.持续开展学生资助与培养，确保学生资助体系的完善和优化。
3.深化学校治理能力及治理体系建设，着力提升组织机构的运行效能，提升学校管理服务水平。</td></tr>
<tr><td rowspan="14">绩效指标</td><td>一级指标</td><td>二级指标</td><td>三级指标</td><td>指标值</td><td>分值权重（90分）</td></tr>
<tr><td rowspan="7">产出指标</td><td rowspan="3">数量指标</td><td>新增图书期刊等资料数量</td><td>≥55000份/册</td><td>8</td></tr>
<tr><td>订购各类数据库</td><td>≥100个</td><td>7</td></tr>
<tr><td>奖助学生人次</td><td>≥20000人次</td><td>7</td></tr>
<tr><td rowspan="3">质量指标</td><td>电子资源总使用量</td><td>有所增长</td><td>7</td></tr>
<tr><td>文献资源服务能力</td><td>有所提升</td><td>7</td></tr>
<tr><td>人才培养质量</td><td>有所提升</td><td>7</td></tr>
<tr><td>时效指标</td><td>奖助金发放及时性</td><td>按时</td><td>7</td></tr>
<tr><td rowspan="2">效益指标</td><td rowspan="2">社会效益指标</td><td>为全校师生提供高质量文献资源的服务能力</td><td>有所提升</td><td>15</td></tr>
<tr><td>优质文献资源在支撑教学与科研、提升学生全面素质方面发挥的作用</td><td>显著提升</td><td>15</td></tr>
<tr><td rowspan="2">满意度指标</td><td rowspan="2">服务对象满意度指标</td><td>教职工满意度</td><td>≥90%</td><td>5</td></tr>
<tr><td>学生满意度</td><td>≥90%</td><td>5</td></tr>
</table>

资料来源：清华大学信息公开网，https：//www.tsinghua.edu.cn/__local/0/D4/86/5F21221C360E79B84010696D170_1A92AF2A_DB354.pdf。

此外，教育部门还需对高校报送的专项资金绩效目标进行完整性、相关性、适当性、可行性等方面的审核，提出审核意见并反馈给高校。高校根据教育部门审核意见对相关绩效目标进行修改完善，重新提交教育部门审核，审核通过后按程序报送财政部门。财政部门对教育部门报送的专项资金绩效目标进行审核，提出审核意见并反馈给教育部门。教育部门根据财政部门审核意见对相关绩效目标进行修改完善，重新报送财政部门审核。财政部根据绩效目标审核情况提出预算安排意见，随预算资金一并下达教育部门。

二、事前绩效评估

根据《中央高校改善基本办学条件专项资金管理办法》（财科教〔2017〕3号）规定，专项资金实行项目库管理，并按照规定编制三年滚动规划。列入年度预算安排的项目必须从项目库中选取，主管部门和中央高校项目库实行开放式管理。而《中央高校建设世界一流大学（学科）和特色发展引导专项资金管理办法》（财教〔2022〕242号）也规定，中央高校应充分论证“引导专项”支出规划和年度预算的科学性、合理性，严格评估具体项目实施的必要性、可行性，组织项目申报、评审等相关工作，规范项目库管理，合理编制预算，防止财政资金安排的项目重复交叉。教育部门应结合实际需要按规定进行预算评审。由此，开展高校专项资金的事前绩效评估，对于科学编制专项资金项目预算、合理设置专项资金绩效目标、持续完善专项资金实施方案、提升专项资金的使用效益具有重要作用。

教育部门应按照“先评审后入库”的原则，组织专家或委托有资质的评审机构，对高校申报的专项项目进行资料评审和现场勘察，对项目进行客观评估，完成评审意见，将通过评审的项目纳入部门项目库。按照部门预算编制的有关要求，从部门项目库中提取建议纳入财政部门项目库的项目，报送财政部门。财政部门对主管部门的评审工作进行指导，对主管部门申报的项目进行审核，审核通过的项目统一纳入财政部门项目库。

专项资金事前绩效评估报告应包括项目基本情况、事前绩效评估的基本情况、评估内容和结论、评估的相关建议、附件材料等（具体评估报告模板见表7–13）。事前评估结果必须结论清晰，明确支持、部分支持和不支持的具体项目。同时，教育部门应高度重视事前评估结果应用，将其作为项目立项、项目入库以及安排预算和改进管理的重要依据，对经评估建议不予支持的项目不予立项、不纳入预算安排，对重叠交叉、功能相近、碎片化项目予以调整。

表7-13 事前绩效评估报告模板

××事前绩效评估报告
一、项目基本情况 （一）项目（政策）立项背景 （二）项目（政策）主要内容 （三）项目（政策）总体目标 （四）项目（政策）绩效目标 （五）项目（政策）资金构成 **二、事前绩效评估的基本情况** （一）评估目的及对象 （二）评估思路及方式方法 （三）评估工作程序 **三、评估内容和结论** （一）立项必要性 （二）投入经济性 （三）绩效目标合理性 （四）实施方案可行性 （五）筹资合规性 **四、评估相关建议** **五、附件材料** 政策或项目相关申报资料、专家评估意见、专家及评估组人员情况、其他应作为附件的佐证材料。

三、运行监控

财政预算的运行监控要实行“一体化”动态监管，形成事前评估、事中监控、事后评价的预算绩效管理闭环[①]。事后问责虽然可以起到一定的警示作用，但无效运行已成为既定事实，事中监控才是预算监管工作的生命力。

因此，在高校专项资金使用过程中，高校作为资金运行监控的具体实施部门，应当加强内部控制以及项目管理的跟踪与督办，按照“谁支出，谁负责”的原则，负责实施高校专项资金绩效日常监控，收集、汇总、填报绩效监控信息，分析偏离绩效目标的原因，并及时采取纠偏措施（见表7-14）。

① 黎昭，高洁.以绩效管理为核心着力提升专项转移支付监管成效［J］.财政监督，2018（21）：34-35.

表7-14　　　　　　　中央高校专项资金绩效目标执行监控表

项目名称						
主管部门及代码		实施单位				
项目资金（万元）			预算数	1—7月执行数	1—7月执行率	全年预计执行数
	年度资金总额：					
	其中：财政拨款					
	上年结转					
	其他资金					
年度总体目标						

绩效指标	一级指标	二级指标	三级指标	年度指标值	全年预计完成情况	偏差原因分析：经费保障	制度保障	人员保障	硬件条件保障	其他	原因说明	完成目标可能性：确定能	有可能	完全不可能	备注
绩效指标	产出指标	数量指标													
		质量指标													
	效益指标	社会效益指标													
	满意度指标	服务对象满意度指标													

教育部门应对专项项目的绩效目标实现程度和预算执行进度实行“双监控”，发现问题及时纠正，确保绩效目标如期保质保量实现。具体来说，要从以下方面对专项资金运行情况进行监控：(1）专项资金阶段性完成的数量、质量、时效、成本等情况，相关指标是否正常合理，与预期目标契合程度、偏离程度。(2）专项资金预期的经济效益、社会效益、生态效益、可持续性以及满意度指标的实现程度及趋势等。(3）专项资金需求的条件和环境是否发生实质性变化，项目设计或实施方案是否发生了调整，是否需要对绩效目标和指标值进行调整。(4）专项资金绩效偏离的主要原因及采取的应对措施。(5）专项资金管理和预算绩效管理制度是否建立健全和切实可行，是否落实执行到位。(6）专项资金绩效管理是否采取了一些创新措施，是否有值得借鉴和推广的有效做法及先进管理经验。同时，对本年度专项资金的绩效监控结果进行通报和公开，接受公众监督。

教育部门可根据绩效监控结果，选取预算执行进度滞后、资金量较大或社会关注度较高的监控项目开展线下重点监控，现场察看项目实施情况，重点关注项目绩效目标实现程度、预算执行进度及其整改落实情况；对绩效目标完成率、资金执行率低的项目，绩效目标无法实现的，要按程序调减预算并同步调整绩效目标；对绩效监控中发现已经或预计造成重大损失浪费的，应暂停项目实施、停止拨付资金，及时减少损失。同时，要将绩效监控结果作为年度预算执行安排的重要依据，充分发挥出绩效运行监控以监促管效能，提高财政资源配置效率和资金使用效益。

四、绩效评价和结果应用

建立科学有效的专项资金绩效评价体系有利于提高高校专项资金的管理水平以及使用效率，也是保障专项资金绩效评价具体落实和绩效评价目标实现的重要前提。

（一）评价主体

1.财政部门的主要职责

财政部门负责拟定绩效评价制度办法，指导本级各部门和下级财政部门开展绩效评价工作；会同有关部门对高校专项资金绩效自评和部门评价结果进行抽查复核，督促部门充分应用自评和评价结果；根据需要组织实施绩效评价，加强评价结果反馈和应用。

2. 教育部门的主要职责

教育部门负责制订高等教育学校绩效评价实施方案，组织高等教育学校开展自评工作，加强高等教育学校自评结果的审核和应用；实施高等教育学校专项资金绩效评价工作，加强评价结果反馈和应用，落实绩效评价整改意见。

3. 高等教育学校主要职责

高等教育学校按照要求配合教育部门开展专项资金绩效评价工作，同时具体负责高校教育专项资金的绩效自评工作，对绩效评价材料的真实性和准确性负责，对绩效评价中发现的问题进行及时整改。

（二）评价方式

高等教育学校专项资金绩效评价分为单位自评和部门评价两种方式。单位自评是指高等教育学校对预算批复的绩效目标完成情况进行自我评价，自我评价主要围绕专项资金总体绩效目标、各项绩效指标完成情况以及预算执行情况开展，对未完成绩效目标或偏离绩效目标较大的指标，要分析并说明原因，同时提出改进意见，形成年度绩效自评报告。

部门评价是指教育部门或财政部门根据相关要求，成立相关绩效评价小组，运用科学、合理的绩效评价指标、评价标准和方法，对照高校教育教学改革实施方案和设定的绩效目标，对高校专项资金使用情况进行绩效评价。

（三）评价机构

从高校来看，应成立专项资金绩效评价工作领导小组作为绩效评价、绩效考核的校级议事协调机构，主要职责为指导全校绩效评价工作；审议学校绩效评价、绩效考核管理制度；明确年度绩效评价项目；监督相关部门做好财政专项绩效目标制定、绩效评价开展以及绩效考核的落实①。

教育主管部门或财政部门应选取高校部分项目做绩效评价，可采用指定第三方评价机构的方式进行，对于没有被指定为必须进行绩效评价的项目，高校应主动聘请具有相应资质的第三方评价机构进行校内绩效评价，实现高校财政专项绩效评价全覆盖。

（四）实施过程

一是制定绩效评价指标体系。一般来说，可根据专项资金的特点，从专项资金的产出数量、质量、时效、成本，以及经济效益、社会效益、生态效益、可持续影

① 杨东方.中央高校改善基本办学条件专项绩效评价管理研究［J］.财会学习，2020（15）：204-205.

响、服务对象满意度等方面构建高校专项资金绩效评价指标体系。

二是收集、审核绩效相关材料。绩效评价资料的收集应由受委托的第三方评价机构主导，高校应以自评报告的形式将项目主要情况提交给第三方评价机构。评价机构根据评价工作要求，围绕评价指标，有目的地到项目实施现场核实，通过实地勘查、听取汇报、个别约谈、问卷调查等多种方式收集并核实支撑材料的真实性、有效性。

三是形成绩效评价报告。在这一阶段，第三方评价机构需要对项目绩效情况进行综合性评判，形成全面反映专项绩效的评价结论。根据项目立项的背景，针对建设效果、存在问题等方面给出相应的建议，同时依照绩效评价的标准和指标进行打分，确保评价结果的公正性和客观性。

（五）结果应用

评价机构可根据得分将高校专项资金绩效评价结果划分为三个等级，分别为：优秀（≥85分）、合格（≥60分，＜85分）、不合格（＜60分）。

教育部门、财政部门应把高等教育专项资金预算执行情况及绩效评价结果作为下一年度资金分配的重要因素，对执行缓慢或与绩效目标存在较大偏差的高校相应采取减少或暂停安排专项资金等措施。

同时，高校应当严格遵守国家财经纪律，自觉接受审计、监察、财政及主管部门等监督检查，并将评价结果作为二级单位目标管理和绩效考核的重要依据之一。如发现有截留、挤占、挪用专项资金的行为，以及因管理不善导致资金浪费、资产毁损、效益低下的，将按规定暂停或核减其以后年度预算。

第三节　高等教育学校重点领域资金预算绩效评估评价要点

一、事前绩效评估要点

（一）评估内容

事前预算绩效评估是项目立项的前提，对专项项目的立项必要性、投入经济性、绩效目标合理性、实施方案可行性、财政支出有效性五方面进行判断，有助于优化高校预算资金的审批工作，提高高等教育资金配置的科学性。其中：

立项必要性主要包括专项项目立项依据是否充分，立项是否符合法律、法规、规章规定，立项内容是否与宏观政策、教育政策密切相关，是否符合高校现实需求、需求是否迫切，是否有明显的经济、社会、生态或可持续性效益，预期人民群众是否满意等。

投入经济性主要论证项目绩效目标与申请预算规模是否匹配，投入产出比是否合理，投入成本是否节约等。

绩效目标合理性主要评估专项项目内容是否具体，是否有明确的绩效目标，绩效目标与预算申请规模是否匹配，绩效目标是否与高校中长期发展规划、年度工作目标一致，绩效指标设置是否细化、量化、可考核等。

实施方案可行性主要评估专项项目预期效益可实现程度，技术方案是否完整、先进、可行，各项业务和财务管理制度是否健全，技术规程、标准是否完善，以前年度项目或类似项目是否顺利开展、取得预期效果等。

财政支出有效性主要评估专项项目的公共属性，是否属于公共财政支持范围，是否与已设立的专项资金使用方向或者用途重叠或交叉等。

在具体的事前绩效评估工作中，针对不同专项的项目性质和特点，也可以围绕这五个方面采取不同的绩效事前评审方式。对于重大专项项目，高校还应主动邀请相关专家或者审计机构对该项目提前进行绩效事前评估，以便提前发现问题、改进问题，帮助高校顺利通过预算绩效事前评估。

（二）评估方法

高校专项项目事前绩效评估可采用成本效益分析法、比较法、因素分析法、公众评判法等方法进行论证。

成本效益分析法是指在事前绩效评估过程中将预期的投入与预期产出、效益进行关联性分析，从而论证项目开展的必要性。

比较法是指将计划实现的目标与预期实施效果等情况进行比较，评估项目实施的必要性、可行性。

因素分析法是指在事前绩效评估过程中对影响项目实施目标实现和实施效果的内外部因素进行梳理，综合分析各种因素对绩效目标实现的影响程度进行评估。

公众评判法是指在事前绩效评估过程中通过采取专家评估等方式，对项目的筹资合理性及投资经济性等方面提供咨询意见和支撑。

（三）评估工作程序

高校专项项目事前绩效评估遵循全面考虑、重点突出的原则，通过成立评估工作组、资料收集与审核、拟定评估方案、现场调研、综合评估、提交报告等工作程序，同时在整个评估过程中采用专家咨询的方式，对高校专项资金项目进行全面评估。主要评估程序如下：

（1）成立评估工作组。抽调相关部门业务骨干及相关专家，组成评估工作组，专门负责高校专项资金事前绩效评估工作，明确评估对象及评估范围。

（2）资料收集与审核。评估工作组根据评估对象和评估需要，全面收集高校专项项目有关的数据和资料，并进行审核、整理与分析，高校应按要求提供相关资料，并对资料的真实性负责。

（3）拟订事前绩效评估工作方案。评估工作组结合事前绩效评估工作要求，拟订工作方案，包括评估对象、内容、方法、时间安排等。

（4）现场调研。评估工作组现场听取高校专项项目负责人及技术负责人员汇报和介绍，对所提供的有关资料进行分类、整理和分析，同时组织专家进行论证并提出专业意见，评估工作组结合、汇总专家的评估结果提出评估意见。

（5）综合评估。评估工作组在现场调研的基础上，选择适当的评估方法，对照评估方案中的内容，对高校专项项目立项进行综合评判。

（6）提交报告。评估工作组按照规定的报告格式，撰写事前绩效评估报告，评估报告应当依据充分、真实完整、数据准确、分析透彻、逻辑清晰、客观公正，报告内容应当涵盖评估对象概况、评估所采用的方式和方法、评估的主要内容及结论、相关建议及其他需要说明的事项等。

二、事后绩效评价要点

高校专项资金绩效评价分为单位自评、部门评价和财政评价三种方式。单位自评是指高校组织学校及其所属单位对预算批复的项目绩效目标完成情况进行自我评价。部门评价是指教育主管部门根据相关要求，运用科学、合理的绩效评价指标、评价标准和方法，对高校专项资金项目组织开展的绩效评价。财政评价是财政部门对高校专项资金项目组织开展的绩效评价。具体区别如表7–15所示。

表7–15　高校专项资金绩效自评、部门评价和财政评价

特征	绩效自评	部门评价	财政评价
组织主体	高校	教育部门	财政部门
评价对象	高校专项资金项目	高校专项资金项目	高校专项资金项目
评价重点	1.总体绩效目标完成情况 2.各项绩效指标完成情况 3.预算执行情况 4.对未完成绩效目标或偏离绩效目标较大的要分析并说明原因，研究提出改进措施	1.立项依据和立项程序情况 2.绩效目标和指标设定情况 3.预算编制和资金分配情况 4.资金管理和使用情况 5.相关制度办法的健全性及执行情况 6.实现的产出情况 7.取得的效益情况	
结果呈现	绩效自评表、自评报告	绩效评价报告	

（一）高校自评

高校自评主要围绕高校专项资金项目总体绩效目标、各项绩效指标完成情况以及预算执行情况开展，对未完成绩效目标或偏离绩效目标较大的指标，要分析并说明原因，同时提出改进措施，形成年度绩效自评报告。高校自评对象应包括纳入政府预算管理的所有专项项目支出。自评指标主要包括专项项目预算批复时确定的绩效指标，包括项目的产出数量、质量、时效、成本，以及经济效益、社会效益、生态效益、可持续影响、服务对象满意度等。自评结束后，高校应切实加强自评结果的整理、分析，将自评结果作为高校完善专项资金项目管理的重要依据，对预算执

行率偏低、自评结果较差的项目，要单独说明原因，提出整改措施。

1. 改善基本办学条件专项资金项目绩效自评

对于改善基本办学条件专项资金项目绩效自评，可根据年初设定的绩效目标，从成本、产出、效益、满意度4个一级指标出发，对高校成本节约率、道路改造面积、房屋修缮面积、设备、家具等购置数量、基础设施验收通过率、改善广大师生员工的生活设施条件、设备购置类项目持续发挥作用期限、教职工满意度、学生满意度等方面进行评价打分。如教育部2021年从产出、效益、满意度方面的24个三级指标对中央高校改善基本办学条件专项支出进行绩效自评，自评得分为98.8分，同时指出因预估不够充分，个别指标值设定偏高，提出要根据项目实际及以前年度完成情况，进一步提高绩效目标和指标值设定合理性的建议（见表7–16）。2022年，教育部增加了成本指标，从29个三级指标对中央高校改善基本办学条件专项支出项目进行绩效自评，自评得分为95.7分，并提出要加快工作进度，尽快完成项目任务（见表7–17）。

而华中农业大学则从过程绩效、产出绩效两个方面构建中央高校改善基本办学条件专项资金项目支出绩效自评指标体系，其中过程绩效一级指标包括项目决策、项目管理、项目结算等二级指标，产出绩效一级指标主要为项目产出（见表7–18）。

2. 教育教学改革专项资金项目绩效自评

教育教学改革专项资金项目绩效自评可根据预期目标对实际完成情况进行概述，同时从教师或学生参加培训人次、产学合作协同育人项目数、建设教学团队数量、新增国家级/省级一流本科专业建设点数、新增国家级一流本科课程数量、国家级教学成果奖获奖数、项目完成及时率、培养创新精神、实践能力、教师或学生对项目实施的满意度等方面进行评价打分，并对偏差原因进行分析，同时提出下一步改进措施。

如2020年教育部对中央高校教育教学改革专项项目进行绩效自评，得分为93分，自评认为该项目有力支持了中央高校深化教育教学改革，继续巩固了本科教学的基础地位、有效提高了高校教学水平、人才培养的能力和质量。同时提出受新冠疫情影响，学生赴境外交流活动及线下教学实践活动等开展受阻，相应指标未完成，下一步需考虑到新冠疫情影响，合理设定绩效目标和绩效指标（见表7–19）。

2022年，教育部对中央高校教育教学改革专项资金项目进行绩效自评，得分为87.7分，自评认为项目存在因个别年度指标值设置偏低，“四新”、产学合作项目完成数偏高；国家级、省级一流专业建设点、一流本科课程、“互联网+”大学生创新创业大赛等竞赛和省市级以上奖项评定工作不确定性较大，完成值偏高；国家级教学成果奖评审结果尚未公布，完成值为0等问题，同时提出下一步将结合实际情况，科学合理设定指标值（见表7–20）。

表7-16

中央高校改善基本办学条件专项资金项目支出绩效自评表

（2021年度）

<table>
<tr><td>项目名称</td><td colspan="7">中央高校改善基本办学条件专项资金</td></tr>
<tr><td>主管部门</td><td colspan="2">教育部</td><td>实施单位</td><td colspan="4">教育部</td></tr>
<tr><td rowspan="5">项目资金
（万元）</td><td></td><td>年初预算数</td><td>全年预算数</td><td>全年执行数</td><td>分值</td><td>执行率</td><td>得分</td></tr>
<tr><td>年度资金总额：</td><td>810666.81</td><td>810634.88</td><td>794268.69</td><td>10.00</td><td>98.0%</td><td>9.8</td></tr>
<tr><td>其中：财政拨款</td><td>794561.00</td><td>794561.00</td><td>778194.81</td><td>—</td><td>97.9%</td><td>—</td></tr>
<tr><td>上年结转资金</td><td>16105.81</td><td>16073.88</td><td>16073.88</td><td>—</td><td>100%</td><td>—</td></tr>
<tr><td>其他资金</td><td>0.00</td><td>0.00</td><td>0.00</td><td>—</td><td>0</td><td>—</td></tr>
<tr><td rowspan="2">年度
总体
目标</td><td colspan="3">预期目标</td><td colspan="4">实际完成情况</td></tr>
<tr><td colspan="3">1.对中央高校用于校内的开展教学、科研、社会服务、文化传承等工作的房屋建筑物进行必要的维修、加固和改造；
2.购置中央高校用于校内的教学、实验、实习实践、校园公共服务体系建设所必需的仪器设备、文献资料（含电子图书及数据库使用）等；
3.对中央高校用于保障师生学习、工作、生活、安全等需要开展的水、电、气、暖、道路、网络、照明、节能、消防、安防等基础设施进行维修改造；
4.满足中央高校重大建设发展项目所需的配套辅助设施和配套工程。</td><td colspan="4">该项目各项工作任务顺利推进，达到年初确定的预期目标，本年度主要完成以下工作：
一是按计划对校内教学、科研、社会服务房屋建筑物进行维修、加固和改造工作；
二是按计划完成教学、实验、实习实践、校园公共服务体系建设所必需的仪器设备、文献资料（含电子图书及数据库使用）等的购置工作；
三是按计划完成校内水、电、气、暖、道路、网络、照明、节能、消防、安防等基础设施的维修改造工作；
四是按计划完成重大建设项目所需的配套辅助设施和配套工程工作。
该项目的实施有效改善了学校基本办学条件，保障了师生学习、工作、生活、安全等基本需要。</td></tr>
</table>

<table>
<tr><td rowspan="2">绩效
指标</td><td>一级
指标</td><td>二级
指标</td><td colspan="3">三级指标</td><td>年度指
标值</td><td>实际
完成值</td><td>分值</td><td>得分</td><td>偏差原因分析
及改进措施</td></tr>
<tr><td>产出
指标</td><td>数量
指标</td><td>安防、消防、防雷设施、照明节能设施改造/新增设施数量</td><td>≥11.67万台（套、件）</td><td>11.98万台（套、件）</td><td>3.0</td><td>3.0</td><td colspan="3"></td></tr>
</table>

续表

	一级指标	二级指标	三级指标			年度指标值	实际完成值	分值	得分	偏差原因分析及改进措施
绩效指标	产出指标	数量指标	道路改造面积	≥110万平方米	110.58万平方米	3.0	3.0			
			电子管理系统建设或升级改造数	≥150个	173个	3.0	3.0			
			房屋修缮面积	≥435万平方米	466.15万平方米	3.0	3.0			
			购买纸质文献数量	≥298.8万册	198.93万册	3.0	2.0	偏差原因：因预估不够充分，年度指标值设定偏高。 改进措施：根据项目实际及以前年度完成情况，进一步提高绩效目标和指标值设定的合理性。		
			建设项目配套面积	≥60万平方米	62.61万平方米	3.0	3.0			
			设备、家具等购置数量	≥58万台（套、件）	58.16万台（套、件）	3.0	3.0			
			水、电、气、暖等管网改造工程量	≥17.6万延米	19.79万延米	3.0	3.0			
			新增或升级改造教室、宿舍、实验室等数量	≥4000间	4220间	3.0	3.0			
			续订或新增电子资源数据库	≥2400个	2408个	3.0	3.0			
		质量指标	房屋修缮验收通过率	≥95%	99.38%	3.0	3.0			
			基础设施验收通过率	≥95%	99.55%	3.0	3.0			

续表

	一级指标	二级指标	三级指标			年度指标值	实际完成值	分值	得分	偏差原因分析及改进措施
绩效指标	产出指标	质量指标	配套工程验收通过率	≥95%	100%	3.0	3.0			
			设备及系统验收通过率	≥95%	100%	3.0	3.0			
			纸质文献、数字资源验收通过率	≥95%	100%	3.0	3.0			
		时效指标	项目按期完成率	≥98%	98.28%	3.0	3.0			
		成本指标	采购项目节约率	≥5%	5.5%	2.0	2.0			
	效益指标	社会效益指标	改善广大师生员工的生活设施条件	得到改善	得到改善	6.0	6.0			
		生态效益指标	设施设备节能降耗达标率	≥95%	95.11%	6.0	6.0			
		可持续影响指标	房屋修缮类项目持续发挥作用期限	5—8年	5—8年	6.0	6.0			
			设备购置类项目持续发挥作用期限	5—8年	5—8年	6.0	6.0			
			学校基本办学条件和服务社会的能力	有效提升	有效提升	6.0	6.0			
	满意度指标	服务对象满意度指标	教职工满意度	≥90%	94.37%	5.0	5.0			
			学生满意度	≥90%	94.42%	5.0	5.0			
总分						100	98.8			

资料来源：教育部2021年度部门决算，http://www.moe.gov.cn/jyb_xxgk/xxgk/neirong/caizheng/202207/t20220721_647550.html。

表7-17　　中央高校改善基本办学条件专项资金项目支出绩效自评表

（2022年度）

<table>
<tr><td>项目名称</td><td colspan="9">中央高校改善基本办学条件专项资金</td></tr>
<tr><td>主管部门</td><td colspan="4">［105］教育部</td><td>实施单位</td><td colspan="4">教育部</td></tr>
<tr><td rowspan="5">项目资金（万元）</td><td colspan="3"></td><td>年初预算数</td><td>全年预算数</td><td>全年执行数</td><td>分值</td><td>执行率</td><td>得分</td></tr>
<tr><td colspan="3">年度资金总额：</td><td>871406.60</td><td>871953.66</td><td>827125.01</td><td>10.0</td><td>94.9%</td><td>9.4</td></tr>
<tr><td colspan="3">其中：财政拨款</td><td>855212.78</td><td>855212.78</td><td>810572.73</td><td>—</td><td>94.8%</td><td>—</td></tr>
<tr><td colspan="3">上年结转资金</td><td>16193.82</td><td>16740.88</td><td>16552.28</td><td>—</td><td>98.9%</td><td>—</td></tr>
<tr><td colspan="3">其他资金</td><td></td><td></td><td></td><td>—</td><td>—</td><td>—</td></tr>
<tr><td rowspan="2">年度总体目标</td><td colspan="4">预期目标</td><td colspan="5">实际完成情况</td></tr>
<tr><td colspan="4">1.房屋修缮。对中央高校（含附属中小学）用于开展教学、科研、社会服务、文化传承等工作所需的房屋建筑物进行必要的维修、加固和改造。
2.设备资料购置。购置中央高校（含附属中小学）用于教学、实验、实习实践、校园公共服务体系建设所必需的仪器设备、文献资料（含电子图书及数据库使用）等。
3.基础设施改造。对中央高校（含附属中小学）用于保障师生学习、工作、生活、安全等需要开展的水、电、气、暖、道路、网络、照明、节能、消防、安防等基础设施进行维修改造。
4.建设项目配套工程。建设中央高校（含附属中小学）重大建设发展项目所需的配套辅助设施和配套工程。</td><td colspan="5">一是按照计划完成了教学、科研、社会服务、文化传承等工作所需房屋建筑物必要的维修、加固和改造。
二是按照计划完成了教学、实验、实习实践、校园公共服务体系建设所必需的仪器设备、文献资料（含电子图书及数据库使用）等购置。
三是按照计划完成水、电、气、暖、道路、网络、照明、节能、消防、安防等基础设施维修改造。
四是按照计划完善了重大建设发展项目所需的配套辅助设施和配套工程。
通过项目实施有效改善了中央高校基本办学条件，消除了部分安全隐患，保障了师生学习、工作、生活、安全等基本需要。</td></tr>
<tr><td rowspan="4">绩效指标</td><td>一级指标</td><td>二级指标</td><td>三级指标</td><td>年度指标值</td><td>实际完成值</td><td>分值</td><td>得分</td><td colspan="2">偏差原因分析及改进措施</td></tr>
<tr><td rowspan="2">成本指标</td><td rowspan="2">经济成本指标</td><td>工程建设成本节约率</td><td>≥3%</td><td>3.00%</td><td>10.0</td><td>10.0</td><td colspan="2"></td></tr>
<tr><td>仪器设备、图书采购节约率</td><td>≥5%</td><td>5.00%</td><td>10.0</td><td>10.0</td><td colspan="2"></td></tr>
<tr><td>产出指标</td><td>数量指标</td><td>安防、消防、防雷设施、照明节能设施改造/新增设施数量</td><td>≥19.87万台（套、件）</td><td>14.14万台（套、件）</td><td>2.0</td><td>0.6</td><td colspan="2">偏差原因：受疫情影响，部分仪器设备采购推迟或未按期到货。
改进措施：消除疫情影响，加快工作进度，尽快完成项目任务。</td></tr>
</table>

续表

	一级指标	二级指标	三级指标	年度指标值	实际完成值	分值	得分	偏差原因分析及改进措施
绩效指标	产出指标	数量指标	道路改造面积	≥20.57万延米	14.43万延米	2.0	0.5	偏差原因：受疫情影响，部分修缮类项目推迟或未按计划完工。 改进措施：消除疫情影响，加快工作进度，尽快完成项目任务。
			电子管理系统建设或升级改造数量	≥4920个	5276个	2.0	2.0	
			房屋修缮面积	≥334.7万平方米	387.74万平方米	2.0	2.0	
			购买纸质文献数量	≥148万册	169.25万册	2.0	2.0	
			建设项目配套面积	≥9.15万平方米	11.11万平方米	2.0	2.0	
			景观绿化面积	≥40.58万平方米	42.89万平方米	2.0	2.0	
			设备、家具等购置数量	≥32.91万台（套、件）	35.53万台（套、件）	2.0	2.0	
			水、电、气、暖等管网改造工程量	≥60.4万延米	60.13万延米	2.0	2.0	
			新增或升级改造实验室数量	≥1591间	1863间	2.0	2.0	
			续订或新增电子资源数据库	≥2311个	2329个	2.0	2.0	
		质量指标	履行招投标程序合规率	=100%	100%	3.0	3.0	
			房屋修缮验收通过率	≥95%	99.66%	3.0	3.0	
			基础设施验收通过率	≥95%	97.83%	3.0	3.0	
			配套工程验收通过率	≥95%	95.00%	3.0	3.0	
			设备及系统验收通过率	≥95%	97.56%	3.0	3.0	

续表

	一级指标	二级指标	三级指标	年度指标值	实际完成值	分值	得分	偏差原因分析及改进措施
绩效指标	产出指标	时效指标	项目按期完成率	≥90%	80.84%	3.0	2.2	偏差原因：受疫情影响，部分项目未按计划完成。 改进措施：消除疫情影响，加快工作进度，尽快完成项目任务。
	效益指标	社会效益指标	房屋修缮类项目验收后投入使用时限	5—10年	5—10年	2.0	2.0	
			设备购置类项目持续发挥作用期限	5—10年	5—10年	2.0	2.0	
			安全事故率是否下降	有效下降	有效下降	3.0	3.0	
			保障校园安全有效性	有所提升	有所提升	2.0	2.0	
			改善广大师生员工的学习、生活设施条件	有所改善	有所改善	3.0	3.0	
			改善基本教学科研条件	有所改善	有所改善	2.0	2.0	
			学校基本办学条件和服务社会的能力	有所提升	有所提升	3.0	3.0	
		生态效益指标	设施设备节能降耗达标率	≥95%	96.55%	3.0	3.0	
	满意度指标	服务对象满意度指标	教职工满意度	≥95%	95.09%	5.0	5.0	
			学生满意度	≥95%	95.09%	5.0	5.0	
总分						100	95.7	

资料来源：教育部2022年度部门决算，http：//www.moe.gov.cn/jyb_xxgk/xxgk/neirong/caizheng/202307/t20230725_1070717.html。

表7-18　　华中农业大学改善基本办学条件专项绩效自评表（含工程建设）

项目名称：

一级指标	二级指标	三级指标	分值	评审要点和分值
过程绩效	项目决策	前期论证	4	通过多种形式论证，功能需求明确，拟实施内容明确、具体，绩效目标设定合理，论证非常充分（4分）；通过多种形式进行论证，论证比较充分（2—3分）；只有1种形式的论证，论证不太充分（1—2分）
		市场调研	5	主流、高端设备的生产厂家、型号、参数（或主、辅材的品牌、规格）了解全面（2分）；较全面（1分）；不全面（0分）
				每一类采购对象（含关键工艺）询价三家及以上（3分）；询价两家（1—2分）；询价1家（0—1分）
		环境影响评价	2	应开展，严格按有关规定和要求开展（2分）；应开展未开展（0分）
	项目管理	工程设计	5	设计、施工双资质（2分）；仅有设计资质（1分）；无设计资质（0分）
				设计方案全面、可行，并有一定的前瞻性（3分）；设计有漏项，但影响不是很大，易于修改完善（2分）；设计有重大缺陷，严重影响施工进展（0—1分）
		评审检查	5	教育部评审：零核减（5分）；核减率≤5%（4分），5%<核减率≤10%（3分），核减率>10%（1—2分）
		采购与招标	10	采购需求明确、合理、无漏项（3分）；有漏项、有质疑（1—2分），多次被质疑（0分）
				主要采购招标6月底完成（5分）；7月完成（4分）；8—9月完成（3分）；10月及以后完成（0—2分）
				成交结果无投诉、质疑（2分）；有投诉、质疑，处理较好（1分）；有投诉、质疑，处理结果不理想（0分）
		合同签订	4	条款约定明确、细化，售（建成）后服务优于惯常标准（2分）；条款约定不太明确，售（建成）后服务等于惯常标准（0—1分）
				成交公告期满1个月内完成合同签订（2分），1个月后完成合同签订（0分）
		施工管理	15	进行图纸会审，并形成清单（2分）；进行图纸会审，未形成清单（1分）；不进行图纸会审（0分）
				发现问题，及时研讨，集中决策，记录详细（3分）；研讨不及时，影响项目进展（1—2分）；不认真对待，消极、拖拉，严重影响项目进展（0分）
				严格按合同执行，没有变更（3分）；变更不多，且合乎要求、规范（2分）；变更多、不规范（0—1分）

续表

一级指标	二级指标	三级指标	分值	评审要点和分值
过程绩效	项目管理	施工管理	15	约定工期内完工，或超工期10天以内（5分）；10天≤超工期≤30天（2—4分）；超工期30天以上（0—1分）
				安全、文明施工效果好（2+++分），效果一般（1分），效果差（0分）
		执行进度	12	10月底前完成（12分），11月完成（10分）；12月上旬完成（4—7分）；12月下旬完成（1—3分）；年度内没完成（0分）
	项目结算	结算审计	4	符合送审时间要求（2分），不符合送审时间要求（0—1分）
				资料完整、规范（2分），资料不全、不规范（0—1分）
		固定资产办理	2	应办尽办、账卡物一致（2分）；应办尽办，账卡物不完全一致（1分）
		资料和档案	2	文档资料的齐全，并有专人管理专柜存放（2分）；资料不全或无专人专柜（0—1分）
产出绩效	项目产出	完成情况	20	实际完成率100%（10分），95%≤实际完成率＜100%（8分），90%≤实际完成率＜95%（6分），85%≤实际完成率＜90%（4分），80%≤实际完成率＜85%（1—3分），实际完成率＜80%（0分）
				质量达标率100%（10分），95%≤质量达标率＜100%（8分），90%≤质量达标率＜95%（6分），85%≤质量达标率＜90%（4分），80%≤质量达标率＜85%（1—2分），质量达标率＜80%（0分）
		可持续影响	2	设备/软件、场所运行情况和整体效果好（2分），较好（1分），差（0分）
			4	对“双一流”“双万计划”等项目联系紧密，支持贡献大（4分），一般（2分），差（0分）
		满意度	4	满意（4分）；一般（3分）；不太满意（1—2分）

华中农业大学改善基本办学条件专项绩效评审表（不含工程建设）

项目名称：

一级指标	二级指标	三级指标	分值	评审要点和分值
过程绩效	项目决策	前期论证	6	通过多种形式论证，功能需求明确，拟实施内容明确、具体，绩效目标设定合理，论证非常充分（6分）；通过多种形式进行论证，论证比较充分（3—5分）；只有1种形式的论证，论证不太充分（1—2分）
		市场调研	10	主流、高端设备的生产厂家、型号、参数了解全面（6分）；较全面（4分）；不全面（0—2分）
				每一类采购对象询价三家及以上（4分）；询价两家（2—3分）；询价1家（0—1分）

续表

一级指标	二级指标	三级指标	分值	评审要点和分值
过程绩效	项目管理	评审检查	6	教育部评审：零核减（6分）；核减率≤5%（5分）；5%＜核减率≤10%（3—4分）；核减率＞10%（1—2分）
		采购与招标	10	采购需求明确、合理、无漏项（3分）；有漏项、有质疑（1—2分）；多次被质疑（0分）
				采购招标6月底前完成（5分）；7月完成（4分）；8—9月完成（3分）；10月及以后完成（0—2分）
				成交结果无投诉、质疑（2分）；有投诉、质疑，处理较好（1分）；有投诉、质疑，处理结果不理想（0分）
		合同签订	5	条款约定明确、细化，售（建成）后服务优于惯常标准（3分）；条款约定不太明确，售（建成）后服务等于惯常标准（1—2分）
				成交公告期满1个月内完成合同签订（2分），1个月后完成合同签订（0分）
		执行进度	15	8月底前完成（15分），9月完成（13分），10月完成（11分）；11月完成（8分）；12月完成（1—4分）；年度内没完成（0分）
	项目结算	验收	2	按学校要求验收（2分），不按要求或未组织验收（0分）
		固定资产办理	3	应办尽办、账卡物一致（3分）；应办尽办，账卡物不完全一致（1—2分）
		资料和档案	3	文档资料齐全，并有专人专柜管理（3分）；资料不全或无专人专柜（1—2分）
产出绩效	项目产出	完成情况	30	实际完成率100%（15分），95%≤实际完成率＜100%（13分），90%≤实际完成率＜95%（11分），85%≤实际完成率＜90%（9分），80%≤实际完成率＜85%（2—5分），实际完成率＜80%（0—1分）
				质量达标率100%（15分），95%≤质量达标率＜100%（13分），90%≤质量达标率＜95%（11分），85%≤质量达标率＜90%（9分），80%≤质量达标率＜85%（2—5分），质量达标率＜80%（0—1分）
		可持续影响	2	设备/软件运行情况和整体效果好（2分）；一般（1分）；差（0分）
			4	对“双一流”、“双万计划”等项目联系紧密，支持贡献大（4分），一般（2分），差（0分）
		满意度度	4	满意（4分）；一般（3分）；不太满意（1—2分）

资料来源：华中农业大学改善基本办学条件专项绩效评价办法（试行），http：//jab.hzau.edu.cn/info/1017/1142.htm。

表7-19

中央高校教育教学改革资金项目绩效自评表

（2020年度）

<table>
<tr><td colspan="2">项目名称</td><td colspan="7">中央高校教育教学改革专项资金</td></tr>
<tr><td colspan="2">主管部门</td><td colspan="2">教育部</td><td>实施单位</td><td colspan="4">教育部</td></tr>
<tr><td colspan="2" rowspan="5">项目
资金
(万元)</td><td></td><td>年初预算数</td><td>全年预算数</td><td>全年执行数</td><td>分值</td><td>执行率</td><td>得分</td></tr>
<tr><td>年度资金总额：</td><td>140234.26</td><td>140295.61</td><td>140240.01</td><td>10.0</td><td>100%</td><td>10.0</td></tr>
<tr><td>其中：财政拨款</td><td>139686.00</td><td>139686.00</td><td>139630.39</td><td>—</td><td>100%</td><td>—</td></tr>
<tr><td>上年结转资金</td><td>548.26</td><td>609.61</td><td>609.61</td><td>—</td><td>100%</td><td>—</td></tr>
<tr><td>其他资金</td><td>0.00</td><td>0.00</td><td>0.00</td><td>—</td><td>0</td><td>—</td></tr>
<tr><td rowspan="2">年度
总体
目标</td><td colspan="4">预期目标</td><td colspan="4">实际完成情况</td></tr>
<tr><td colspan="4">通过拔尖学生培养、对口支援西部高校发展双向交流、开展创新创业活动、开设特色课程等方式，提高本科教学基础地位，提升教育教学水平和人才培养质量，推动和支持中央高校深化教育教学改革。</td><td colspan="4">为推动和支持中央高校深化教育教学改革，深入推进高校创新创业教育改革，全年按照工作计划，完成了创新创业活动/项目开展、创新创业课程开设、拔尖创新人才培养、各类基地建设、教师培训和赴境外交流学习等工作，提高了高校教学水平和人才培养质量。</td></tr>
<tr><td rowspan="3">绩效
指标</td><td>一级
指标</td><td>二级指标</td><td>三级指标</td><td>年度指标值</td><td>实际完成值</td><td>分值</td><td>得分</td><td>偏差原因分析及改进措施</td></tr>
<tr><td rowspan="2">产出
指标</td><td rowspan="2">数量指标</td><td>拔尖学生每年赴境外交流学习人次</td><td>≥3500人次</td><td>1072人次</td><td>4.0</td><td>2.0</td><td>偏差原因：受新冠疫情影响，出境难度增加，学生赴境外交流活动未能全部开展。
改进措施：考虑新冠疫情影响，合理设定绩效目标和绩效指标。</td></tr>
<tr><td>创新创业活动/项目/平台数量</td><td>≥2.5万个</td><td>1.9万个</td><td>6.0</td><td>5.6</td><td>偏差原因：受新冠疫情影响，线下创新创业活动开展受阻，活动组织难度加大。
改进措施：考虑新冠疫情影响，合理设定绩效目标和绩效指标。</td></tr>
</table>

续表

	一级指标	二级指标	三级指标	年度指标值	实际完成值	分值	得分	偏差原因分析及改进措施
绩效指标	产出指标	数量指标	创新创业教育特色课程数量	≥7600个	5017个	4.0	3.0	偏差原因：课程体系正在优化中。 改进措施：根据项目当年实际及以前年度完成情况，提高绩效目标及指标值设定的合理性，同时加快课程体系优化进程。
			教学团队数量	≥150个	138个	6.0	5.8	偏差原因：受新冠疫情影响，教学团队建设工作开展受阻，组织难度加大。 改进措施：根据项目当年实际及以前年度完成情况，提高绩效目标及指标值设定的合理性。
			教材建设出版数量	≥380个	883	5.0	4.5	偏差原因：部分学校加大特色教材建设力度，超额完成教材建设出版数量。 改进措施：根据项目当年实际及以前年度完成情况，提高绩效目标及指标值设定的合理性。
			教师参加培训人次	≥1.6万人次	77677人次	4.0	3.0	偏差原因：受新冠疫情影响，部分线下的培训调整为线上，高校教师普遍参与培训积极性较高，参加培训人次较多。 改进措施：根据项目当年实际及以前年度完成情况，提高绩效目标及指标值设定的合理性。

续表

	一级指标	二级指标	三级指标	年度指标值	实际完成值	分值	得分	偏差原因分析及改进措施
绩效指标	产出指标	数量指标	与对口支援西部高校发展双向交流人次	≥660人次	1163人次	4.0	4.0	
			增设及撤销专业数量	≥350个	447	4.0	4.0	
		质量指标	毕业生优秀率	≥80%	80%	4.0	4.0	
			教授给本科生授课比例	≥80%	80%	4.0	4.0	
		时效指标	项目按计划完成率	≥95%	95%	5.0	5.0	
	效益指标	社会效益指标	发挥教育行业引领性、辐射性作用	有效	有效	8.0	8.0	
		社会效益指标	教学获奖及论文等	≥6200项	4524项	7.0	5.1	偏差原因：受新冠疫情影响，教学评奖活动未正常开展，个别学校论文发表未达到目标要求。 改进措施：进一步优选项目，提高项目成果质量水平和应用效果。
			学生参加各类竞赛获奖数量	≥1万项	19019	7.0	7.0	
		可持续影响指标	提升受援高校发展原动力和综合实力	有效	有效	8.0	8.0	
	满意度指标	服务对象满意度指标	教师对项目实施的满意度	≥90%	92.7%	5.0	5.0	
			学生对项目实施的满意度	≥90%	93.3%	5.0	5.0	
总分						100	93.0	

资料来源：教育部2020年度部门决算，http：//www.moe.gov.cn/srcsite/A05/s7499/202107/t20210708_543080.html。

表7-20

中央高校教育教学改革资金项目绩效自评表

（2022年度）

<table>
<tr><td>项目名称</td><td colspan="8">中央高校教育教学改革专项资金</td></tr>
<tr><td>主管部门</td><td colspan="3">教育部</td><td>实施单位</td><td colspan="4">教育部</td></tr>
<tr><td rowspan="5">项目资金
（万元）</td><td colspan="2"></td><td>年初预算数</td><td>全年预算数</td><td>全年执行数</td><td>分值</td><td>执行率</td><td>得分</td></tr>
<tr><td colspan="2">年度资金总额：</td><td></td><td></td><td></td><td></td><td>99.8%</td><td>9.9</td></tr>
<tr><td colspan="2">其中：财政拨款</td><td></td><td></td><td></td><td></td><td>99.8%</td><td>—</td></tr>
<tr><td colspan="2">上年结转资金</td><td></td><td></td><td></td><td></td><td>100%</td><td>—</td></tr>
<tr><td colspan="2">其他资金</td><td></td><td></td><td></td><td></td><td>—</td><td>—</td></tr>
<tr><td rowspan="2">年度
总体
目标</td><td colspan="4">预期目标</td><td colspan="4">实际完成情况</td></tr>
<tr><td colspan="4">1.通过开展创新创业活动、开设创新创业及特色课程、支持创新创业平台及基地建设等工作，促进创新创业教育改革，增强学生创新精神、创业意识和创新创业能力。
2.开展教师培训、教学团队建设、一流本科专业及课程建设等工作，提升教师教学能力，巩固本科教学基础地位。
3.提升教育教学水平和人才培养质量，推动和支持中央高校深化教育教学改革。</td><td colspan="4">一是加强特色课程、平台与基地建设等工作，全年开展“四新”研究与实践活动，支持产学研合作育人项目，搭建创新创业平台，促进了教育教学改革，增强了学生创新精神、创业意识和创业能力。
二是加强教师队伍建设，开展了线上和线下多途径教师培训。建设了各类教学团队，一流本科专业及课程不断增加。教师参加教学创新大赛热情不减，综合素质和能力得到有效提升。
通过项目实施，协同育人效果不断显现，本科教学基础地位不断巩固，教育教学水平和人才培养质量得到提升。</td></tr>
<tr><td rowspan="3">绩效
指标</td><td>一级
指标</td><td>二级
指标</td><td>三级指标</td><td>年度指标值</td><td>实际完成值</td><td>分值</td><td>得分</td><td>偏差原因分析及改进措施</td></tr>
<tr><td rowspan="2">产出
指标</td><td rowspan="2">数量
指标</td><td>教师参加培训人次</td><td>≥6.5万人次</td><td>10.91万人次</td><td>4.0</td><td>2.3</td><td>偏差原因：受疫情影响现场培训改为线上培训，参与人数增多。
改进措施：根据实际情况合理设置年度指标值。</td></tr>
<tr><td>“四新”研究与实践项目数量</td><td>≥56项</td><td>97项</td><td>3.0</td><td>1.6</td><td>偏差原因：个别学校年度指标值设置偏低。
改进措施：根据实际情况合理设置年度指标值。</td></tr>
</table>

续表

	一级指标	二级指标	三级指标	年度指标值	实际完成值	分值	得分	偏差原因分析及改进措施
绩效指标	产出指标	数量指标	产学合作协同育人项目数	≥188项	317项	3.0	1.8	偏差原因：个别学校年度指标值设置偏低。 改进措施：根据实际情况合理设置年度指标值。
			创新创业平台/活动/项目数量	≥2.31万项	2.41万项	4.0	4.0	
			建设教学团队数量	≥2075个	2259个	4.0	4.0	
			全国高校教师教学创新大赛参赛教师数	≥50人	63人	3.0	3.0	
			新增国家级/省级一流本科专业建设点数	≥138个	661个	4.0	1.0	偏差原因：该指标需上级部门评定，不确定性因素较大。 改进措施：根据实际情况合理设置年度指标值。
			新增国家级一流本科课程数量	≥319个	475个	4.0	3.2	偏差原因：该指标需上级部门评定，不确定性因素较大。 改进措施：根据实际情况合理设置年度指标值。
		质量指标	国家级教学成果奖获奖数	≥47项	0项	3.0	0.0	偏差原因：评审结果尚未公布。 改进措施：根据实际情况合理设置年度指标值。
			教授、副教授给本科生授课比例	≥68.84%	82.56%	3.0	3.0	
			教学项目及论文等获其他省市级以上奖项数量	≥240项	343项	3.0	2.6	偏差原因：一是部分省份增加了评奖数量；二是项目评审周期跨年度，学校预计准确性不高。 改进措施：根据实际情况合理设置年度指标值。

续表

	一级指标	二级指标	三级指标	年度指标值	实际完成值	分值	得分	偏差原因分析及改进措施
绩效指标	产出指标	质量指标	具有创新水平和实际贡献的论文数	≥786项	898项	3.0	3.0	
			省级教学成果奖获奖数	≥303项	337项	3.0	3.0	
			学生参加中国国际“互联网+”大学生创新创业大赛等竞赛获奖情况	≥88项	131项	3.0	2.3	偏差原因：评奖项目具有不确定性，年初值难以准确预计。 改进措施：总结经验，摸索规律，提高年度指标值预计科学性。
		时效指标	项目完成及时率	≥90%	99.60%	3.0	3.0	
	效益指标	社会效益指标	培养创新精神、实践能力	有所提高	有所提高	10.0	10.0	
			学生的国际化视野	有所提升	有所提升	10.0	10.0	
			与对口支援学校、实训基地、社会各方共同协同发挥育人作用	有所增强	有所增强	10.0	10.0	
	满意度指标	服务对象满意度指标	教师对项目实施的满意度	≥90%	93.75%	5.0	5.0	
			学生对项目实施的满意度	≥90%	93.58%	5.0	5.0	
总分						100	87.7	

资料来源：教育部2022年度部门决算，http：//www.moe.gov.cn/jyb_xxgk/xxgk/neirong/caizheng/202307/t20230725_1070717.html。

3. 学科建设专项资金项目绩效自评

学科建设作为高等教育发展的龙头，是一项全面提升学科水平的系统性工程，涵盖人才培养、科学研究、社会服务、文化传承、国际合作等方方面面，因此学科建设专项资金项目绩效评价指标体系也可在产出、效益、满意度一级指标下根据建设内容设置支持高水平教学成果和团队、具有创新质量和实际贡献的论文数量、新获得科技/教学重大标志性科研奖励、大学及学科的学术声誉和学术道德、形成引领社会进步、特色鲜明的大学精神和大学文化、咨询成果为国家重大战略提供决策支撑、学生和教师满意度等具体三级指标。如2022年教育部根据年初设定的绩效目标，对中央高校建设世界一流大学（学科）和特色发展引导专项资金进行项目绩效自评，自评得分为99.9分（见表7-21）。

此外，一些地方省市也在根据本地区高校发展特点探索学科建设专项资金绩效评价模式。如《浙江省一流学科建设绩效评估办法（试行）》（浙教办高科〔2017〕75号）规定省教育厅以《一流学科建设任务书》为依据，重点评估各高校一流学科建设目标的实现程度和标志性成果的产出情况，同时以建设绩效为杠杆，实现资源配置与绩效挂钩的良性互动。《江苏省高等学校重点学科建设专项资金绩效评价办法》（苏教财〔2006〕13号）规定，从业务考评指标和财务考评指标两个方面对江苏省高等学校重点学科建设专项资金进行评价（见表7-22）。

（二）教育部门评价

教育部门应根据工作需要，针对高校重点领域专项资金使用情况，优先选择高校重大改革发展项目，随机选择一般性项目进行绩效评价。评价内容可包括：决策情况、资金管理和使用情况、相关管理制度办法的健全性及执行情况、实现的产出情况、取得的效益情况以及其他内容等。

教育部门绩效评价指标的确定应当符合以下要求：与评价对象密切相关，全面反映项目决策、项目和资金管理、产出和效益；优先选取最具代表性、最能直接反映产出和效益的核心指标，精简实用；指标内涵应当明确、具体、可衡量，数据及佐证资料应当可采集、可获得；同类项目绩效评价指标和标准应具有一致性，便于评价结果相互比较。评价指标的权重应根据各项指标在评价体系中的重要程度确定，突出结果导向，原则上产出、效益指标权重不低于60%。同一评价对象处于不同实施阶段时，指标权重应体现差异性，其中，实施期间的评价更加注重决策、过程和产出，实施期结束后的评价更加注重产出和效益。

教育部门应在绩效评价工作完成后，及时将评价结果反馈给高校，并明确整改时限，高校应当按要求向教育部门报送整改落实情况。

表7-21

中央高校建设世界一流大学（学科）和特色发展引导专项资金项目绩效自评表

（2022年度）

项目名称	中央高校建设世界一流大学（学科）和特色发展引导专项资金						
主管部门	［105］教育部		实施单位	教育部			
项目资金（万元）		年初预算数	全年预算数	全年执行数	分值	执行率	得分
	年度资金总额：	1363603.50	1364023.11	1362745.27	10.0	99.9%	9.9
	其中：财政拨款	1363370.00	1363370.00	1362092.16	—	99.9%	—
	上年结转资金	233.50	653.11	653.11	—	100%	—
	其他资金	0.00	0.00	0.00	—	—	—
年度总体目标	预期目标			实际完成情况			
	1.强化拔尖创新人才培养。坚持立德树人，突出人才培养的核心地位，着力培养具有历史使命感和社会责任心，富有创新精神和实践能力的各类创新型、应用型、复合型优秀人才。加强创新创业教育，大力推进个性化培养，全面提升学生的综合素质、国际视野、科学精神、创业意识和创造能力。大力培养高精尖急缺人才，多方集成教育资源，制订跨学科人才培养方案，探索建立政治过硬、行业急需、能力突出的高层次复合型人才培养新机制。推进课程改革，加强不同培养阶段课程和教学的一体化设计，将创新创业能力和实践能力培养融入课程体系。 2.增强师资队伍建设。加强师德师风建设，严把选聘考核晋升思想政治素质关，将师德师风作为评价教师队伍素质的第一标准，打造有理想信念、道德情操、扎实学识、仁爱之心的教师队伍，建成师德师风高地。遵循教师成长发展规律，以中青年教师和创新团队为重点，优化中青年教师成长发展、脱颖而出的制度环境，培育跨学科、跨领域的创新团队，增强人才队伍可持续发展能力。通过引进和培养一批领军人才和创新团队，从而全面提升教师队伍整体水平，为学校人才培养、科学研究、国际交流、社会服务等提供强有力支撑，有力推动新时代卓越建设，聚力内涵发展，迈向世界一流。			一是突出人才培养核心地位，坚持立德树人，着力培养具有历史使命感和社会责任心，富有创新精神和实践能力的各类创新型、应用型、复合型优秀人才。加强创新创业教育，大力推进个性化培养，全面提升学生的综合素质、国际视野、科学精神、创业意识和创造能力。大力培养高精尖急缺人才，多方集成教育资源，制订跨学科人才培养方案，探索建立政治过硬、行业急需、能力突出的高层次复合型人才培养新机制。推进课程改革，加强不同培养阶段课程和教学的一体化设计，将创新创业能力和实践能力培养融入课程体系，拔尖创新人才培养机制更加完善。 二是加强师德师风建设，严把选聘考核晋升思想政治素质关，打造有理想信念、道德情操、扎实学识、仁爱之心的教师队伍。培养和引进高水平人才，全面提升教师队伍整体水平，为学校人才培养、科学研究、国际交流、社会服务等工作高质量开展提供强有力支撑，有力推动了世界一流大学、一流学科建设。			

续表

	预期目标	实际完成情况
年度总体目标	3.提升自主创新和社会服务能力。推动加强战略性、全局性、前瞻性问题研究，着力提升解决重大问题能力和原始创新能力。大力推进科研组织模式创新，依托重点研究基地，围绕重大科研项目，健全科研机制，开展协同创新，优化资源配置，提高科技创新能力。以国家重大需求为导向，提升高水平科学研究能力，为经济社会发展和国家战略实施作出重要贡献。打造一批具有中国特色和世界影响的新型高校智库，提高服务国家决策的能力。营造浓厚的学术氛围和宽松的创新环境，保护创新、宽容失败，大力激发创新活力。强化科技与经济、创新项目与现实生产力、创新成果与产业对接，推动重大科学创新、关键技术突破转变为先进生产力，增强高校创新资源对经济社会发展的驱动力。 4.进一步加大文化传承创新力度。加强大学文化建设，增强文化自觉和制度自信，立足办学传统和现实定位，以社会主义核心价值观为引领，推动中华优秀教育文化的创造性转化和创新性发展，构建具有时代精神、风格鲜明的中国特色大学文化。 5.加强国际合作交流。大力推进高水平实质性国际合作交流，成为世界高等教育改革的参与者、推动者和引领者。加强与国外高水平大学、顶尖科研机构的实质性学术交流与科研合作，建立国际合作联合实验室、研究中心等；推动中外优质教育模式互学互鉴，以我国为主创新联合办学体制机制，加大校际访问学者和学生交流互换力度。以“一带一路”倡议为引领，加大双语种或多语种复合型国际化专业人才培养力度。进一步完善国际学生招收、培养、管理、服务的制度体系，不断优化生源结构，提高生源质量。积极参与共建“一带一路”教育行动和中外人文交流项目，进一步发挥建设高校的主体作用。	三是推动加强战略性、全局性、前瞻性问题研究，着力提升解决重大问题能力和原始创新能力。大力推进科研组织模式创新，依托重点研究基地，围绕重大科研项目，健全科研机制，开展协同创新，优化资源配置，提高科技创新能力。以国家重大需求为导向，提升高水平科学研究能力，为经济社会发展和国家战略实施作出重要贡献，服务地方和社会经济发展。打造了一批具有中国特色和世界影响的新型高校智库，提高了服务国家决策能力。 四是加强大学文化建设，中央高校立足办学传统和现实定位，以社会主义核心价值观为引领，开展一系列实践活动和研究项目，推动中华优秀传统文化的创造性转化和创新性发展，构建具有时代精神、风格鲜明的中国特色大学文化，增强学生的文化自信和制度自信。 五是推进高水平实质性国际合作交流，成为世界高等教育改革的参与者、推动者和引领者。推动中外优质教育模式互学互鉴，加大校际访问学者和学生交流互换力度。以“一带一路”倡议为引领，加大双语种或多语种复合型国际化专业人才培养力度。进一步完善国际学生招收、培养、管理、服务的制度体系，不断优化生源结构，提高生源质量。积极参与共建“一带一路”教育行动和中外人文交流项目，进一步发挥建设高校的主体作用。 通过项目实施，进一步加快推进世界一流大学和一流学科建设，推进高校在不同领域办出特色。

续表

绩效指标	一级指标	二级指标	三级指标	年度指标值	实际完成值	分值	得分	偏差原因分析及改进措施
绩效指标	产出指标	数量指标	支持国际交流的学生人次	≥1.77万人次	1.88万人次	5.0	5.0	
			新培养或引进高水平人才数量	≥3897人	4673人	5.0	5.0	
			新增具有国际影响的新型高端智库	≥34个	36个	5.0	5.0	
			支持高水平教学成果和团队	≥1125个	1211个	5.0	5.0	
			支持学术活动、会议场次	≥6738场次	8268场次	10.0	10.0	
		质量指标	具有创新质量和实际贡献的论文数量	≥3.79万篇	3.95万篇	10.0	10.0	
			新获得科技/教学重大标志性科研奖励	≥453个	532个	5.0	5.0	
		时效指标	项目完成及时率	≥90%	98.5%	5.0	5.0	
	效益指标	社会效益指标	大学及学科的学术声誉和学术道德	得到提升	得到提升	3.0	3.0	

续表

	一级指标	二级指标	三级指标	年度指标值	实际完成值	分值	得分	偏差原因分析及改进措施
绩效指标	效益指标	社会效益指标	对地方和社会投入的引导作用	取得实效	取得实效	3.0	3.0	
			弘扬优秀文化，促进社会精神文明建设	取得实效	取得实效	3.0	3.0	
			科技成果转化数量	≥1122项	1237项	3.0	3.0	
			科学普及，承担社会公共服务职能	取得实效	取得实效	3.0	3.0	
			推进世界一流大学、一流学科建设	有所增强	有所增强	4.0	4.0	
			形成引领社会进步、特色鲜明的大学精神和大学文化	取得实效	取得实效	4.0	4.0	
			引领学术发展	取得实效	取得实效	3.0	3.0	
			咨询成果为国家重大战略提供决策支撑	取得实效	取得实效	4.0	4.0	
	满意度指标	服务对象满意度指标	教职工满意度	≥90%	93.76%	5.0	5.0	
			学生满意度	≥90%	93.81%	5.0	5.0	
总分						100	99.9	

资料来源：教育部2022年度部门决算，http：//www.moe.gov.cn/jyb_xxgk/xxgk/neirong/caizheng/202307/t20230725_1070717.html。

表7-22　　江苏省高等学校重点学科建设专项资金绩效评价表

财务考评指标	指标简要说明	分值
1.立项目标完成程度及质量		70
（1）学科队伍建设情况	学术带头人群体和学科团队人才引进、培养情况；获国家、省优秀学科团队及优秀人才支持计划情况；学科队伍的学术结构、学历结构、年龄结构的改善情况。	20
（2）科学研究情况	学科科学研究的特色、优势，承担科研项目及经费、科研成果及其获奖（专利）情况；重大标志性成果的研究进展等。	20
（3）人才培养情况	人才培养的数量、质量目标完成情况。	10
（4）学术交流与国际合作情况	国内外学术交流（学术会议、人员交流）计划完成情况、参与或承担的国际合作项目的实施情况等。	10
（5）学科条件建设情况	图书资料、仪器设备购置计划的完成情况。	10
2.立项目标的合理性		5
（1）建设目标的合理性	立项目标的明确性、合理性、可行性和科学性。	3
（2）建设规划目标调整情况	目标调整的必要性和调整后新目标的科学性、可行性；目标调整手续及报批程序符合相关程序和规定。	2
3.项目组织管理水平		5
（1）管理机构设置的健全性	有相关各级管理部门、机构保证项目的顺利实施。	1
（2）管理制度的健全性	相关各级管理部门有专门的项目实施管理措施、制度保证项目的执行。	2
（3）组织实施情况	项目实施相关机构能够较好发挥相应作用，项目实施措施、制度能够得到有效执行，有效保证了项目的顺利实施。	2
4.项目的经济效益		10
（1）教学、科研经费提高情况	学科教学、科研项目得到增加，获得教学科研经费的能力得到提高。	4
（2）资源共享效益	学科开放程度提高，对外服务能力增强，通过对校内外共享，仪器设备的使用率大幅度提高。	6
5.项目的社会效益		10
（1）学科自身的影响力	学科方向体现明显特色和创新，在国内同类学科中的影响明显提升，对同类或相关学科的发展起到较好的辐射、示范和推动作用。	6
（2）对区域社会经济发展的促进作用	学科科学研究及技术成果转化工作，对推动经济建设、社会发展贡献明显，思路正确。	4

续表

财务考评指标	指标简要说明	分值
1.资金落实情况		40
（1）资金到位率	各项资金到位金额占批复金额的比例。	20
（2）资金到位及时性	各项资金到位时间与规定时间的相符性。	20
2.实际支出情况		40
（1）预算执行与预算批复的相符性	预算执行的超支、结余情况以及实际支出项目与预算批复的相符性。	20
（2）实际支出调整的合理性	若实际支出作了调整，则要考评调整手续是否齐全、调整幅度大小及其合理性。	10
（3）实际支出结构的合规性	实际支出结构与通用的财务管理制度和专项资金管理办法规定的相符性。	10
3.财务信息质量		10
（1）财务资料的真实、完整性	项目资金收入、支出、资产（包括账、卡、物）等财务资料的真实、完整性。	5
（2）会计核算的准确性	会计核算方法与会计制度、国家财政制度有关要求的符合程度以及财务数据的真实程度。	5
4.财务管理状况		10
（1）财务（资产）管理制度的健全、规范性	财务（资产）管理制度符合国家有关规定，规范全面，并能满足财务管理各方面要求的状况。	5
（2）财务（资产）管理制度的有效性	执行财务（资产）管理制度，保证专项资金使用效益和提高财务管理水平的状况。	5

资料来源：《江苏省高等学校重点学科建设专项资金绩效评价办法》（苏教财〔2006〕13号）。

▶ 案例7-1：中央高校基本科研业务费项目绩效评价（教育部门）

为加强财政专项资金绩效管理，提高财政资金使用效益，根据《中华人民共和国预算法》《中共中央 国务院关于全面实施预算绩效管理的意见》《教育部关于全面实施预算绩效管理的意见》等相关文件规定，教育部成立绩效评价工作组，对2022年度中央高校基本科研业务费项目开展了绩效评价。

一、基本情况

为提升高校服务国家发展战略能力、自主创新能力和高层次人才培养能力，财政部、教育部从2008年起设立“中央高校基本科研业务费专项资金”。2021年财政部、教育部重新修订了《中央高校基本科研业务费管理办法》（财教〔2021〕283号）(以下简称《管理办法》)，使用方向和管理原则有所调整，在自主选题基础上突出了“聚焦重点”的要求，坚持问题导向和需求导向，围绕国家战略需求，开展基础研究、前沿探索和技术攻关，支持一流科技领军人才和创新团队。

2022年度，教育部该专项经费支持范围为75所直属高校，全年预算资金419656.78万元，其中财政拨款418647万元，上年结转资金1009.78万元。实际执行407791.11万元，执行率97.2%。

二、绩效评价工作情况

（一）评价范围和目的

本次绩效评价对象为2022年度教育部所属的75所高校中央高校基本科研业务费项目。考虑到项目实施周期较长、成果效益显现具有长期性及迟滞性特点，部分指标评价时间适当延伸。通过评价，全面了解项目决策、过程、产出和效益情况，总结经验，发现问题并提出针对性建议，进一步提升该专项资金的使用效益，增强其服务国家发展战略能力、自主创新能力和高层次人才培养能力，达到“以评促建”的目的，并为下一步预算资金安排提供参考依据。

（二）评价方法及指标体系

评价工作坚持“政策导向、点面结合”的原则，将现场调研和线上调研相结合、全面评价与重点评价相结合，通过现场核查、座谈访谈、基础数据摸底、问卷调查等方式掌握项目总体情况，充分运用比较法、因素分析法、案卷分析法、专家评判法等方法，综合教育部主管部门、相关司局、评价组的意见，得出客观公正的评价结果。本次评价指标体系主要包括决策、过程、产出、效益四个方面，满分为100分（见本案例表1）。

表1　　中央高校基本科研业务费项目绩效评价指标体系

序号	一级指标	二级指标
1	决策	立项依据充分性
2		立项程序规范性
3		绩效目标合理性
4		资金分配合理合规性
5		支持科技领军人才及优秀青年团队情况
6		资助青年科研人员资金占比情况

续表

序号	一级指标	二级指标
7	过程	管理制度规范性
8		管理模式有效性
9		预算执行率
10		支出规范性
11	产出	科研成果目标达成度
12		人才培育情况
13		科研课题按时结题率
14		代表性成果质量
15	效益	提升科研能力效果
16		基础性、支撑性和战略性研究效果
17		自主立项科研教师满意度
18		科技领军人才、优秀青年团队的科研教师满意度

（三）绩效评价工作过程

2023年3月10日，教育部印发《关于开展教育部2022年度重点项目支出绩效评价工作的通知》（教财司便函〔2023〕43号），组建评价队伍、制订工作方案、编制评价手册、构建绩效评价指标体系等。

现场评价高校按不低于总项目10%和不低于总预算30%抽取项目，实现项目类型、支出类别全覆盖。对项目管理全过程和经费支出情况进行全面核查，形成工作底稿和问题汇总表，组织专家进行现场评议，出具现场评价意见。线上评价高校通过资料核查、线上问询方式了解项目执行情况，组织专家根据掌握的资料及信息进行综合评价并打分。

根据现场及线上调研情况，结合数据资料和满意度结果，对项目决策、过程、产出和效益情况进行综合分析，撰写绩效评价报告，征求被评价单位和相关司局意见后形成正式绩效评价报告。

二、评价结论

该项目绩效评价得分92.6分，综合绩效评价等级为“优”。评价认为，该项目坚持问题导向和需求导向，围绕国家战略需求，凝聚部分项目资金，聚焦基础研究、前沿探索和技术攻关，支持一流科技领军人才和创新团队；基本科研业务经费作为高校稳定支持、自主安排的非竞争性科研经费，一定程度上改善了中央高校科研过于依赖竞争性经费的状况，本次评价调研的27所高校中的自主选题项目，有21所高校的青年教师支持资金占比超50%，为高校青年教师潜心科研提供了有力保障，成为青年教师学术成长的种子基金，发挥了“稳军心、定心丸”的作用。评价期内项目绩效目标超额完成，并取得一批科研成果，高校承担国家重大科研任务的能力不断提升，项目实施效果得到了高校教师的认可，教师整体满意度为94%。

同时评价发现该项目仍存在一些问题：一是部分高校未坚持“基本科研”定位，在项目立项和资金使用过程中模糊了支持边界，偏离了方向；二是部分高校对专项资金分配的合理性有待提高；三是部分高校专项管理制度不完善，项目管理规范性有待提升；四是部分高校绩效指标设置不够合理，个别高校预算执行率偏低。

四、相关建议

（一）瞄准专项定位，按规定使用专项经费

建议相关高校明确该项目与其他资金支持的边界，瞄准该专项的重点方向，控制好资金统筹使用与专项经费专款专用的边界，确保支持的项目符合该专项定位要求；加强对专项经费使用监督，及时发现经费使用中存在的不规范问题，确保经费使用规范安全。

（二）进一步聚焦于支持重点，提高项目资金分配合理性

建议相关高校进一步聚焦于支持青年教师，充分体现中央高校基本科研业务费的政策导向；统筹专项自主遴选项目的评审工作，避免对科研教师重复和撒胡椒面的支持方式，及时公开评审结果，进行公示并接受监督；从国家急迫需要和长远需求出发，建立自上而下和自下而上相结合的引导申报机制，统筹专项资金分配，提高专项支持效果。

（三）及时修订管理制度，加强项目全过程管理，确保专项资金使用效益

建议相关高校按照《管理办法》要求，认真领会新文件精神，修订校内管理制度，明确对科技领军人才和优秀青年团队项目管理要求，发挥资金使用效益，完善科研诚信制度体系，构建完备的科研失信行为防护网络；建议相关高校完善专项经费管理体制机制，加强项目全过程管理，提高专项资金使用效益。

（四）提高绩效目标设置的科学性和合理性，做好事财匹配，提高预算执行率

建议相关高校在可实现的范围内从严从高设定绩效目标和指标，提高绩效指标设置的合理性；加强过程预算执行监督管理，对于执行率过低项目进行跟踪，提高预算执行率。

▶ 案例7-2：学生资助专项经费绩效评价（教育部门）

为加强财政专项资金绩效管理，提高财政资金使用效益，根据《中华人民共和国预算法》《中共中央 国务院关于全面实施预算绩效管理的意见》《教育部关于全面实施预算绩效管理的意见》等相关文件规定，教育部成立绩效评价工作组，对2021年高校学生资助专项经费开展了绩效评价。

一、基本情况

根据《国务院办公厅转发教育部财政部中国人民银行银监会关于进一步完善国家助学贷款工作若干意见的通知》（国办发〔2004〕51号）、《财政部教育部银监会关于大力开展生源地信用助学贷款的通知》（财教〔2008〕196号）、《学生资助资金管理办法》（财科教〔2021〕310号）等文件要求，教育部设立了“学生资助专项”项目。

“学生资助专项”项目实施内容主要包括各类学生资助项目及学生资助工作经费两部分。具体由全国学生资助管理中心（以下简称“资助中心”）负责实施管理。截至2021年12月底，该项目共计支出资金44658.45万元，预算执行率97.8%。其中，各类学生资助项目支出42295.57万元，占比94.7%；学生资助工作经费支出2362.88万元，占比5.3%。

二、绩效评价工作开展情况

（一）绩效评价目的、对象及范围

通过运用科学、合理的绩效评价指标、评价标准和方法开展绩效评价，总结经验，发现问题，改进工作，促进项目单位强化绩效理念，加强对财政资金的管理和监督。本次绩效评价对象是2021年度资助中心“学生资助专项”项目，共涉及预算资金45671.62万元，评价围绕项目决策、项目过程、项目产出、项目效益对项目进行整体评价。

（二）绩效评价原则、方法及标准

评价工作组根据《财政部关于印发〈项目支出绩效评价管理办法〉的通知》（财预〔2020〕10号）要求，结合项目特点，研究并细化了该项目的绩效评价指标体系，评价内容包括决策、过程、产出、效果四个方面。采取整体评价与抽样评价相结合，全面评价与重点评价相结合的方式，进驻受评单位实地查看项目进展和运行情况，与资助中心相关部门负责人进行座谈，并查阅相关项目资料、会计档案等支撑材料，掌握项目总体情况，得出评价结果。

（三）绩效评价工作过程

评价工作组明确了职责分工和人员构成，围绕相关部门基本职能和业务特点进行内部研讨，制订评价工作方案。根据资料清单收集相应资料，围绕项目决策、过程、产出和效果进行资料梳理，通过现场座谈、资料审核等方式，充分了解项目情况。以资料收集、审核结果为基础，结合评价工作组发现的问题，对项目进行评分并撰写绩效评价报告。

三、综合评价情况及评价结论

经综合评价，学生资助专项经费项目绩效评价得分为97分，综合绩效级别为“优秀”。评价认为，项目顶层设计精准科学，制度建设规范完善，应急管理机制科学有效，项目实施有效推动和保障了国家助学贷款工作，促进了教育公平和经济社会发展。但评价也发现了一些问题，主要是：个别指标值设置科学合理性有待进一步提升，个别专项经费支付及时性有待进一步加强。

四、有关建议

（一）强化绩效目标管理和指标设置

根据《项目支出绩效评价管理办法》（财预〔2020〕10号）和《中央部门项目支出核心绩效目标和指标设置及取值指引（试行）》（财预〔2021〕101号）等规定，立足于党和政府庄严承诺的“不让一个学生因家庭经济困难而失学”的总体目标，梳理各子目标以及对应的绩效指标，突出项目政策目标和支出方向的主体内容，提炼和体现具有项目特色的主要产出和核心效果的指标，如国家助学贷款贴息年度完成率、国家助学贷款风险补偿年度完成率等，进一步提高绩效目标管理科学化规范化标准化水平，推动预算绩效管理提质增效。

（二）提高专项经费支付的及时性

建议基层资助中心加强与地方银行之间的联系，引导地方商业银行提高工作效率，减少跨年拨付资金。同时，建议不断完善学生助学贷款基础数据，实现系统对接稽核，不断缩短结算周期，确保财政资金使用的安全性和有效性。

▶ 案例7-3：中国特色高水平高职学校和专业建设计划绩效评价（教育部门）

2019年3月，教育部、财政部联合印发《关于实施中国特色高水平高职学校和专业建设计划的意见》，启动“双高计划”，经过5年建设，实施期已满。按照《中国特色高水平高职学校和专业建设计划项目遴选管理办法（试行）》和《中国特色高水平高职学校和专业建设计划绩效管理暂行办法》规定，实施期结束后开展绩效评价。

2024年1月16日，教育部办公厅、财政部办公厅联合印发《关于开展中国特色高水平高职学校和专业建设计划（2019—2023年）绩效评价工作的通知》（教职成厅函〔2024〕1号），对中国特色高水平高职学校和专业建设计划绩效评价工作进行总体部署。中国特色高水平高职学校和专业建设计划的绩效评价对于高等教育学校专项政策类绩效评价具有一定的借鉴和参考意义。

一、明确评价范围和对象

本次绩效评价的范围和对象是“双高计划”的197个建设单位。高水平学校建设单位评价学校层面和两个专业群层面的建设情况，高水平专业群建设单位评价学校层面和一个专业群层面的建设情况。

二、科学确定绩效评价内容和评分比重

根据“双高计划”项目管理要求，绩效评价包括三个方面内容，一是建设绩效完成情况，二是资金保障和使用情况，三是项目建设水平。对于高水平学校建设单位，建设单位评分=学校层面建设任务评分×50%+专业群A建设任务评分×25%+专业群B建设任务评分×25%；对于高水平专业群建设单位，建设单位评分=学校层面建设任务评分×30%+专业群建设任务评分×70%。具体评价标准如本案例表1所示。

表1　中国特色高水平高职学校和专业建设计划绩效评价指标体系

一级指标	二级指标	评价依据
产出指标（40分）	数量指标（15分）	对照建设方案和任务书，填写数量指标完成情况，由系统根据建设单位填报数据自动计算得分，根据提交佐证材料进行调整
	质量指标（15分）	对照建设方案和任务书，填写质量指标完成情况，由系统根据建设单位填报数据自动计算得分，根据提交佐证材料进行调整
	水平指标（10分）	根据建设单位数量指标和质量指标完成情况，系统对同类建设单位横向比较，自动排序赋分

续表

一级指标	二级指标	评价依据
效益指标（20分）	社会效益指标（10分）	评价要点： ①引领职业教育改革发展和人才培养的贡献度； ②支撑国家战略和区域经济社会发展的贡献度； ③推动形成一批国家层面有效支撑职业教育高质量发展的政策、制度、标准的贡献度
	可持续影响指标（10分）	评价要点： 项目建设成果、国家级标志性成果、学校治理体系与制度建设、学校特色品牌打造的可持续影响时间和范围等方面
满意度指标（10分）	服务对象满意度指标（10分）	评价要点： ①在校生满意度； ②毕业生满意度； ③教职工满意度； ④用人单位满意度； ⑤家长满意度
管理与执行指标（30分）	资金到位率指标（8分）	根据《中国特色高水平高职学校和专业建设计划绩效管理暂行办法》有关规定，资金到位率=资金到位数/项目预算数 ×100% 评价要点： ①项目资金到位总数是否足额或超额； ②各级投入到位资金是否足额，包括以下内容： 省级核拨中央专项到位资金是否足额； 地方各级财政投入到位资金是否足额； 举办方投入到位资金是否足额； 行业企业支持到位资金是否足额； 学校自筹到位资金是否足额
	资金预算执行率指标（8分）	根据《中国特色高水平高职学校和专业建设计划绩效管理暂行办法》《中央部门项目支出核心绩效目标和指标设置及取值指引（试行）》等相关规定，预算执行率=到位资金使用总额/项目预算总额 ×100% 评价要点：项目预算执行情况
	资金使用合规性指标（10分）	考核项目资金使用符合相关的财务管理制度规定，能反映和考核项目资金的规范运行情况。 评价要点： ①项目资金是否单独核算的； ②是否存在截留、挤占、挪用、虚列支出等情况； ③资金使用方向及合规性是否符合专项资金管理办法
	项目管理指标（4分）	评价要点： ①管理制度是否健全，制度执行是否有效。是否对项目建设中存在的问题客观分析并提出解决方案； ②组织机构是否健全，协调推进是否有序

三、合理安排评价流程

一是制订工作方案。成立省级绩效评价组织；坚持问题导向、目标导向和成效导向，做好具体工作安排；根据《通知》中的“双高计划”建设绩效评价标准，结合各省实际需要和建设基础，制定绩效评价细则。

二是绩效评价方式。组织专家组通过听取汇报、查阅材料、访谈座谈、现场考察相结合的方式，对建设单位提交的总结报告和数据进行核查确认并评分。

三是提交总结报告。各省完成省级评价后，按照参考提纲（见本案例表2）撰写地方推进“双高计划”总结报告，同步上传至中国特色高水平高职学校和专业建设计划项目监测平台。

表2　　建设单位“双高计划”绩效总结报告参考提纲

一、总体情况 （一）项目绩效目标达成和建设任务完成总体情况概述 （二）项目预算执行情况概述 （三）项目建设自评分和自评结论 二、绩效目标达成情况 （一）学校层面绩效目标达成情况 建设单位须对照学校层面预设绩效目标全面总结自评，具体包括产出指标、效益指标和满意度指标。其中产出指标达成情况包括数量、质量、时效方面；效益指标达成情况包括社会效益、可持续影响方面；满意度指标达成情况包括在校生满意度、毕业生满意度、教职工满意度、用人单位满意度、家长满意度方面。 （二）专业群层面绩效目标达成情况 建设单位须对照专业群层面预设绩效目标全面总结自评，具体包括产出指标、效益指标和满意度指标。其中产出指标达成情况包括数量、质量、时效方面；效益指标达成情况包括社会效益、可持续影响方面；满意度指标达成情况包括在校生满意度、毕业生满意度、教职工满意度、用人单位满意度、家长满意度方面。 三、建设任务完成情况 （一）学校层面建设任务完成情况 建设单位须对照任务书的验收要点全面总结自评，具体包括党的建设和思想政治工作、技术技能人才培养高地、技术技能创新服务平台、高水平专业群、高水平双师队伍、校企合作水平、服务发展水平、学校治理水平、信息化水平、国际化水平十项任务。 （二）专业群层面建设任务完成情况 建设单位须对照任务书的验收要点全面总结自评，具体包括人才培养模式、课程教学资源、教材与教法、教师教学创新团队、实践教学基地、技术技能平台、社会服务、国际交流与合作、可持续发展保障机制九项任务。 四、项目建设采取的措施 （一）项目推进机制建设与运行 项目推进的组织管理、制度建设及运行情况（可从学校和专业群两个层面进行总结）。 （二）项目资金管理与使用 项目资金投入机制、资金管理制度、预算编制与执行、资金使用情况。（可从学

续表

校和专业群两个层面进行总结）。 五、特色经验与做法 主要围绕学校和专业群在对接国家重大产业布局、服务国家重大战略、服务区域经济发展方面，在落实“一体两翼五重点”战略部署方面的特色经验做法，突出职业教育的支撑力、贡献度，数据要翔实。（本部分篇幅不少于5000字） 六、问题与改进措施 对建设过程中存在问题进行分析，提出下一步工作考虑。 七、其他需要说明的有关事宜（可选项）

四、加强评价结果应用

根据建设单位的绩效评价得分，评价结论分为“优”“良”“中”“差”四类，结论为“中”“差”的限期整改，结论为“差”的建设单位不得进入第二轮“双高计划”遴选。

（三）财政部门评价

财政评价是预算绩效管理的重要环节，是相对于单位自我评价和部门评价而言的，评价主体是财政部门，即由财政部门对预算部门或项目组织开展的绩效评价。一般来说，财政部门重点评价对象主要是涉及党中央、国务院重大方针政策和决策部署的项目，其项目具有覆盖面广、影响力大、社会关注度高、实施期长的特点。

对于高校重点领域专项资金来说，财政部门评价的内容主要包括：专项资金或者重大项目的决策情况、资金的管理使用情况、项目的产出和效益情况等，同时集中对专项资金项目支出的经济性、效率性、效益性和公平性进行客观、公正的测量、分析和评判，为进一步完善政策、更好发挥财政资金服务经济社会发展提供依据。

财政部门评价结果应作为安排政府预算、完善政策和改进管理的重要依据。原则上，对评价等级为优、良的，根据情况予以支持；对评价等级为中、差的，要完善政策、改进管理，根据情况核减预算。对不进行整改或整改不到位的，根据情况相应调减预算或整改到位后再予安排。

▶ 案例7-4：中央高校基本科研业务费项目绩效评价（财政部门）

为加强财政资金绩效管理，提高财政资金使用效益，根据《中华人民共和国预算法》《中共中央国务院关于全面实施预算绩效管理的意见》和

《关于人大预算审查监督重点向支出预算和政策拓展的指导意见》等相关文件规定，财政部预算评审中心组织第三方机构和专家成立绩效评价工作组，对2017—2019年的中央高校基本科研业务费开展了绩效评价。

一、项目基本情况

为贯彻实施《国家中长期科学和技术发展规划纲要（2006—2020年）》，提升高校服务国家发展战略能力、自主创新能力和高层次人才培养能力，财政部、教育部从2008年起设立中央高校基本科研业务费专项资金，用于高校开展自主选题科学研究工作，同年在北京大学、清华大学14所高校进行试点。2009年扩大试点范围，在92所中央高校中推行开展。2015年，中央高校预算拨款制度改革，该资金作为中央高校项目支出体系的六大专项之一延续实施，作为对中央高校基本科研活动稳定支持的专项资金。

该项目主要用于支持中央高校开展自主选题研究工作，使用方向包括：重点支持40周岁以下青年教师提升基本科研能力；支持在校优秀学生提升科研创新能力；支持优秀创新团队建设；开展多学科交叉的基础性、支撑性和战略性研究；加强科技基础性工作。2017—2019年经费分别为40.02亿元、40.5亿元、51亿元。从高校所属部门看，2019年预算中，75所教育部直属高校专项经费42.07亿元，占总经费的82.49%；36所工业和信息化部、交通部、外交部等中央其他部委所属高校，专项经费8.93亿元，占总经费的17.51%。

二、绩效评价工作情况及评价结论

（一）评价范围和目的。本次绩效评价重点对2017—2019年的专项实施成效进行整体评价。通过开展绩效评价工作，总结经验，发现问题，改进工作，进一步加强专项管理，提高财政资金的使用效益，为下一步预算资金安排提供重要参考依据。

（二）评价指标体系。主要包括决策、过程、产出、效益四个方面，满分为100分。一是决策（25分）。主要评价专项政策相符性、定位清晰性、绩效目标合理性、资金分配科学性等情况。二是过程（35分）。主要从部门监管责任落实和高校主体责任落实两个层面，评价监管制度健全性、运行监测有效性、管理制度规范性、管理模式有效性、支出方向匹配性、预算执行率及资金使用合规性等情况。三是产出（20分）。主要评价专项科研成果目标达成度、科研课题按时结题率、青年教师资助满足率及代表性成果质量等情况。四是效益（20分）。主要评价人才培育及科研能力提升、服务社会能力提升和高校教师满意度等效益体现情况。绩效评价结果根据评价分数分为4个等级：综合得分在90分（含）—100分为优，80分（含）—90分为良，60分（含）—80分为中，60分以下为差。

（三）评价方法及实施。鉴于专项覆盖面广、涉及高校多、资金规模大，评价工作坚持,政策导向、点面结合，采用现场情况核查、分对象座谈访谈、基础数据摸底、网络问卷统计等手段，采取整体评价与抽样评价相结合、现场调研与非现场评价相结合、全面评价与重点评价相结合的方式。综合考虑地域分布、高校类型、资金规模、高校所属部门等因素，选取了7个省（市）的19所高校，进行现场调研及问卷调查。最终综合现场调研记录和非现场评价意见，形成专项的总体评价结论。

（四）评价结论。该项目绩效评价得分为82.8分，综合绩效评价级别为良。评价认为，专项经费作为高校稳定支持、自主安排的非竞争性科研经费，一定程度上改善了中央高校科研过于依赖竞争性经费的状况。专项自设立以来对中央高校青年教师资助覆盖率达到80.33%，为高校科研人员特别是青年教师潜心科研提供了有力保障，成为青年教师学术成长的种子基金，发挥了稳军心、定心丸的作用。评价期内专项绩效目标超额完成，取得一批科研成果，高校承担国家重大科研任务的能力不断提升，得到高校教师普遍认可，教师满意度达到81.9%。同时评价也发现，专项支持内容仍需进一步明确，部分高校把专项经费大量用于撬动竞争性科研资源；部分高校未充分结合自身发展规划及人才成长规律，项目类型设置缺乏系统性，专项经费使用管理尚有较大提升空间。

三、相关建议

（一）继续稳定支持高校开展自主科研活动，进一步聚焦于青年教师。建议继续稳定支持中央高校开展前瞻性自主科研，持续聚焦支持青年教师提升基本科研能力，加大青年教师支持强度，充分发挥基本科研业务费作为青年教师科研启动种子基金的作用。

（二）适当调整优化专项支持范围，鼓励高校优化自主科研布局，引领重点领域科研突破。建议主管部门一方面加强基本科研业务费专项资金的顶层设计，在保障青年教师自由探索科研经费投入基础上，进一步拓宽专项资金支持方向，鼓励高校聚焦“卡脖子”问题和重大原始创新加强自主科研布局，统筹协调各渠道资金，敢于迎难而上，啃硬骨头，引领重点领域科研突破。另一方面，在具体管理过程中，优化专项资金分配因素及权重，进一步向西部及东北高校倾斜。

（三）进一步优化高校专项管理，协调好普惠性支持与培养拔尖人才之间的关系。各高校应建立公平而有效的资源配置方式和科学、合理的项目管理模式。一是进一步明确基本科研业务费的定位，保证专项资金投入到青年教师和优秀学生身上，真正化锦上添花为雪中送炭。二是设置相互关联、有机结合的系列资助项目，合理确定不同类型项目的资助比例和资助强度，处理好普惠性支持和培养拔尖人才、产出重大科研成果之间的关系，形成青年科技人才培养的全过程支持体系。三是建立符合科研规律的项目管理考核机制，营造潜心问学、水到渠成的学术氛围，不以短期成败论英雄，不追求短期内产出大成果、获批大项目、拿大奖，真正确保青年教师能够静心于科学研究中。

（四）建立长周期、宽视域的绩效评价机制，完善高等教育领域绩效管理。高校基本科研能力提升是各类教育科研经费多渠道资金共同作用的结果，且效果短期内无法显现，单独评价一个专项的年度绩效不够科学，建议每3—5年从投入产出角度对高校资金投入进行整体评价。

▶ 案例7-5：中央高校改善基本办学条件专项资金绩效评价（财政部门）

为加强财政专项资金绩效管理，提高财政资金使用效益，根据《中华人民共和国预算法》《中共中央 国务院关于全面实施预算绩效管理的意见》和《关于人大预算审查监督重点向支出预算和政策拓展的指导意见》等相关文件规定，财政部预算评审中心组织第三方机构和专家成立绩效评价工作组，对2018—2020年的中央高校改善基本办学条件专项资金（以下简称“专项”）开展了绩效评价。

一、基本情况

中央高校改善基本办学条件专项资金由原中央高校改善基本办学条件专项资金、附属中小学改善基本办学条件专项资金、中央高校发展长效机制补助资金整合而成，支持中央高校及附属中小学改善基本办学条件。为规范专项资金管理，财政部、教育部于2017年联合印发《关于印发〈中央高校改善基本办学条件专项资金管理办法〉的通知》（以下简称“专项资金管理办法”），细化明确了专项支持原则、范围及管理机制。

根据专项资金管理办法，专项资金用于支持中央高校及其附属中小学校舍维修改造、仪器设备购置、基础设施改造、基本建设项目的辅助设施和配套工程4个类型项目。专项实行项目库管理，并按规定编制3年滚动规划。专项资金由财政部会同教育部等中央高校主管部门采用因素法分配，分配因素主要包括存量资产情况、在校生人数、预算执行管理、阶段性重大维修建设任务等因素，同时考虑地区、民族、小规模和特色办学以及受灾等其他因素。中央高校根据年度预算控制数，从项目库中自主选取项目组织实施。

截至2020年年底，全国中央直属高校共114所，分别由20个部门和单位管理，其中教育部直属高校75所。2018—2020年，专项拨款总额366亿元，其中教育部直属高校拨款281.24亿元，占比为76.84%。2018—2020年，75所教育部直属高校专项预算批复金额分别为114.73亿元、108.4亿元、81.31亿元（其中，中央财政当年拨款分别为102.02亿元、101.92亿元、77.3亿元），各年预算执行率分别为89.33%、96.51%及97.99%。

二、绩效评价开展情况

（一）评价目的。以决策、过程、产出及效益评价为主要维度，从专项总体定位及目标、部门及高校管理、改善基本办学条件产出情况、项目效益及满意度等方面，全面客观评价项目对改善高校基本办学条件所发挥的绩效，进而对专项资金整体绩效作出评价。通过评价，发现问题，总结经验，改进工作，进一步加强项目管理，提高财政资金的使用效益。

（二）评价对象与范围。绩效评价对象为中央高校改善基本办学条件专项资金，由于主管部门数量多、高校地域分布广，专项资金分配相对集中，本次评价范围限定为教育部直属75所中央高校及附属中小学。评价周期为2018—2020年。

（三）评价思路。评价工作按照“紧扣专项定位，加强专项管理，突出问题导向，注重实施成效”的总体思路开展。一是根据专项改善基础性、保障性办学条件的定位目标，评价项目内容的政策相符性、实施必要性和紧迫性。二是深入了解配套制度建设和落实情况，评价项目组织管理的效果和效率。三是梳理总结项目申报及执行中存在的问题，对突出和典型问题深入挖掘分析，查找论证问题根源。四是关注专项及项目绩效目标设置、审核、过程监控、绩效评价及结果运用情况，实地查看设备、设施的运行使用情况，开展师生满意度调查。

（四）评价内容和指标。绩效评价指标体系共设置决策、过程、产出、效益4项一级指标、8项二级指标、15项三级指标。一是决策（20分），主要评价专项定位相符性、绩效目标设置科学性及资金分配合理性；二是过程（35分），主要评价专项及项目管理制度的健全性、有效性，资金使用合规性以及项目预算执行率；三是产出（25分），主要评价专项改善基本办学条件目标的完成情况、项目实施效率，以及项目实施的经济性；四是效益（20分），主要从短期办学条件改善、长期运行使用效益及师生满意度三个方面评价项目实施的效益。

（五）评价过程。评价工作坚持科学公正、客观中立的原则，坚持问题导向，通过案头分析、实地调研、专家评议等多种方式开展全面分析评价。评价期间，工作组开展座谈，了解专项整体实施情况；统筹考虑中央高校项目预算规模、地理位置、学校类型和特点，以评审、检查问题为线索，兼顾调研效率，抽选了20所中央高校进行现场调研；通过听取项目组织实施情况介绍、现场查看设备及设施运行状况、向高校师生发放调查问卷等方式，了解项目具体实施情况及实施效果；与部分人大代表、政协委员，高校财务、基建、教务等部门一线专家开展了座谈和咨询，广泛征集了相关方面意见建议。

三、综合评价结论

教育部中央高校改善基本办学条件专项资金绩效评价总体得分85.9分，综合绩效评价等级为“良”。评价认为，专项资金长期、稳定支持中央高校改善基本办学条件，改善了高校基础性硬件设施条件，有效保障了高校日常教学、科研，师生食宿、文体等基本需求；通过智慧教室建设、校级公共服务平台建设、基础设施节能改造等项目实施，提升了办学条件的智能化、集约化及节能环保水平。教育部和直属高校根据专项管理要求及自身实际，制定并落实了专项及项目配套管理制度和措施，较好地保证了专项实施效果。评价也发现了一些问题，主要是：专项支持的政策规定有待进一步完善，项目库规模未根据预算安排及时调整，配套管理机制的针对性和有效性有待进一步加强，部分高校存在项目管理缺少统筹、预算执行率低、资金使用管理不规范等问题，项目实施效益仍有提升空间。

四、有关建议

（一）完善相关政策规定，突出专项“保基本”的导向作用。教育部应进一步统筹考虑基本办学条件的校间差异，突出专项“保基本”的核心定位，细化专项支持的原则和范围。补充完善高校附属中小学、附属幼儿园申报专项项目的政策规定，确保现行管理体制下的相关需求得到保障，同时进一步明确专项与高校公用经费、其他专项资金的搭配和衔接关系，规范专项支持的规模和标准，推动专项资金进一步聚焦基本需求。

（二）动态调整专项资金分配因素和项目库规模，提高专项管理的科学化水平。以公平分配、加强管理为目标，逐步完善专项资金的因素分配机制，进一步突出高校财力状况和项目实施绩效对资金分配的影响，进一步提高资金分配的科学性和公平性。此外，教育部应完善现有项目库滚动规划，根据专项预算规模和项目库存量动态调整下一年度新增项目申报，高校应对已经入库但无法实施、无须实施的项目据实调整，保证项目库有序进出，提高管理效率。

（三）调整优化现有管理措施，加强项目全过程监管。在入库评审环节强化项目必要性、可行性评审，严把项目入库关；年度监督检查应进一步突出项目实施绩效的跟踪与评价，并将检查结果作为下一年度资金分配的参考依据。此外，相关部门应建立重点项目的抽查、核查机制，及时发现、总结项目管理存在的情况和问题，针对性调整完善项目管理措施。

（四）加强高校层面统筹管理，提高资源配置效益。相关高校应在现有归口管理的基础上，完善高校内控制度措施，在项目实施、资金安排、过程管理等环节加强高校层面的整体规划和统筹论证，财务部门应进一步落实日常管理和监督职能，加强经费支出、预算调剂、绩效跟踪等环节的财务监管。

参考文献

[1] [美] 戴维.奥斯本，特德.盖布勒.改革政府：企业精神如何改革着公共部门 [M].上海：上海译文出版社，2013.

[2] [美] 珍妮特.V.登哈特，罗伯特.B.登哈特.新公共服务：服务，而不是掌舵 [M].北京：中国人民大学出版社，2006.

[3] 白宗颖.以高校绩效管理推进高等教育治理现代化 [J].现代教育管理，2019（7）：42–48.

[4] 保罗·萨谬尔森，威廉·诺德豪斯.经济学（6版）[M].北京：华夏出版社，1999.

[5] 陈锋正，苗彦恺.多重制度逻辑视角下我国高校绩效管理存在的问题及策略选择 [J].教育发展研究，2019（6）：23–29.

[6] 陈海峰.高校专项资金绩效评价指标体系研究 [J].商业经济，2009（9）：113–115.

[7] 陈金圣.重塑大学治理体系：大学治理能力现代化的实现路径 [J].教育发展研究，2014，34（9）：20–26.

[8] 陈静，郜娟，林永柏.澳大利亚高等教育质量风险评估内容，特点及启示 [J].2019（1）：80–85.

[9] 陈敏."双一流"建设背景下的高校预算整体支出绩效评价指标体系构建 [J].财会研究，2021（11）：27–32.

[10] 陈建英，尹思瑞.高校全面实施预算绩效管理的挑战与对策 [J].财务管理研究，2021（3）：74–79.

[11] 杜兴洋，田进.公共教育支出绩效评价的研究现状 [J].财政研究，2007（1）：37–39.

[12] 范文曜，张伟.英国高等教育的评估和大学拨款 [J].理工高教研究，2003（6）：4–12.

[13] 高明.英国政府对高校的绩效管理及启示 [J].世界教育信息，2016（3）：23–27.

[14] 韩东.高校预算绩效评价体系研究 [J].高等财经教育研究，2018，21（3）：23–26.

[15] 管耘，吕亮.高校整体支出绩效评价初探 [J].北京科技大学学报（社会科学版），2023，39（6）：774–780.

[16] 顾海良.高校绩效评价是对中国高校评估模式的积极探索——兼评《高

等学校绩效评价论》[J].教育研究，2013，34（3）：148-149.
[17] 关欣，汪学怡，倪城玲.部门整体支出绩效评价工作思路初探[J].中国水利，2016（6）：46-49，53.
[18] 郭兰平.江西省高等教育财政支出绩效评价实证研究[J].宜春学院学报，2016（7）：40-43，119.
[19] 侯威，许明.澳大利亚高等教育质量保证机制概述[J].比较教育研究，2002（3）：22-27.
[20] 胡雄鹰，朱湘晖，张宗祥.基于BSC与AHP的高校教师绩效评价方法[J].武汉工程大学学报，2009（9）：62-65.
[21] 姜华，李漫红，吕光洙.资源与效率：国外高等教育绩效评价研究[M].北京：科学出版社，2015.
[22] 劳凯声.社会转型与教育的重新定位[J].教育研究，2002（2）：3-7，30.
[23] 厉以宁.关于教育产品的性质和对教育经营的若干思考[J].教育科学研究.1999（3）：3-11.
[24] 李维维，樊秀娣.21世纪以来美国田纳西州高等教育绩效指标体系的演变[J].世界教育信息，2017，30（14）：39-45.
[25] 刘明.从财政视角看我国高等教育经费问题及其应对策略[J].华中师范大学学报（人文社会科学版），2012，51（3）：154-159.
[26] 李达，王俊程，胡红霞.高校治理体系和治理能力现代化的实现路径研究[J].陕西行政学院学报，2015，29（1）：111-115.
[27] 李立国.大学发展逻辑、组织形态与治理模式的变迁[J].高等教育研究，2017（6）：24-31.
[28] 李瑶曦.国外高等教育财政支出绩效评价借鉴[J].学习月刊,2013（10）：9-10.
[29] 李文利，由由.对高等学校办学效率的实证方法和计量分析技术的探讨[J].教育与经济，2007（2）：36-40.
[30] 刘恩峰，刘红梅.英国高教经费绩效评价机制研究[J].2016（4）：54-58.
[31] 刘国永.高等教育财政支出绩效评价指标设计原理、方法及运用[J].教育与经济，2007（3）：30-35.
[32] 刘国永.关于高等教育绩效评价的几个问题[J].大学（研究与评价），2008（6）：54-58.
[33] 刘国永，刘敏.我国高校预算绩效指数建设初探[J].财政监督，2022（7）：58-61.

［34］刘慧霞.高等教育绩效评价的缘起、困境与展望［J］.扬州大学学报（高教研究版），2019，23（5）：10-14.
［35］刘天佐.美国与日本高等教育财政拨款体制对我国的启示［J］.生产力研究，2007（15）：91-93.
［36］刘晓凤.我国财政教育支出绩效评价研究［J］.西部财会，2011（10）：7-11.
［37］刘亚男.中央高校整体支出绩效评价初探［N］.中国财经报，2021-09-18.
［38］刘岩，李娜.澳大利亚高等教育质量保障政策的梳理与启示［J］.高教探索，2020（12）：59-64.
［39］卢彩晨.高等教育绩效评价的缘起及功能［J］.复旦教育论坛，2011，9（3）：23-26.
［40］陆媛.高校预算绩效评价的理论研究及绩效指标体系设计［J］.技术经济与管理研究，2006（1）：60-61.
［41］马海涛等.预算绩效管理理论与实践［M］.北京：中国财政经济出版社，2020.
［42］马海涛.新时代深化预算管理制度改革的思考［J］.财政监督，2022（5）：24-27.
［43］马海涛，孙欣.全过程预算绩效评价结果应用：理论框架构建［J］.经济与管理评论，2021（3）：95-106.
［44］马海涛，孙欣.预算绩效评价结果应用研究［J］.中央财经大学学报，2020（2）：3-17.
［45］马海涛，曹堂哲，程子轩.财政资源统筹与部门绩效计划制度建构：美国部门整体预算绩效计划制度的实践与镜鉴［J］.中国行政管理，2023（12）：44-53.
［46］马蔡琛，黄少含.新时代政府预算绩效管理的现实与前瞻［J］.财政监督，2024（1）：24-28.
［47］宁小花，童伟.美国田纳西州高校治理：从“预算奖励”到“绩效拨款”［J］.清华大学教育研究，2023，44（6）：44-53.
［48］彭宇飞，陈俊生.高等学校教育支出绩效评价指标体系构建［J］.山西财经大学学报，2012（2）：150，156.
［50］沈鸿.基于平衡计分卡的五元结构高校管理绩效评价体系及实证研究［J］.高教探索，2008（1）：61-64.
［51］舒晓飞.福建省高等教育财政支出现状及效果［J］.合作经济与科技，2019（10）：170-172.

[52] 覃洪，言文.高校专项资金支出绩效评价初探［J］.财会通讯，2009（17）：35-36.
[53] 童伟.中国预算绩效管理：路径、方法与实践［M］.北京：经济日报出版社，2023.
[54] 童伟.基于编制本位和流程再造的预算绩效激励机制构建［J］.财政研究，2019（6）：46-56.
[55] 童伟.以强化政策绩效评估提升地方财政治理能力［J］.国家治理，2023（14）：49-52.
[56] 童伟，田雅琼.部门整体支出事前绩效评估方法及路径探讨［J］.地方财政研究，2018（1）：32-38
[57] 童伟，袁嘉琳.项目支出绩效评价指标体系的修订与完善［J］.新理财（政府理财），2019（11）：49-52.
[58] 童伟，宁小花.基于全民健康覆盖的俄罗斯基本医疗卫生支出绩效评价［J］.欧亚经济，2021（6）：1-34，123.
[59] 童伟，宁小花.俄罗斯公共卫生支出：绩效管理机制构建与改革路径选择［J］.俄罗斯东欧中亚研究，2021（3）：77-96，156.
[60] 童伟，宁小花.完善结果应用激励机制建设提高预算资金使用效益［J］.经济研究参考，2018（27）：23-28.
[61] 童伟，宁小花.进一步深化预算管理制度改革下项目库建设的价值遵循与完善路径［J］.财政监督，2021（11）：15-19.
[62] 童伟，黄如兰.全面实施预算绩效管理改革：实践困境与解决路径探索［J］.财政科学，2018（11）：30-35，41.
[63] 童伟，黄如兰.基于博弈模型的预算绩效管理激励约束机制构建研究［J］.山东财经大学学报，2021，33（5）：5-15.
[64] 吴越.日本高等教育质量评价体系研究——基于评价模式的视角［J］.中国高教研究，2012（4）：41-46.
[65] 吴立武.高等教育产品属性及其财政职能定位［J］.江苏高教，2006（5）：35-37.
[66] 吴明华，刘嗣明.我国高等教育改革路径选择：一种公共产品理论的视角［J］.扬州大学学报（高教研究版），2007（3）：15-18，25.
[67] 韦小泉，童伟.地方政府专项债券项目绩效管理问题探析——基于一般性财政支出项目绩效管理对比分析［J］.地方财政研究，2022（12）：14-23.
[68] 王丽萍，郭岚，张勇.高校新绩效预算管理的组合评价方法研究［J］.会

计研究，2008（2）：68–75，96.
［69］王美强.基于背景依存DEA方法的高校内院系绩效评价［J］.贵州大学学报（自然科学版），2012，29（5）：136–140.
［70］王明秀，孙海波.高等学校预算绩效评价及对策与措施研究［J］.科技与管理，2005（4）：151–153.
［71］王茜.日本国立大学法人研究［D］.厦门：厦门大学，2014.
［72］王春春，张男星.美国公立高校绩效评价体系内容与特点分析——以田纳西州为例.比较教育研究，2012（1）：23–27.
［73］王贺.辽宁省高等教育财政支出绩效评价研究［D］.沈阳：辽宁师范大学，2019.
［74］王红梅.地方政府预算绩效管理改革的影响因素和路径选择——基于31个省级政府的定性比较分析［J］.财政研究，2022（10）：114–128.
［75］王红梅，李佳鹏，曹堂哲.中西方政府预算绩效管理体系的共性与差异——基于1990—2018年的文献考察［J］.中央财经大学学报,2020（4）：15–25.
［76］王善迈.教育投入与产出研究［M］.石家庄：河北教育出版社，1996.
［77］徐睿.高等教育财政支出绩效评价研究［J］.科技经济市场，2019（2）：142–143.
［78］徐东.高校专项资金绩效评价指标体系的构建［J］.财会通讯，2009（2）：58–60.
［79］许江波，李春龙.高校绩效预算：三维度模式及推行策略［J］.财政研究，2011（10）：26–30.
［80］肖鹏，陶畅，王亚琪.预算绩效管理与政府治理能力提升：内在逻辑与提升路径中央财经大学学报［J］.2024（3）：16–25.
［81］肖鹏，王亚琪，陶畅.预算绩效管理与经济高质量发展——基于财政资源配置视角的分析［J］.经济问题探索，2024（7）：15–30.
［82］肖鹏.预算绩效管理激励约束机制的国际比较与启示［J］.财政监督，2023（11）：25–31.
［83］肖玲.基于TEQSA的澳大利亚高等教育质量保障路径的研究［D］.长沙：湖南大学，2015.
［84］杨清源，杨天山.全面绩效管理视域下高校部门预算整体支出绩效评价探索［J］.2019（9）：102–104.
［85］杨小波，李永华，宋金杰.高校财政支出绩效评价存在的问题与对策——基于河北省11所重点骨干大学的实证分析［J］.会计之友，2015（5）：

97-100.
[86] 杨周复，施建军.大学财务综合评价研究[M].北京：中国人民大学出版社，2002.
[87] 余黎峰，安荻.高等教育财政支出绩效评价方法分析研究[J].中原工学院学报，2018，29（5）：66-71.
[88] 晏开利.构建高校“二维分类”管理体系[N].社会科学报，2016-03-31（5）.
[89] 于扬.基于模糊综合评价模型的内蒙古高等教育财政支出绩效研究[J].现代计算机（专业版），2013（19）：8-11.
[90] 张胜利，孙兰萍.澳大利亚高等教育质量管理与标准署概述[J].世界教育信息，2012，25（Z1）：64-66.
[91] 张松，张国栋，杜朝辉.美国田纳西州高等教育绩效评估体系的历史演变及启示[J].清华大学教育研究，2014（3）：81-86.
[92] 张文利.高校预算绩效评价体系设计研究[J].财会研究，2009（23）：43-44，53.
[93] 张泽明，王丽萍，唐蓉，汪升龙.高校绩效预算管理模式研究[J].西南科技大学学报·哲学社会科学版，2004（3）：97-100.
[94] 张男星，王春春，姜朝晖.高校绩效评价：实践探索的理论思考[J].教育研究，2015，36（6）：19-28.
[95] 赵敏，王蕾.财政支出绩效评价的质量标准及控制体系研究——国际绩效评价的经验与启示[J].财政研究，2016（10）：76-84.
[96] 赵明.澳大利亚高等教育质量监督与保障举措及其启示[J].教育探索，2014（10）：147-149.
[97] 郑福桂，王枫.新预算法下高等学校预算绩效管理体系探析[J].财政监督，2019（14）：52-57.
[98] 中国发展基金会广州市财政局课题组.现代国家治理中的全面预算绩效管理——广州市的探索与经验[M].北京：中国发展出版社，2019.
[99] Antony Stella.External quality assurance in Indian higher education：developments of a decade[J].Quality in Higher Education，2010（10）.
[100] Antony Stella，David Wooahouse.Quality Assurance developments in the United States and Europe[R].Australian Universities Quality Agency，2006.
[101] Behn R D.Why measure performance different purposes require different measures[J].Public Administration Review，2003，63（5）：586-606.

[102] Brown C M.Evaluating the Efficacy of the Complete College Tennessee Act of 2010: A Qualitative Analysis of Leadership and Student Persistence Among Colleges and Universities in Tennessee [J] .Dissertations & Theses-Gradworks, 2013.

[103] Bogue E G, Johnson B D.Performance incentives and public college accountability in the United States: A quarter century policy audit [J] . Journal of Higher Education Policy & Management, 2010, 22 (2): 8-8.

[104] Brown, R.The New English Quality Assurance Regime [J] .Quality in Higher Education, 2011 (2) .

[105] Dension, E.F.The Sources of Economic Growth in the United States and the Alternatives before Us [R] .New York: Committee for Economic Development, 1962.244.

[106] England H E F C F, Bristol.Funding Higher Education in England: How HEFCE Allocates Its Funds.Guide. [J] .Higher Education Funding Council for England, Northavon House, Coldharbour Lane, Bristol, BS16 1QD, England.

[107] Full R A E.A Guide to the 2001 Research Assessment Exercise. [J] .Higher Education Funding Council for England, Northavon House, Coldharbour Lane, Bristol, BS16 1QD, England.

[108] Federation University Australia.Tertiary Education Quality and Standards Agency Amendment Bill 2014 [J] .Standing Committee on Education & Employment, 2014.

[109] Fleur Edwards.The evidence for a risk-based approach to Australian higher education regulation and quality assurance [J] .Journal of Higher Education Policy and Management, 2012 (3) .

[110] Hatry, Harry P., James R.Fountain, Jr., Jonathan M.Sullivan.1990. Overview.In Service Efforts and Accomplishments Reporting: Its Time Has Come [J] .edited by Harry.

[111] Heath, Gregory.Being TEQSA ready perfect storm in education [J] . Campus Review, 2012 (4) .

[112] Institute for Higher Education Policy.Impact of College Rankings on Institutional Decision Making: Four Country Case Studies.Issue Brief [R] .2009.

[113] James Guthrie & Ruth Neumann, Economic and non-financial performance

indicators in universities [J] .Public Management Review, Vol.9, Issue 2, 2007, 231–252.

[114] Joseph C.Burke, Shahpar Modarresi.Performance Funding Programs: Assessing Their Stability [J] .Research in Higher Education.2001, volume 42, November 1: 51–70.

[115] Kushimoto T.Outcomes assessment and its role in selfreviews of undergraduate education: In the context of Japanese higher education reforms since the 1990s [J] .Higher Education, 2010, 59 (5) .

[116] Measurement in Local Government: The Case of Libraries and Leisure Services [J] .Public Administration Review 55 (1): 37–47.

[117] Milne R G.Municipal benchmarks: Assessing local performance and establishing community standards [M] .Sage Publications, 1998.

[118] Michael KMc Lendon, James C Hearn, Russ Deaton.Called to Account: Analyzing the Origins and Spread of State Performance–Accountability Policies for Higher Education [J] .Educational Evaluation and Policy Analysis.Spring 2006.Vol.28, No.1: 1–24.

[119] Mori R.Accreditation systems in Japan and the United States: A comparative perspective on governmental involvement [J] .New Directions for Higher Education, 2009, 2009 (145) .

[120] M.Kate Callahan, Ph.D.& Implementation and Impact of Outcomes–Based Funding in Tennessee, Alexander Cherny and Dilip Madan.New Measures for Performance Evaluation [J] .The Review of Financial Studies, Vol.22, No.7 (Jul., 2009), pp.2571–2606.

[121] Ness E, Deupree M M, Denisa G á ndara.Campus Responses to Outcomes–Based Funding in Tennessee: Robust, Aligned, and Contested.2015. Performance–Based Funding of Higher Education [EB/OL] .https: //www.americanprogress.org/article/performance–based–funding–of–higher–education.

[122] Roger Brown.Quality Assurance in Higher Education the UK Experience Since 1992 [M] .London and New York: Routledge Falmer, 2004.

[123] Skolnik M L.Quality assurance in higher education as a political process [J] . Higher Education Management and Policy, 2010, 22 (1): 79–98.

[124] Steinhardt, Bernice.Government Performance: Lessons Learned for the Next Administration on Using Performance Information to Improve Results.

[J].Gao Reports, 2008.

[125] Tertiary Education Quality and Standards Agency Act 2011 [EB/OL]. https://www.legislation.gov.au/Details/C2020C00274.

[126] Tennessee Higher Education Commission.2010–2015 Performance Funding Quality Assurance [EB/OL].http://tennessee.gov/moa/documents/perf_fund_task_force/THEC% 20PF%202010–15%20Guidebook.pdf.July, 2010: 3.2011–04–24.

[127] TEQSA Annual Report 2020–21 [EB/OL].https://www.teqsa.gov.au/latest–news/publications/teqsa–annual–report–2020–21.

[128] Toma S G, Naruo S.Quality Assurance in the Japanese Universities [J].The Amfiteatru Economic Journal, 2009, 11 (26).

[129] Van Vught F A, Westerheijden D F.Towards a general model of quality assessment in higher education [J].Higher Education, 1994, 28 (3).

[130] Tim Pitman.Reinterpreting higher education quality in response to policies of mass education: the Australian experience [J].Quality in Higher Education, 2014 (3).

▶ 附录

附录1：高等教育学校绩效目标申报表

高等教育学校绩效目标申报表

（　　年度）

高校名称							
主管部门及代码				实施单位			
总体目标	中期目标（20××年—20××+n年）				年度目标		
	目标1： 目标2： 目标3： ……				目标1： 目标2： 目标3： ……		
绩效指标	一级指标	二级指标	三级指标	指标值	二级指标	三级指标	指标值
	成本指标	经济成本	指标1：		经济成本	指标1：	
			指标2：			指标2：	
			……			……	
		生态环境成本	指标1：		生态环境成本	指标1：	
			指标2：			指标2：	
			……			……	
		社会成本	指标1：		社会成本	指标1：	
			指标2：			指标2：	
			……			……	
	产出指标	数量指标	指标1：		数量指标	指标1：	
			指标2：			指标2：	
			……			……	

续表

	一级指标	二级指标	三级指标	指标值	二级指标	三级指标	指标值
绩效指标	产出指标	质量指标	指标1：		质量指标	指标1：	
			指标2：			指标2：	
			……			……	
		时效指标	指标1：		时效指标	指标1：	
			指标2：			指标2：	
			……			……	
	效益指标	社会效益指标	指标1：		社会效益指标	指标1：	
			指标2：			指标2：	
			……			……	
		可持续影响指标	指标1：		可持续影响指标	指标1：	
			指标2：			指标2：	
			……			……	
	满意度指标	服务对象满意度指标	指标1：		服务对象满意度指标	指标1：	
			指标2：			指标2：	
			……			……	

附录2：高等教育学校绩效目标审核表

高等教育学校绩效目标审核表

审核内容		审核要点		审核意见	得分
具体内容	分值	具体内容	分值		
一、完整性审核（20分）					
规范完整性	10分	绩效目标填报格式是否规范、符合规定要求	5分	优□ 良□ 中□ 差□	
		绩效目标填报内容是否完整、准确、翔实，是否无缺项、错项	5分	优□ 良□ 中□ 差□	
		得分小计			
明确清晰性	10分	绩效目标是否明确，内容是否具体，层次是否分明，表述是否准确	5分	优□ 良□ 中□ 差□	
		绩效目标是否清晰，是否能够反映主要内容，是否对预期产出和效果进行了充分、恰当的描述	5分	优□ 良□ 中□ 差□	
		得分小计			
二、相关性审核（30分）					
目标相关性	15分	总体目标是否符合国家法律法规、政策要求	7分	优□ 良□ 中□ 差□	
		总体目标与部门（单位）职能、发展规划和工作计划是否密切相关	8分	优□ 良□ 中□ 差□	
		得分小计			
指标科学性	15分	绩效指标是否全面、充分，是否选取了最能体现总体目标实现程度的关键指标并明确了具体指标值	8分	优□ 良□ 中□ 差□	
		绩效指标是否细化、量化，便于监控和评价；难以量化的，定性描述是否充分、具体	7分	优□ 良□ 中□ 差□	
		得分小计			
三、适当性审核（30分）					
绩效合理性	15分	预期绩效是否显著，是否能够体现实际产出和效果的明显改善	8分	优□ 良□ 中□ 差□	
		预期绩效是否符合行业正常水平或事业发展规律；与其他同类相比，预期绩效是否合理	7分	优□ 良□ 中□ 差□	
		得分小计			

续表

<table>
<tr><td colspan="2">审核内容</td><td colspan="2">审核要点</td><td rowspan="2">审核意见</td><td rowspan="2">得分</td></tr>
<tr><td>具体内容</td><td>分值</td><td>具体内容</td><td>分值</td></tr>
<tr><td colspan="6">三、适当性审核（30分）</td></tr>
<tr><td rowspan="3">资金
匹配性</td><td rowspan="3">15
分</td><td>绩效目标与预算资金量是否匹配，在既定资金规模下，绩效目标是否过高或过低；或要完成既定绩效目标，资金规模是否过大或过小</td><td>8分</td><td>优□　良□
中□　差□</td><td></td></tr>
<tr><td>绩效目标与相应的支出内容、范围、方向、效果等是否匹配</td><td>7分</td><td>优□　良□
中□　差□</td><td></td></tr>
<tr><td colspan="3">得分小计</td><td></td></tr>
<tr><td colspan="6">四、可行性审核（20分）</td></tr>
<tr><td rowspan="3">实现
可能性</td><td rowspan="3">10
分</td><td>绩效目标是否经过充分调查研究、论证和合理测算</td><td>5分</td><td>优□　良□
中□　差□</td><td></td></tr>
<tr><td>绩效目标实现的可能性是否充分，是否考虑了现实条件和可操作性</td><td>5分</td><td>优□　良□
中□　差□</td><td></td></tr>
<tr><td colspan="3">得分小计</td><td></td></tr>
<tr><td rowspan="3">条件
充分性</td><td rowspan="3">10
分</td><td>实施方案是否合理，实施单位的组织实施能力和条件是否充分</td><td>5分</td><td>优□　良□
中□　差□</td><td></td></tr>
<tr><td>内部控制是否规范，预算和财务管理制度是否健全并得到有效执行</td><td>5分</td><td>优□　良□
中□　差□</td><td></td></tr>
<tr><td colspan="3">得分小计</td><td></td></tr>
<tr><td colspan="5">总分</td><td></td></tr>
<tr><td>综合评定等级</td><td colspan="5">优□　　良□　　中□　　差□</td></tr>
<tr><td>总体意见</td><td colspan="5"></td></tr>
</table>

绩效目标审核表填报说明

一、适用范围

（一）本表适用于财政部门或教育部门在审核高等教育学校绩效目标时填报，是绩效目标审核的主要工具。

（二）本表全面反映审核主体对绩效目标的审核意见。

（三）本表由财政部门或教育部门财务主管机构负责填写；委托第三方审核的，可以由第三方机构协助填写。

二、填报说明

（一）审核内容

绩效目标审核包括完整性审核、相关性审核、适当性审核和可行性审核等四个方面。绩效目标审核应充分参考高等教育学校职能、高等教育政策实施依据、实施必要性和可行性、实施方案以及以前年度绩效信息等内容，还应充分考虑高等教育资金支持的方向、范围和方式等。

（二）审核方式

审核采取定性审核与定量审核相结合的方式。定性审核分为“优”“良”“中”“差”四个等级，其中，填报内容完全符合要求的，定级为“优”；绝大部分内容符合要求、仅需对个别内容进行修改的，定级为“良”；部分内容不符合要求、但通过修改完善后能够符合要求的，定级为“中”；内容为空或大部分内容不符合要求的，定级为“差”。定量审核按对应等级进行打分，保留一位小数。具体审核方式如下：

采取定性审核和定量审核相结合的方式。审核主体对每一项审核内容提出定性审核意见，并进行打分。定性审核为“优”的，得该项分值的90%—100%；定性审核为“良”的，得该项分值的80%—89%；定性审核为“中”的，得该项分值的60%—79%；定性审核为“差”的，得该项分值的59%以下。

各项审核内容完成后，根据项目审核总分，确定“综合评定等级”。总得分在90分以上的为“优”；在80—90分（不含，下同）之间的为“良”；在60—80分的为“中”；低于60分的为“差”。同时，在本表“总体意见”栏中对该绩效目标的修改完善、预算安排等提出意见。

附录3：高等教育学校绩效目标执行监控表

高等教育学校绩效目标执行监控表

（　　年度）

<table>
<tr><td colspan="3">高等教育学校名称</td><td colspan="9"></td></tr>
<tr><td colspan="3">主管部门及代码</td><td colspan="9"></td></tr>
<tr><td>年度总体目标</td><td colspan="11"></td></tr>
<tr><td rowspan="26">绩效指标</td><td rowspan="2">一级指标</td><td rowspan="2">二级指标</td><td rowspan="2">三级指标</td><td rowspan="2">年度指标值</td><td rowspan="2">1—7月执行情况</td><td rowspan="2">全年预计完成情况</td><td rowspan="2">偏差原因分析</td><td colspan="3">完成目标可能性</td><td rowspan="2">备注</td></tr>
<tr><td>确定能</td><td>有可能</td><td>完全不可能</td></tr>
<tr><td rowspan="3">成本指标</td><td>社会成本</td><td></td><td></td><td></td><td></td><td></td><td></td><td></td><td></td><td></td></tr>
<tr><td>经济成本</td><td></td><td></td><td></td><td></td><td></td><td></td><td></td><td></td><td></td></tr>
<tr><td>生态环境成本</td><td></td><td></td><td></td><td></td><td></td><td></td><td></td><td></td><td></td></tr>
<tr><td rowspan="10">产出指标</td><td rowspan="3">数量指标</td><td></td><td></td><td></td><td></td><td></td><td></td><td></td><td></td><td></td></tr>
<tr><td></td><td></td><td></td><td></td><td></td><td></td><td></td><td></td><td></td></tr>
<tr><td></td><td></td><td></td><td></td><td></td><td></td><td></td><td></td><td></td></tr>
<tr><td rowspan="3">质量指标</td><td></td><td></td><td></td><td></td><td></td><td></td><td></td><td></td><td></td></tr>
<tr><td></td><td></td><td></td><td></td><td></td><td></td><td></td><td></td><td></td></tr>
<tr><td></td><td></td><td></td><td></td><td></td><td></td><td></td><td></td><td></td></tr>
<tr><td rowspan="3">时效指标</td><td></td><td></td><td></td><td></td><td></td><td></td><td></td><td></td><td></td></tr>
<tr><td></td><td></td><td></td><td></td><td></td><td></td><td></td><td></td><td></td></tr>
<tr><td></td><td></td><td></td><td></td><td></td><td></td><td></td><td></td><td></td></tr>
<tr><td>……</td><td></td><td></td><td></td><td></td><td></td><td></td><td></td><td></td><td></td></tr>
<tr><td rowspan="7">效益指标</td><td rowspan="3">社会效益指标</td><td></td><td></td><td></td><td></td><td></td><td></td><td></td><td></td><td></td></tr>
<tr><td></td><td></td><td></td><td></td><td></td><td></td><td></td><td></td><td></td></tr>
<tr><td></td><td></td><td></td><td></td><td></td><td></td><td></td><td></td><td></td></tr>
<tr><td rowspan="3">可持续影响指标</td><td></td><td></td><td></td><td></td><td></td><td></td><td></td><td></td><td></td></tr>
<tr><td></td><td></td><td></td><td></td><td></td><td></td><td></td><td></td><td></td></tr>
<tr><td></td><td></td><td></td><td></td><td></td><td></td><td></td><td></td><td></td></tr>
<tr><td>……</td><td></td><td></td><td></td><td></td><td></td><td></td><td></td><td></td><td></td></tr>
<tr><td rowspan="4">满意度指标</td><td rowspan="3">服务对象满意度指标</td><td></td><td></td><td></td><td></td><td></td><td></td><td></td><td></td><td></td></tr>
<tr><td></td><td></td><td></td><td></td><td></td><td></td><td></td><td></td><td></td></tr>
<tr><td></td><td></td><td></td><td></td><td></td><td></td><td></td><td></td><td></td></tr>
<tr><td>……</td><td></td><td></td><td></td><td></td><td></td><td></td><td></td><td></td><td></td></tr>
</table>

注：1.偏差原因分析：针对与预期目标产生偏差的指标值，可从经费保障、制度保障、人员保障、硬件条件保障等方面进行判断和分析，并说明原因。

2.完成目标可能性：对应所设定的实现绩效目标的路径，分确定能、有可能、完全不可能三级综合判断完成的可能性。

3.备注：说明预计到年底不能完成目标的原因及拟采取的措施。

附录4：高等教育学校绩效自评表

高等教育学校绩效自评表

（　　年度）

<table>
<tr><td colspan="4">高等教育学校名称</td><td colspan="4"></td></tr>
<tr><td colspan="8">主管部门及代码</td></tr>
<tr><td rowspan="2">年度总体目标完成情况</td><td colspan="3">预期目标</td><td colspan="4">目标实际完成情况</td></tr>
<tr><td colspan="3">目标1：
目标2：
目标3：
……</td><td colspan="4">目标1完成情况：
目标2完成情况：
目标3完成情况：
……</td></tr>
<tr><td rowspan="22">年度绩效指标完成情况</td><td>一级指标</td><td>二级指标</td><td>三级指标</td><td>预期指标值</td><td>实际完成值</td><td>完成情况</td><td>偏离原因说明</td></tr>
<tr><td rowspan="9">成本指标</td><td rowspan="3">经济成本</td><td>指标1：</td><td></td><td></td><td></td><td></td></tr>
<tr><td>指标2：</td><td></td><td></td><td></td><td></td></tr>
<tr><td>……</td><td></td><td></td><td></td><td></td></tr>
<tr><td rowspan="3">社会成本</td><td>指标1：</td><td></td><td></td><td></td><td></td></tr>
<tr><td>指标2：</td><td></td><td></td><td></td><td></td></tr>
<tr><td>……</td><td></td><td></td><td></td><td></td></tr>
<tr><td rowspan="3">生态环境成本</td><td>指标1：</td><td></td><td></td><td></td><td></td></tr>
<tr><td>指标2：</td><td></td><td></td><td></td><td></td></tr>
<tr><td>……</td><td></td><td></td><td></td><td></td></tr>
<tr><td rowspan="9">产出指标</td><td rowspan="3">数量指标</td><td>指标1：</td><td></td><td></td><td></td><td></td></tr>
<tr><td>指标2：</td><td></td><td></td><td></td><td></td></tr>
<tr><td>……</td><td></td><td></td><td></td><td></td></tr>
<tr><td rowspan="3">质量指标</td><td>指标1：</td><td></td><td></td><td></td><td></td></tr>
<tr><td>指标2：</td><td></td><td></td><td></td><td></td></tr>
<tr><td>……</td><td></td><td></td><td></td><td></td></tr>
<tr><td rowspan="3">时效指标</td><td>指标1：</td><td></td><td></td><td></td><td></td></tr>
<tr><td>指标2：</td><td></td><td></td><td></td><td></td></tr>
<tr><td>……</td><td></td><td></td><td></td><td></td></tr>
<tr><td rowspan="3">效益指标</td><td rowspan="3">经济效益指标</td><td>指标1：</td><td></td><td></td><td></td><td></td></tr>
<tr><td>指标2：</td><td></td><td></td><td></td><td></td></tr>
<tr><td>……</td><td></td><td></td><td></td><td></td></tr>
</table>

续表

	一级指标	二级指标	三级指标	预期指标值	实际完成值	完成情况	偏离原因说明
年度绩效指标完成情况	效益指标	社会效益指标	指标1：				
			指标2：				
			……				
		可持续影响指标	指标1：				
			指标2：				
			……				
	满意度指标	服务对象满意度指标	指标1：				
			指标2：				
			……				

附录5：高等教育学校整体支出绩效评价报告（参考提纲）

高等教育学校整体支出绩效评价报告
（参考提纲）

一、基本情况

（一）高等教育学校概况。

（二）绩效目标。包括总体目标和阶段性目标。

二、绩效评价工作开展情况

（一）绩效评价目的、对象和范围

（二）绩效评价原则、评价指标体系（附表）、评价方法、评价标准等

（三）绩效评价工作过程

三、综合评价情况及评价结论（附相关评分表）

四、绩效评价指标分析

五、主要经验及做法、存在的问题及原因分析

六、有关建议

七、其他需要说明的问题

附录6：高等教育学校整体支出绩效评价指标体系（参考）

附表　　高等教育学校整体支出绩效评价指标体系（参考）

一级指标	二级指标	三级指标	指标解释	指标说明
战略决策	战略规划	战略规划相符性	战略规划制定是否符合法律法规、相关国家发展政策、发展规划以及部门职责，用以反映和考核高校战略规划制定依据情况。	评价要点： ①是否符合国家法律法规。 ②是否符合高等教育发展规划和政策要求。
	办学目标及方向	办学方向明确、目标清晰	办学目标及方向明确，与高校战略规划相符，与高校发展类型一致。	①办学目标及方向明确，与高校战略规划相符；与高校发展类型一致。 ②绩效目标设置科学合理、量化可考核。
	资源配置	资源配置规范性	①资金安排与发展规划确定的各项工作相一致，预算配置与工作任务匹配。 ②预算编制科学合理。	①评价期内预算内容与发展规划任务匹配。 ②预算编制科学合理。
		资源配置有效性	评价教学经费保障情况。	①生均教学经费投入变动趋势是否合理。 ②生均教学经费投入与对标高校是否存在较大差异。
		资源配置公平性	评价专项招生完成度、学生资助体系、优质教学资源覆盖面等方面情况。	①评价期内各年平均专项招生计划完成率。 ②学生资助经费投入占总支出比例是否保持合理趋势，生均资助强度与本地区高校平均水平是否存在较大差异。 ③教授职称专任教师为本科生授课情况。
治理机制	制度建设与执行	制度建设健全	①制定完善的保障措施，坚持党管干部、党管人才，落实“三重一大”决策制度，落实依法治教、依法办学、依法治校等要求。 ②制定完善的人事制度改革措施，推进教师考核评价制度、青年人才培育、薪酬制度等方面改革。 ③建立健全学院等所属单位治理机制，充分调动院校两级积极性。	①学校体制机制改革情况。 ②根据教师问卷调查中“教师激励措施”“考核评价工作”“人事制度改革工作”的认可度评价。 ③根据学校内部控制制度建设情况。

续表

一级指标	二级指标	三级指标	指标解释	指标说明
治理机制	制度建设与执行	制度建设健全	④建立自我发展、自我约束的内部管理体制和运行机制，根据办学定位和社会需求，采取措施全面提高办学水平和教育质量。	
		制度执行规范	各项管理制度执行规范。	根据高校管理制度执行情况。
	预算管理	预算管理规范	①资金的拨付和使用的审批程序是否完整，财务核算是否符合财务制度有关规定。 ②预算资金是否按照计划执行，决算与年初预算是否存在较大偏离。	①评价期内学校资金拨付使用及核算管理规范。 ②预算执行率，预算执行率=（实际支出资金/实际到位资金）×100%。 ③预算决算差异率，其中包括基本支出、项目支出预算决算差异率。 评价期内差异率不超过10%。
	资产管理	资产使用效率	从学校教学科研资产的使用状态、运行情况等方面，反映学校资产的利用效率。 ①资产闲置率=（闲置资产总额/固定资产总额）×100% ②科研设备开放共享情况。 注："科研设备"指按要求纳入财政部、科技部开放共享评价考核范围的原值50万元（含）以上仪器设备。	①资产闲置率=（1-评价期内平均资产闲置率）。 ②根据财政部、科技部大型科研设备开放共享年度考核评价结果赋值评价。
	绩效管理	绩效管理规范	①绩效管理工作覆盖面，具体包括是否按要求设置整体支出绩效目标、项目绩效目标，是否按要求开展绩效监控、自评及评价工作。 ②预算绩效评价相关结果是否得到充分应用。	①绩效管理工作覆盖面=（规范设置绩效目标、开展绩效管理任务数量/应开展相关工作任务数量）×100%。 ②预算绩效评价相关结果应用。
办学成效	人才培养	培养目标达成度	从高校毕业生在核心知识、基本工作能力、综合素养等方面培养目标的达成情况，评价高校学生在校期间的增值成效。 注：相关培养目标达成率数据取自第三方专业调查机构。	指标得分=（核心知识培养达成率+基本工作能力培养达成率+素养培养达成率）/3

续表

一级指标	二级指标	三级指标	指标解释	指标说明
办学成效	人才培养	就业和深造率	从高质量就业率、毕业生满意度、本科毕业生深造率角度，评价人才培养成效。	①评价期内各年高质量就业率呈持平或上升趋势。高质量就业率=高质量就业人数/实际就业人数。 ②毕业生就业满意度。 ③评价期内本科毕业生深造率不低于对标高校平均水平，得分=（学校深造率/对标高校平均深造率）×100%。
		用人单位满意度	评价用人单位对毕业生的综合满意程度。	指标得分=用人单位满意度。
	国际交流	国际合作交流	反映国际活动，开展国际交流，承担国际责任的情况。	评价开展国际交流，承担国际责任的情况。
	科研和社会服务	承担重大科研任务	从高校承担重大科研任务情况，评价高校科学研究服务国家战略与行业区域发展成效。	由相关领域专家进行同行评议打分。 指标得分=$\sum$同行专家对高校评价期内承担重大科研任务情况综合评分/（100×n），n为同行评议专家数量。
		标志性科研成果	从高校标志性科研成果数量情况，评价高校科学研究成效。	由相关领域专家进行同行评议打分。 指标得分=$\sum$同行专家对高校评价期内取得的标志性科研成果综合评分/（100×n）×，n为同行评议专家数量。
		成果转移转化	从学校科研成果转移转化情况，评价高校社会服务成效。	①学校科研成果转移转化收入评价期内呈持平或增长趋势。 ②由相关领域专家进行同行评议打分。 指标得分=$\sum$同行专家对高校评价期内相关典型案例综合评分/（100×n），n为同行评议专家数量。

续表

一级指标	二级指标	三级指标	指标解释	指标说明
可持续发展	办学声誉	生源质量	区分文科、理科，分类计算学校在各省市招录普通本科学生的平均分高出该省市重点控制线的分值，通过分差变动趋势衡量本科生生源质量。	①理科分差变动趋势。招录学生平均分与各省市重点控制线分差呈持平或上升趋势。 ②文科分差变动趋势。招录学生平均分与各省市重点控制线分差呈持平或上升趋势。
		政府与第三方评价	①教育部第四轮学科评估中，学校上榜学科优秀率（B级及以上）情况。 ②各社会机构对高校年度发展水平的平均位次百分位变动情况。	①学科优秀率=（B级及以上学科数量/参评学科数量）×100%。 ②位次百分位变动趋势。近年来呈持平或上升趋势。
		师生满意度	①教师满意度。 ②学生满意度。	①教师满意度。 ②学生满意度。
	人才储备	中青年人才储备	从高校中青年教师占比情况、中青年拔尖人才规模情况，评价高校人力资源可持续发展能力。 评价要点： ①45岁以下中青年专任教师占专任教师比例情况。 ②中青年拔尖人才占中青年专任教师比例情况。	①45岁以下中青年专任教师占比不低于对标高校平均水平，得分=（学校中青年专任教师占比/对标高校平均水平）×100%。 ②中青年拔尖人才占比不低于对标高校平均水平，得分=（学校中青年拔尖人才占比/对标高校平均水平）×100%。
	资源获取能力	多元筹资	从多元筹资机制、筹资力度等方面，评价高校财力资源的可持续发展能力。 评价要点： ①高校多元筹资机制是否健全。 ②非财政拨款收入占总收入比例变动趋势及横向对比情况。	①多元筹资机制，根据高校多元筹资机制健全情况评价。 ②非财政拨款收入占比。 （1）评价期内该比例呈增长趋势。 （2）评价期内该比例不低于对标高校平均水平，得分=（学校非财政拨款收入/对标高校平均水平）×100%。